А. Э. Гиппіусъ.

# Дѣтскій врачъ

# какъ воспитатель.

МОСКВА.
1909.

А. Э. Гиппіусъ.

# Дѣтскій врачъ
# какъ воспитатель.

Практическое руководство для
родителей, врачей и педагоговъ.

МОСКВА.
1909.

МОСКВА.

Тип. „Печатное Дѣло“ Ф. Я. Бурче. Тверск. бул., д. Яголковскаго.

# СОДЕРЖАНІЕ.

**Предисловіе.**

**Введеніе.** . . . . . . . . . . . . . . . . . . . . . . Стр. 1

Задача воспитанія. Взаимоотношеніе тѣла, ума и чувства. Педагогика, какъ отрасль гигіены. Особенности дѣтскаго организма. Возрастные періоды жизни ребенка, важные съ точки зрѣнія воспитанія. Принципъ бережнаго упражненія функцій организма.

## I. Грудной возрастъ.

**1. Физическое развитіе въ грудномъ возрастѣ** . . . . 9

Систематическія взвѣшиванія. Вѣсъ новорожденнаго. Увеличеніе вѣса. Ростъ тѣла. Признаки нормальнаго физическаго развитія грудного младенца.

**2. Душевное развитіе въ грудномъ возрастѣ** . . . . . 13

Незаконченность развитія большого мозга. Незаконченность развитія органовъ чувствъ. Первыя движенія. Зрѣніе, слухъ, вкусъ, обоняніе и осязаніе. Пріятныя и непріятныя ощущенія. Первыя эмоціи. Память. Воображеніе. Вниманіе. Любопытство, подражаніе. Способность къ сужденіямъ и умозаключеніямъ. Отсутствіе нравственнаго сознанія. Исходная точка развитія нравственныхъ свойствъ. Послушаніе. Душевныя привязанности и нравственность.

**3. Физическое воспитаніе въ грудномъ возрастѣ** . . . 29

Значеніе ухода за тѣломъ ребенка. Профилактическія мѣры въ отношеніи къ новорожденному. Купаніе ребенка. Уходъ за кожей, волосами, ногтями, за полостью рта, за органами чувствъ. Привитіе предохранительной оспы. Одежда въ первые полгода жизни. Одежда во вторую половину перваго года жизни. Дѣтская комната. Дѣти, родившіяся въ теплое время года и дѣти, родившіяся въ холодное время. Значеніе питанія въ грудномъ возрастѣ. Частота и продолжительность кормленій. Смѣшанное вскармливаніе (Allaitement mixte). Изслѣдованіе женскаго молока. Заболѣванія кормящей женщины. Прикармливаніе. Отнятіе ребенка отъ груди. Вопросъ о наймѣ кормилицы. Искусственное вскармливаніе. Добываніе молока. Способы его обезпложиванія. Подготовительные пріемы при искусственномъ вскармливаніи. Число и величина отдѣльныхъ порцій. Источники полученія молока. Суррогаты молока. Соска. Сонъ.

**4. Душевное воспитаніе въ грудномъ возрастѣ** . . . . 58

Воспитаніе разума. Игрушки. Манежикъ. Пріученіе къ чистотѣ. Нервные младенцы. Нравственное воспитаніе. Послушаніе. Психическое закаливаніе. Пробужденіе чувства душевнаго расположенія.

## II. Нейтральный возрастъ.

Стр.

### 1. Физическое развитіе въ нейтральномъ возрастѣ . . .    66

Увеличеніе вѣса и роста тѣла. Прорѣзываніе зубовъ. Тѣлосложеніе и очертанія лица. Работоспособность органовъ пищеваренія. Завершеніе анатомическаго развитія мозга.

### 2. Душевное развитіе въ нейтральномъ возрастѣ . . . .    70

Какъ ребенокъ учится ходить и говорить. „Періодъ вопросовъ". Значеніе игры для интеллекта и воображенія. Возникновеніе самосознанія. Основы нравственнаго развитія. Вліяніе нравственнаго примѣра на дѣтскую душу. Свойственные дѣтскому возрасту пробѣлы нравственности. Общественныя игры дѣтей и этика. Общій ходъ нравственнаго развитія. Формированіе воли и характера.

### 3. Физическое воспитаніе въ нейтральномъ возрастѣ . .    87

Въ чемъ должна состоять помощь ребенку, когда онъ учится ходить. Обувь. Одежда до третьяго года. Одежда до школьнаго возраста. Головной уборъ и верхнее платье. Движенія на воздухѣ. Дѣтская комната. Уходъ за зубами. Гигіена полости рта, кожи, волосъ и рукъ. Гигіена глазъ. Гигіена уха, горла и носа. Вопросы питанія въ нейтральномъ возрастѣ. Питаніе на второмъ году жизни. Питаніе на третьемъ году жизни. Питаніе послѣ третьяго года жизни. Пріученіе къ умѣренности. Пищевареніе. Сонъ. Общіе методы укрѣпленія и закаливанія. Холодное купанье. Гимнастика. Привычка къ наружному воздуху. Подвижныя игры на воздухѣ. Дѣтскій спортъ. Деревенская жизнь, взморье, горный воздухъ. Профилактика кишечныхъ паразитовъ. Ревакцинація.

### 4. Душевное воспитаніе въ нейтральномъ возрастѣ. . .    125

Дѣтскій языкъ и предупрежденіе недостатковъ рѣчи. Правильная рѣчь. Иностранные языки въ первомъ дѣтскомъ возрастѣ. Общія черты воспитанія разума. Игры и игрушки. Няни. Бонны. Дѣтскіе вопросы. Профилактика умственнаго переутомленія. Упражненіе памяти, воображенія и мыслительной способности. Книжки съ картинками, рисованіе, игры, требующія сообразительности. Несовмѣстимость обученія съ игрой. Дѣтскіе сады. Общія черты нравственнаго воспитанія. Внушеніе и подражаніе. Любовь къ порядку, чистоплотность, хорошія манеры. Этическое вліяніе одежды и жилища. Духъ семьи. Единственный ребенокъ въ семьѣ. Случайные воспитатели. Пріученіе къ послушанію и правдивости. Дѣтская ложь. Пріученіе ребенка къ самостоятельности. Психическое закаливаніе. Дефекты психики. Физическіе недостатки и этика. Воспитаніе больного ребенка. Нервный ребенокъ и его воспитаніе. Музыка, пѣніе, танцы. Наказаніе, выговоры, награды.

## III. Отроческій возрастъ.

### 1. Физическое развитіе въ отроческомъ возрастѣ. . . .    182

Увеличеніе вѣса и роста тѣла. Смѣна зубовъ. Проявленіе вторичныхъ половыхъ признаковъ. Школьные недуги.

Стр.

**2. Душевное развитіе въ отроческомъ возрастѣ** . . . .     184
Значеніе интереса для умственнаго роста. Начало духовнаго дифференцированія половъ. Нравственное вліяніе школы. Значеніе школы для формированія характера. Этическое дифференцированіе половъ.

**3. Физическое воспитаніе въ отроческомъ возрастѣ** . .     188
Школьная близорукость и ея профилактика. Школьный сколіозъ и его профилактика. Школьное малокровіе и его профилактика. Нервныя дѣти въ школьномъ возрастѣ. Вліяніе болѣзненности на успѣшность. Вакаціи и лѣтнія колоніи. Начальное обученіе. Поступленіе въ школу. Домашняя гигіена школьника. Тѣлесныя упражненія. Закаливаніе. Профилактика острыхъ инфекціонныхъ заболѣваній.

**4. Душевное воспитаніе въ отроческомъ возрастѣ** . . .     225
Воспитаніе интеллекта въ школѣ. Участіе семьи въ умственномъ воспитаніи школьника. Репетированіе, частные уроки. Чтеніе, музыка, свободныя занятія, путешествія. Нравственное воспитаніе въ школѣ. Отношеніе семьи къ школѣ. Выборъ школы. Воспитательное значеніе ученія. Нравственное воспитаніе въ семьѣ.

### IV. Періодъ возмужалости.

**1. Физическое развитіе въ періодѣ возмужалости** . . .     242
Сущность и начало половой зрѣлости. Первичные и вторичные половые признаки. Увеличеніе вѣса и роста тѣла. Тѣлесныя измѣненія въ періодѣ возмужалости. Наклонность къ нѣкоторымъ заболѣваніямъ.

**2. Душевное развитіе въ періодѣ возмужалости** . . . .     245
Душевные вторичные половые признаки. Неравномѣрность хода душевнаго развитія. Пробужденіе полового стремленія.

**3. Физическое воспитаніе въ періодѣ возмужалости** . .     248
Питаніе. Одежда. Корсетъ. Сонъ. Тѣлесныя упражненія. Необходимость бережнаго отношенія къ нервной системѣ въ періодѣ возмужалости. Мастурбація и ея лѣченіе.

**4. Душевное воспитаніе въ періодѣ возмужалости** . . .     257
Осторожность въ умственныхъ занятіяхъ. Регулированія жизни воображенія. Правильная оцѣнка жизни чувства въ періодѣ возмужалости. Воспитаніе самостоятельности. Самовоспитаніе. Объясненіе явленій половой жизни. Совмѣстное воспитаніе половъ.

**Заключеніе.** . . . . . . . .     270

**Нѣкоторыя указанія, имѣющія особенное значеніе для воспитанія** . . . . . . . . .     271

**Предметный указатель** . . . . . . . .     273

# ПРЕДИСЛОВІЕ.

Долголѣтній опытъ на поприщѣ педіатріи научилъ меня, что дѣтскому врачу весьма часто приходится имѣть дѣло съ вопросами чисто педагогическаго характера. На самомъ дѣлѣ, какой бы конечной цѣлью ни задаваться при воспитаніи ребенка, ближайшей задачей воспитанія неизмѣнно остается стремленіе наилучшимъ образомъ развить всѣ физическія, умственныя и нравственныя силы подрастающаго человѣка: какъ для плодотворной общественной дѣятельности, такъ и въ интересахъ обезпеченія возможнаго личнаго счастья, необходимо всестороннее, гармоническое развитіе личности. Въ сложной и отвѣтственной задачѣ, какою надо признать воспитаніе ребенка, призванными помощниками родителей являются п е д а г о г и въ тѣсномъ смыслѣ слова. Однако, ихъ компетентность ограничена предѣлами — правда, достаточно широкими — интеллектуальнаго и моральнаго воспитанія; слѣдить же за физическимъ развитіемъ ребенка, заботиться о сохраненіи его здоровья и объ укрѣпленіи его организма довѣряется д ѣ т с к о м у  в р а ч у. Дѣятельность педагога и врача, такимъ образомъ, сталкивается въ пограничной области.

Такъ какъ взаимодѣйствіе физическихъ, интеллектуальныхъ и моральныхъ силъ особенно рѣзко проявляется именно въ дѣтскомъ, растущемъ организмѣ, когда въ немъ не создалось еще сформировавшихся, стойкихъ свойствъ и особенностей, то естественно является выводъ, что, съ одной стороны, п е д а г о г ъ  д о л ж е н ъ  б ы т ь  о с в ѣ д о м л е н ъ  в ъ  о с н о в н ы х ъ  п о н я т і я х ъ  ф и з і о л о г і и  и  п с и х о л о г і и, с ъ  д р у г о й  ж е  с т о р о н ы,  д л я  д ѣ т с к а г о  в р а ч а,  с т о я щ а г о  н а  в ы с о т ѣ  с в о е г о  п р и з в а н і я,  я в л я е т с я  н е о б х о д и м ы м ъ  з н а к о м с т в о  с ъ  о с н о в а м и  п е д а г о г и к и. Лишь при такихъ условіяхъ можетъ имѣть мѣсто взаимное пониманіе между вра-

чомъ и педагогомъ, пониманіе, которое въ настоящее
время, однако, во многихъ случаяхъ еще не достигнуто.
Насколько во всѣхъ отношеніяхъ выигрываетъ дѣло при
дружной, совмѣстной работѣ учителя и врача, мы на-
глядно можемъ убѣдиться на примѣрѣ школы. Есть, съ
другой стороны, очень важный періодъ въ жизни ребенка,
гдѣ дѣтскій врачъ является воспитателемъ по преимуще-
ству, это первое дѣтство: н а и б о л ѣ е  ш и р о к о е  п о л е
д ѣ я т е л ь н о с т и  о т к р ы в а е т с я  д л я  н е г о  в ъ  о т н о-
ш е н і и  к ъ  д ѣ т я м ъ  д о-ш к о л ь н а г о  в о з р а с т а, когда
руководителемъ воспитанія лишь въ исключительныхъ слу-
чаяхъ является педагогъ по призванію.

    Въ послѣднее время необходимость солидной работы
въ области изученія дѣтской природы становится вполнѣ
очевидной какъ для педагоговъ, такъ и для врачей. Воз-
никли специальныя періодическія изданія, основываются
общества и институты, имѣющіе цѣлью освѣщеніе указан-
наго предмета: таковы — Всеобщій Германскій союзъ для
изученія ребенка, Австрійское о-во изученія дѣтской
природы въ Вѣнѣ, такое же Венгерское о-во въ Буда-
пештѣ, Институтъ экспериментальной педагогики и пси-
хологіи въ Лейпцигѣ, Психо-педологическій институтъ
въ С.-Петербургѣ и т. п. *). Это движеніе даетъ воз-
можность разсчитывать въ будущемъ на созданіе новой
педагогики, покоющейся на прочной психо-физіологиче-
ской основѣ. Конечно, практически примѣнимые резуль-
таты принадлежатъ еще отдаленному будущему, потому
что предстоитъ большая предварительная работа въ смыслѣ
накопленія соотвѣтствующихъ научныхъ фактовъ, осно-
ванныхъ на точномъ наблюденіи и опытѣ. Пока же
приходится довольствоваться тѣмъ, что даетъ намъ со-
временная педагогика и медицина, т.-е. матеріаломъ въ
значительной степени эмпирическимъ. Впрочемъ, зада-
ваясь цѣлью создать изъ педагогики строго-научную дис-
циплину, никто не долженъ забывать, что педагогика
всегда останется въ то же время и искусствомъ: для истин-
наго педагога недостаточно обладать извѣстнымъ запасомъ

---

    *) Интересно, что въ Японіи уже двадцать лѣтъ существуетъ
союзъ для изученія ребенка, насчитывающій въ настоящее время болѣе
тысячи членовъ.

знаній; великолѣпнѣйшій психологъ-теоретикъ можетъ въ то же время плохо знать людей, т.-е. быть лишеннымъ основного, необходимаго для воспитателя-практика качества. Педагогъ, вполнѣ стоящій на высотѣ призванія — это избранникъ, обладающій суммой свойствъ, рѣдко сочетающихся въ одной личности.

При составленіи предлагаемой книги я прежде всего руководствовался желаніемъ дать интеллигентнымъ родителямъ рядъ практическихъ совѣтовъ, могущихъ отчасти облегчить ихъ отвѣтственную задачу; вмѣстѣ съ тѣмъ я питалъ надежду, что, можетъ быть, и мои ближайшіе товарищи, дѣтскіе врачи, почерпнутъ изъ этой книги нѣкоторыя небезполезныя для ихъ практической дѣятельности данныя. Само собою разумѣется, что отожествлять роль педіатра и педагога ни въ коемъ случаѣ нельзя. На педагогѣ лежитъ задача содѣйствовать поднятію духовныхъ силъ своего воспитанника на ступень развитія высшую, сравнительно съ той, которая могла бы быть достигнута безъ педагогическаго вмѣшательства. Врачъ же преслѣдуетъ цѣли главнымъ образомъ профилактическія въ смыслѣ огражденія отъ нарушеній гармоніи физическаго, умственнаго и нравственнаго развитія ребенка.

Вполнѣ сознавая, что мое произведеніе далеко отъ совершенства, я заранѣе выражаю искреннюю признательность всѣмъ своимъ будущимъ читателямъ изъ числа какъ товарищей врачей, такъ и родителей и педагоговъ, которые возьмутъ на себя трудъ указать на допущенные мною пробѣлы и промахи.

А. Гиппіусъ.

Москва, 1909 г.

# ВВЕДЕНІЕ.

Задача воспитанія заключается въ гармоническомъ развитіи тѣла, ума и чувства ребенка. Насколько недопустимо пренебреженіе физическимъ здоровьемъ ребенка въ стремленіи достигнуть высшей ступени умственнаго и нравственнаго совершенствованія его,—настолько же мало благоразумна была бы и противоположная крайность, т. е. увлеченіе интересами физическаго развитія въ ущербъ развитію духовному. Воспитаніе должно быть направлено къ всестороннему использованію задатковъ, заложенныхъ природой въ организмъ ребенка, съ цѣлью наибольшаго усовершенствованія ихъ.

Необходимость полной равномѣрности развитія въ трехъ указанныхъ выше направленіяхъ обусловливается тѣснымъ взаимодѣйствіемъ этихъ трехъ сторонъ личности. Задержка развитія въ одномъ направленіи неминуемо нарушаетъ нормальный ходъ развитія въ двухъ остальныхъ. Такъ, физическая слабость организма непремѣнно сопровождается и пониженіемъ продуктивности въ сферѣ умственной дѣятельности: человѣкъ слабый тѣломъ долженъ употребить значительныя усилія для выполненія умственной работы, легко дающейся физически-крѣпкому человѣку. Физическая слабость сказывается, далѣе, и на нравственныхъ свойствахъ. При всякомъ недомоганіи мѣняется настроеніе, что отражается, конечно, на поступкахъ: какъ часто больной оказывается въ своихъ поступкахъ непослѣдовательнымъ, несправедливымъ, придирчивымъ... Въ свою очередь, умственная дѣятельность рѣзко сказывается какъ на физическомъ состояніи, такъ и на нравственныхъ качествахъ человѣка. Въ повседневной жизни нетрудно подмѣтить прямую связь между нарушеніями нормы умственнаго труда и разнообразными болѣзненными явленіями. Въ средѣ интеллигентныхъ тружениковъ весьма обычны разстройства нервной системы отъ ея переутомленія, а такія разстройства влекутъ за собой ослабленіе здоровья вообще, постоянно дурное настроеніе духа и нерѣдко измѣняютъ къ худшему нравственныя качества. Чрезмѣрная или неправильно регулированная умственная работа въ школѣ тоже часто оказываетъ вредное вліяніе на физическое здоровье и на нравственныя свойства. Очень часто вначалѣ вполнѣ здоровый физически и живой по характеру школьникъ подъ бременемъ непосильнаго умственнаго труда становится блѣднымъ, болѣзненнымъ, апатичнымъ. Наконецъ, нарушеніе равновѣсія въ области чувства, въ свою очередь, сказывается какъ въ физической, такъ и въ интеллектуальной сферѣ. Укажемъ въ этомъ отношеніи хотя бы на покраснѣніе или поблѣднѣніе, обычно сопровождающія нѣкоторыя состоянія сильнаго аффекта; болѣе того, сильный испугъ можетъ повлечь за собой даже окончательную остановку сердечной дѣятельности. Всякому приходилось также видѣть, какъ заботы и печаль лишаютъ человѣка аппетита и сна, что является причиной нарушеній питанія. Насколько разстраивается подъ вліяніемъ нарушенія душевнаго равновѣсія правильное теченіе умственныхъ процессовъ, объ этомъ мы отчасти уже упомянули выше: въ гнѣвѣ или въ состояніи кокого-нибудь другого аффекта поступки могутъ носить совершенно иной характеръ, чѣмъ при спокойномъ настроеніи духа. Въ дальнѣйшемъ изложеніи мы не разъ еще будемъ имѣть случай остановиться на болѣе тонкихъ проявленіяхъ взаимодѣйствія между тѣломъ, умомъ и чувствомъ; но уже и приведенныхъ примѣровъ, думаемъ, достаточно, чтобы показать, насколько важно въ интересахъ всесторонняго, правильнаго развитія силъ и способностей ребенка охраненіе здоровья во всѣхъ трехъ отношеніяхъ.

Наука, занимающаяся вопросами охраненія здоровья, носитъ названіе гигіены. Одной изъ важнѣйшихъ отраслей этой науки является педагогика, высшую цѣль которой мы въ самомъ началѣ опредѣлили въ смыслѣ гармоническаго развитія физическихъ, умственныхъ и нравственныхъ силъ ребенка. На такой же точкѣ зрѣнія мы будемъ стоять и въ дальнѣйшемъ своемъ изложеніи.

Къ сожалѣнію, при обсужденіи того или другого во-

проса гигіены всегда приходится считаться съ экономиче-
скими условіями, которыя заставляютъ многихъ родителей
отказываться отъ выполненія нѣкоторыхъ гигіеническихъ
требованій, даже если эти требованія и вполнѣ раціональны
сами по себѣ. Такимъ образомъ обстоятельства часто вы-
нуждаютъ родителей использовать совѣты врача лишь до
нѣкоторой степени.

Гигіена тѣла и души ребенка представляетъ рядъ отли-
чій по сравненію съ гигіеной взрослаго человѣка. Эти
отличія обусловливаются особенностями какъ физіологи-
ческой организаціи ребенка, такъ и внѣшнихъ условій,
въ которыхъ протекаетъ его жизнь. Для лучшаго уясненія
нѣкоторыхъ сторонъ воспитанія здѣсь будетъ нелишне
разсмотрѣть вкратцѣ упомянутыя особенности.

Чтобы получить самое общее представленіе объ о с о-
б е н н о с т я х ъ  д ѣ т с к а г о  о р г а н и з м а, отличающихъ
его отъ организма взрослаго человѣка, необходимо имѣть
въ виду д в а основныхъ факта. Обмѣнъ веществъ въ орга-
низмѣ ребенка долженъ выражаться не только въ процес-
сахъ, характеризующихъ органическую жизнь вообще, т. е.
въ обновленіи отработанныхъ матеріальныхъ частицъ и въ
постоянномъ выравниваніи затратъ энергіи: въ дѣтскомъ
организмѣ, помимо указанныхъ процессовъ въ результатѣ
обмѣна веществъ долженъ получаться еще нѣкоторый
плюсъ, обнаруживающійся въ явленіи роста; — это первое
обстоятельство, характеризующее дѣтскій организмъ. Далѣе,
многіе органы ребенка еще недостаточно развиты, далеко
еще не въ полной мѣрѣ способны къ функціонированію и,
въ силу этого, обладаютъ легкой утомляемостью. Вмѣстѣ
съ тѣмъ функціональныя способности ихъ весьма непосто-
янны, такъ какъ въ нихъ происходятъ процессы отчасти
дальнѣйшей эволюціи, отчасти атрофіи. Наконецъ, ростъ
отдѣльныхъ органовъ не совпадаетъ съ общимъ ростомъ
тѣла. Органы, еще находящіяся въ стадіи развитія и
роста, должны удовлетворять требованіямъ, которыя нерѣдо
оказываются для нихъ чрезмѣрно высокими; въ то же
время органы эти, еще не окрѣпшіе и легко истощающіеся,
могутъ противопоставить вреднымъ вліяніямъ среды гораздо
меньшее противодѣйствіе, чѣмъ функціонально сформиро-
вавшіеся и вполнѣ окрѣпшіе органы взрослаго человѣка.

1*

Итакъ, вторая особенность дѣтскаго возраста это—нѣжная и мало приспособленная къ сопротивляемости организація.

Все вышесказанное особенно ярко проявляется у грудного младенца. Ему, при всемъ несовершенствѣ его организаціи, приходится преодолѣть дѣйствительно огромную работу, обусловливаемую съ одной стороны — такимъ кореннымъ измѣненіемъ внѣшнихъ условій, какъ переходъ отъ внутриутробной къ самостоятельной жизни, а съ другой—особой интесивностью тѣлеснаго и духовнаго развитія, происходящаго въ грудномъ періодѣ. Въ виду этого, нѣтъ ничего удивительнаго въ тѣхъ необычайныхъ размѣрахъ, которыхъ достигаетъ въ раннемъ возрастѣ какъ дѣтская смертность (въ теченіе п е р в а г о года жизни умираетъ почти ч е т в е р т ь всѣхъ живорожденныхъ), такъ и дѣтская заболѣваемость. Хотя и та и другая нѣсколько уменьшаются со 2-го года жизни, но все же заболѣваемость и смертность и позднѣе гораздо выше среди дѣтей, чѣмъ среди взрослыхъ.

Точное изученіе формъ заболѣваній, преобладающихъ въ томъ или иномъ періодѣ дѣтскаго возраста, даетъ намъ въ руки лучшій способъ для опредѣленія того, какіе именно органы и функціи оказываются менѣе другихъ приспособленными къ жизненнымъ условіямъ на отдѣльныхъ ступеняхъ развитія ребенка. Такимъ образомъ мы пріобрѣтаемъ руководящую нить для нашихъ мѣропріятій, направленныхъ къ предупрежденію опасностей, которыя угрожаютъ ребенку въ опредѣленные возрастные періоды, т. е. для п р о ф и л а к т и к и — одной изъ главнѣйшихъ задачъ гигіены, а вмѣстѣ съ тѣмъ и воспитанія.

У н о в о р о ж д е н н а г о ребенка на первый планъ выступаетъ общая слабость организма и недостатокъ защитительныхъ силъ противъ такъ называемыхъ септическихъ заболѣваній, что обнаруживается легкостью, съ какой въ этомъ періодѣ происходитъ внѣдреніе болѣзнетворныхъ бактерій черезъ пупочную рану, легко повреждаемую кожу и крайне нѣжныя слизыстыя оболочки. Послѣ перенесенія нѣкоторыхъ инфекціонныхъ заболѣваній въ организмѣ вырабатывается обычно особая сопротивляемость противъ новыхъ инфекцій, такъ называемый им-

мунитетъ; а такъ какъ у маленькаго ребенка такія ус-
ловія еще не создались, то для инфекціи у него имѣется
особенно благопріятная почва, при чемъ легче всего про-
исходитъ зараженіе соединительной оболочки (конъюнкти-
вы) глазъ, слизистой оболочки рта и носа, средняго уха и
т. д. Особеннаго же вниманія заслуживаетъ на первомъ
году жизни, въ этомъ такъ называемомъ г р у д н о м ъ воз-
растѣ, функціональная слабость пищеварительнаго аппа-
рата, обусловливающая необходимость совершенно особен-
ныхъ способовъ вскармливанія дѣтей груднаго возраста.
Разстройства пищеваренія возникаютъ крайне легко даже
у тѣхъ изъ нихъ, которыя пользуются пищей, предназна-
ченной имъ природой, т. е. материнскимъ молокомъ, и
еще того легче у дѣтей, вскармливаемыхъ искусствен-
но. Всѣ такія заболѣванія не могутъ пройти безслѣдно для
здоровья младенца въ тотъ періодъ, когда происходитъ
столь интенсивное развитіе большинства органовъ и силь-
ный ростъ всего тѣла. Если въ нѣкоторыхъ случаяхъ за-
держка развитія и роста можетъ оказаться скоропреходя-
щей, то, съ другой стороны, организмъ часто оказывается
на-долго ослабленнымъ, и уже во второй половинѣ пер-
ваго года жизни обнаруживаются признаки англійской бо-
лѣзни или различныя степени малокровія.

Англійская болѣзнь, малокровіе и золотуха господ-
ствуютъ уже въ слѣдующемъ періодѣ—въ дѣтскомъ возра-
стѣ въ тѣсномъ смыслѣ слова,—или, какъ его еще на-
зываютъ, — въ н е й т р а л ь н о м ъ возрастѣ, простираю-
щемся приблизительно до 8-го года жизни. Въ этомъ
же періодѣ очень часто возникаютъ болѣзни, обусло-
вливаемыя неопрятностью, столь свойственной дѣтямъ
разбираемаго возраста; сюда относятся: воспаленія слизи-
стой оболочки полости рта, различныя кожныя болѣзни,
большей частью паразитарнаго происхожденія, глисты и
т. п. Изъ острыхъ инфекціонныхъ болѣзней въ этомъ пе-
ріодѣ чаще всего встрѣчаются коклюшъ и дифтерія, изъ
хроническихъ инфекцій—мѣстный туберкулезъ различныхъ
органовъ. Весьма часты также катарры дыхательныхъ пу-
тей и миндалинъ („жабы"): ребенокъ къ этому времени
пріобрѣтаетъ уже значительную свободу въ движеніяхъ, и
это, между прочимъ, нерѣдко способствуетъ простудѣ, такъ

какъ опытъ и разумъ еще недостаточно регулируютъ по-
веденіе ребенка. Наконецъ, въ томъ же періодѣ лежитъ
начало еще одного крайне непріятнаго явленія, такъ на-
зываемыхъ аденоидныхъ разростаній въ носоглототочномъ
пространствѣ; какъ мы увидимъ далѣе, эта ненормальность
оказываетъ немалое вліяніе какъ на физическое, такъ и
на духовное развитіе ребенка.

Въ слѣдующемъ періодѣ о т р о ч е с т в а ребенокъ на-
чинаетъ посѣщать школу, т. е. попадаетъ въ обстановку,
которая рѣзко отличается отъ домашней, окружавшей его
до сихъ поръ; къ нему теперь предъявляются уже сравни-
тельно высокія требованія, выполненіе которыхъ связано
съ значительнымъ напряженіемъ физическихъ и духов-
ныхъ силъ. Въ результатѣ все это можетъ обусловить раз-
личныя нервныя разстройства, нарушенія въ сферѣ орга-
новъ чувствъ, ненормальности въ ростѣ скелета (такъ на-
зываемыя „школьныя болѣзни“). Школьный возрастъ есть
также періодъ особенно сильнаго распространенія острыхъ
сыпныхъ инфекцій—скарлатины, кори, вѣтряной оспы и
т. д., въ свою очередь угрожающихъ осложненіями со сто-
роны органовъ чувствъ, легкихъ, сердца, почекъ.

Дѣтскій возрастъ заканчивается п е р і о д о м ъ в о з м у-
ж а л о с т и, полового созрѣванія, которое играетъ огром-
ную роль въ окончательномъ формированіи тѣла и души
ребенка. Въ этомъ періодѣ опредѣляются различія тѣлес-
наго и духовнаго развитія обоихъ половъ. Коренной пере-
воротъ, происходящій въ это время во всемъ организмѣ,
уже самъ по себѣ часто сопровождается развитіемъ мало-
кровія, у дѣвочекъ выливающагося нерѣдко въ особой
формѣ—такъ называемой „блѣдной немочи“ (хлорозъ). Да-
лѣе, заслуживаетъ особаго вниманія въ этомъ періодѣ
сердце, которое подвергается быстрому и рѣзкому росту.
Интеллектуальная и моральная жизнь сопровождается силь-
ными потрясеніями, что нерѣдко ведетъ къ разнообразнымъ
нервнымъ явленіямъ отъ простого общаго ослабленія нерв-
ной системы до ясно выраженныхъ психическихъ раз-
стройствъ.

Приводя такое дѣленіе дѣтскаго возраста на пе-
ріоды, мы исходили главнымъ образомъ изъ физическихъ
особенностей организма ребенка въ связи съ окружающей

средой; но дѣленіе это оказывается въ полномъ соотвѣт-
свіи и съ душевной эволюціей ребенка.

Въ грудномъ возрастѣ душевная жизнь складыва-
ется изъ развитія функцій органовъ чувствъ и изъ
возникающихъ отсюда элементарнѣйшихъ душевныхъ
явленій. Въ слѣдующемъ, нейтральномъ, дѣтскомъ
возрастѣ душа ребенка обогащается возникновеніемъ
способности рѣчи; вліяніе окружающей среды стано-
вится значительно сложнѣе. Къ этому возрасту отно-
сится первоначальная организація нравственнаго облика,
характера будущаго взрослаго человѣка. Въ школьномъ
возрастѣ у ребенка развивается способность къ наблюде-
нію и сужденіямъ, укрѣпляется воля, возникаетъ понима-
ніе возвышеннаго и прекраснаго. Наконецъ, въ періодѣ
возмужалости на первый планъ выступаетъ область
чувства; къ этому же періоду относится начало дифферен-
цировки духовныхъ свойствъ каждаго пола.

Изъ вышесказаннаго очевидно, насколько характер-
ными особенностями отличается каждый изъ отмѣченныхъ
нами періодовъ. При воспитаніи приходится счи-
таться съ этими особенностями и въ разныхъ
возрастахъ проводить различныя профила-
ктическія мѣры, которыя на отдѣльныхъ сту-
пеняхъ развитія ребенка пригодны для под-
держанія гармоніи физическихъ, умствен-
ныхъ и нравственныхъ силъ.

Мы знаемъ изъ физіологіи, что для функціональнаго
укрѣпленія и усовершенствованія нашихъ органовъ не-
обходимо ихъ упражненіе, однако въ опредѣленныхъ гра-
ницахъ. Бездѣйствіе ведетъ къ атрофіи, къ ослабленію и
потерѣ функціональной способности; но такой же отрица-
тельный результатъ получается и при противоположной
крайности: отъ переутомленія органовъ при необходимости
выполнить работу, превышающую ихъ работоспособность.
Въ воспитаніи ребенка, когда мы стремимся
къ достиженію высшихъ ступеней развитія
всѣхъ его какъ физическихъ, такъ и духов-
ныхъ силъ, мы недолжны забывать этого усло-
вія, необходимаго для наиболѣе продуктив-
наго использованія всѣхъ силъ организма.

Иными словами, въ дѣлѣ воспитанія нами дол-
женъ руководить принципъ бережнаго упра-
жненія физическихъ, умственныхъ и нравст-
венныхъ силъ ребенка.

Какъ примѣнять этотъ принципъ при тѣхъ или иныхъ
обстоятельствахъ, мы еще выяснимъ ниже. Здѣсь же огра-
ничимся лишь общимъ замѣчаніемъ, что въ раннемъ дѣт-
ствѣ, при особенно значительномъ еще несовершенствѣ
органовъ, на первомъ планѣ должно стоять бережное от-
ношеніе къ нимъ, упражненіе же необходимо проводить
крайне осторожно. Наоборотъ, съ годами, по мѣрѣ укрѣ-
пленія силъ ребенка, упражненіе его функціональныхъ спо-
собностей должно занимать все больше мѣста, при чемъ,
однако, ни въ коемъ случаѣ нельзя забывать и о необхо-
димости бережнаго отношенія къ силамъ ребенка.

# I. Грудной возрастъ.

## 1. Физическое развитіе въ грудномъ возрастѣ.

Наблюденія практическихъ врачей въ отдѣльныхъ слу-
чаяхъ, вполнѣ подтверждаемыя выводами, основанными на
изученіи обширнаго статистическаго матеріала, показы-
ваютъ, что нормальное физическое развитіе въ грудномъ
возрастѣ имѣетъ громадное значеніе въ смыслѣ обезпече-
нія въ будущемъ не только физическаго, но и душевнаго
благоденствія ребенка. Едва ли въ будущемъ возможно
пополненіе ущерба, причиненнаго различными вредными
вліяніями организму ребенка въ грудномъ возрастѣ, когда
развитіе отдѣльныхъ органовъ и общій ростъ происходятъ
особенно оживленно, въ три раза превосходя энергію
роста въ послѣдующіе годы. Отсюда слѣдуетъ, что внима-
тельное отношеніе къ физическому развитію въ грудномъ
возрастѣ имѣетъ громадное практическое значеніе.

О нормальномъ физическомъ развитіи ребенка мы мо-
жемъ судить по цѣлому ряду признаковъ, но наиболѣе
надежный и вполнѣ объективный масштабъ представляютъ
изъ себя с и с т е м а т и ч е с к і я   в з в ѣ ш и в а н і я. Эти взвѣ-
шиванія лучше дѣлать не чаще одного раза въ недѣлю;
такимъ образомъ, во-первыхъ, получается достаточно за-
мѣтная разница отдѣльныхъ взвѣшиваній, во-вторыхъ, при
болѣе короткихъ промежуткахъ между взвѣшиваніями на
результатахъ послѣднихъ рѣзче сказываются различныя
случайности,—въ теченіе же болѣе продолжительнаго пе-
ріода, напр., недѣли, ихъ вліяніе большей частью взаимно
выравнивается. Для избѣжанія лишняго источника оши-
бокъ взвѣшиваніе надо производить всегда поутру, послѣ
опорожненія желудка и до ѣды. Особенно тщательнаго вы-
полненія требуютъ взвѣшиванія младенцевъ, находящихся
на искусственномъ вскармливаніи: составъ ихъ пищи до-
вольно произволенъ и долженъ видоизмѣняться въ соотвѣт-

ствіи съ дѣйствительной потребностью ребенка, о которой можно судить только по достигаемымъ результатамъ.

Средній вѣсъ новорожденнаго, при появленіи на свѣтъ, составляетъ у мальчиковъ—3400 граммъ, у дѣвочекъ—3200 грм. Въ первые 4—5 дней этотъ вѣсъ падаетъ на 200—250 грм., такъ какъ тѣло младенца освобождается отъ кишечнаго содержимаго, находившагося въ немъ во время утробной жизни, а также отъ того довольно толстаго слоя кожныхъ выдѣленій, который образовался на его поверхности въ утробѣ матери. Съ другой стороны, отдѣленіе отъ материнскаго организма создаетъ для младенца рядъ совершенно новыхъ условій существованія, кореннымъ образомъ отличающихся отъ тѣхъ, которыя окружали его до сихъ поръ. Теперь начинаютъ функціонировать бездѣятельныя ранѣе легкія младенца, измѣняется система его кровообращенія; младенцу приходится приспособляться къ рѣзкому пониженію внѣшней температуры, къ новому способу питанія, къ начинающемуся немедленно по появленіи на свѣтъ безпрерывному воспріятію разнообразныхъ внѣшнихъ раздраженій и т. д. Коротко сказать, юный организмъ претерпѣваетъ настолько значительное потрясеніе, что онъ не въ состояніи сразу справиться съ происходящими въ немъ коренными измѣненіями, не можетъ сохранить равновѣсія обмѣна веществъ, что и сказывается потерей въ вѣсѣ. Со второй недѣли жизни у здороваго, правильно вскармливаемаго младенца начинается систематическое наростаніе вѣса, происходящее по двумъ различнымъ типамъ въ зависимости отъ способа вскармливанія младенца,—естественнаго или искусственнаго.

У ребенка, вскармливаемаго грудью, еженедѣльная прибавка вѣса достигаетъ въ теченіе первыхъ двухъ мѣсяцевъ жизни приблизительно 200 граммъ, позднѣе нѣсколько менѣе: уже на третьемъ мѣсяцѣ еженедѣльная прибавка немного ниже 200 грм., на четвертомъ мѣсяцѣ она равна приблизительно 175 грм., на шестомъ около 80 грм., на двѣнадцатомъ около 60 грм. Но, конечно, если результаты взвѣшиванія не всегда точно соотвѣтствуютъ приведеннымъ среднимъ цифрамъ, въ этомъ еще нѣтъ причины для безпокойства. Если по истеченіи пятаго мѣсяца первоначальный вѣсъ младенца удваивается, а къ концу перваго года жизни почти утраивается, то этого вполнѣ достаточно, чтобы развитіе ребенка признать идущимъ правильно. Обыкновенно вѣсъ годовалаго ребенка достигаетъ: у мальчиковъ 10200 грм., у дѣвочекъ 9700 грм.*)

Въ теченіе первыхъ четырехъ, пяти мѣсяцевъ природа какъ бы проявляетъ стремленіе выравнять рѣзкія отклоненія отъ нормы первоначальныхъ размѣровъ младенца; дѣйствительно, мы можемъ наблюдать особенно быстрый ростъ и увеличеніе вѣса какъ разъ у тѣхъ дѣтей, у которыхъ по рожденіи обнаруживается вѣсъ значительно ниже нормы; наоборотъ, дѣти родившіяся очень крупными, растутъ медленнѣе, что, однако, отнюдь не свидѣтельствуетъ объ ихъ болѣзненномъ состояніи. Быстрое увеличеніе вѣса мы видимъ еще у дѣтей истощенныхъ отъ перенесенной ими какой-нибудь острой болѣзни. Нарушеніе правильности увеличенія вѣса бываетъ и во время прорѣзыванія зубовъ; въ этомъ періодѣ вѣсъ тѣла обыкновенно остается втеченіе недѣли неизмѣннымъ, а затѣмъ, по прорѣзываніи зуба, быстро повышается.

При искусственномъ вскармливаніи увеличеніе вѣса въ теченіе первыхъ трехъ, четырехъ мѣсяцевъ происходитъ медленнѣе, чѣмъ при вскармливаніи грудью (рѣдко больше 100—150 граммъ въ недѣлю), однако позднѣе прибавка происходитъ даже скорѣе, чѣмъ это наблюдается при грудномъ вскармливаніи, такъ что къ концу года ребенокъ и при искусственномъ вскармливаніи достигаетъ нормы. Причину такой послѣдовательности явленій надо, вѣроятно, видѣть въ томъ, что столь несовершенные вначалѣ пищеварительные органы младенца въ состояніи переварить лишь ту пищу, которая предназначена ему природой, т. е. материнское молоко; впослѣдствіи же, по мѣрѣ своего постепеннаго физіологическаго развитія и въ силу привычки, ребенокъ начинаетъ достаточно хорошо справляться и съ иной пищей.

*) Въ основаніи приводимыхъ здѣсь цифръ лежатъ данныя взвѣшиванія въ частной практикѣ; они выше среднихъ цифръ, получаемыхъ на основаніи многочисленныхъ взвѣшиваній въ воспитательныхъ домахъ и другихъ учрежденіяхъ для грудныхъ младенцевъ, гдѣ развитіе послѣднихъ, несмотря на всевозможныя старанія, оказывается болѣе плохимъ, благодаря скученности и связанной съ этимъ легкости зараженія различными инфекціонными болѣзнями.

Что касается роста младенца, то первоначальная задержка его болѣе продолжительна (около трехъ недѣль), чѣмъ задержка увеличенія вѣса. Длина тѣла новорожденнаго мальчика равна 50—52 см., дѣвочки—49—51 см. Въ первое полугодіе приростъ весьма значителенъ: въ первую четверть года до 9 см., во вторую—до 8 см.; затѣмъ онъ сокращается и для третьей и четвертой четверти перваго года составляетъ по 3—4 см. Итакъ, за весь первый годъ жизни ростъ увеличивается на 24—25 см., т. е. на половину своей первоначальной величины.

Мы судимъ о нормальномъ ходѣ тѣлеснаго развитія младенца еще по его внѣшнему виду и поведенію, по нѣкоторымъ легко бросающимся въ глаза явленіямъ въ развитіи костей, по времени начала прорѣзыванія зубовъ, наконецъ по нѣкоторымъ признакамъ укрѣпленія мышечной силы.

Кожа здороваго младенца гладка, розоватой окраски и упруга, т. е. туго натянута надъ достаточнымъ количествомъ подкожнаго жира и плотной мышечной ткани. Движенія здороваго ребенка энергичны, голосъ его звучитъ сильно и громко; онъ мало кричитъ и плачетъ, наоборотъ, всегда въ хорошемъ настроеніи или спитъ глубокимъ и спокойнымъ сномъ. На костяхъ скелета не обнаруживается ни утолщеній, ни искривленій; родничекъ, т. е. участокъ на макушкѣ головки, остающійся у новорожденнаго еще не закрытымъ костями черепа, заростаетъ безъ всякаго слѣда къ концу перваго года жизни. Первые зубы показываются въ большинствѣ случаевъ на седьмомъ мѣсяцѣ; они прорѣзываются попарно, съ промежутками отъ двухъ недѣль до двухъ мѣсяцевъ, по большей части въ слѣдующемъ порядкѣ: сначала два среднихъ нижнихъ рѣзца; затѣмъ четыре верхнихъ (прежде средніе, затѣмъ наружные) и, наконецъ, два наружныхъ нижнихъ. Эти восемь зубовъ большею частью мы и находимъ у ребенка къ началу второго года жизни. Мышечная сила проявляется у младенца прежде всего въ томъ, что онъ начинаетъ поднимать головку; это мы можемъ наблюдать уже въ концѣ второго мѣсяца. За укрѣпленіемъ затылочныхъ мышцъ вскорѣ слѣдуетъ подобное же укрѣпленіе спинной мускулатуры настолько, что она можетъ поддерживать ребенка въ сидячемъ положеніи. На шестомъ мѣсяцѣ ребенокъ большей частью въ состояніи самостоятельно сидѣть, а въ девятимѣсячномъ возрастѣ онъ уже стоитъ на выпрямленныхъ ножкахъ.

## 2. Душевное развитіе въ грудномъ возрастѣ*).

Ко времени появленія на свѣтъ органы младенца становятся физіологически уже настолько развитыми, что жизнь внѣ материнскаго тѣла оказывается возможной. Между прочимъ, и строеніе с п и н н о г о мозга представляется вполнѣ завершеннымъ. Что же касается г о л о в н о г о мозга, являющагося органомъ душевной жизни, то у новорожденнаго онъ имѣетъ еще видъ довольно неопредѣленной, мягкой, сѣрой массы, пронизанной бѣлыми островками. Мозговыя волокна, эти проводники периферическихъ раздраженій къ центрамъ сознанія въ мозгу и, наоборотъ, волевыхъ импульсовъ отъ этихъ центровъ къ периферическимъ органамъ, находятся еще въ самомъ зачаточномъ состояніи. Нѣтъ, поэтому, ничего удивительнаго въ томъ, что функціи мозга въ этомъ періодѣ крайне несовершенны и что въ отношеніи къ новорожденному не можетъ быть и рѣчи о какихъ бы то ни было психическихъ функціяхъ; у н о в о р о ж д е н н а г о м л а д е н ц а н ѣ т ъ е щ е д у ш е в-н о й ж и з н и **). Душевная жизнь возникаетъ лишь съ теченіемъ времени, весьма медленно, и именно такимъ образомъ, что впечатлѣнія, получаемыя органами чувствъ, передаются черезъ посредство проводниковъ—периферическихъ нервовъ и мозговыхъ волоконъ—къ мозговымъ центрамъ, здѣсь перерабатываются въ воспріятія, а изъ этихъ

---

*) При обработкѣ этого отдѣла я руководился главнымъ образомъ данными сочиненія Compayré („Развитіе дѣтской души“),

**) Долженъ предупредить, что, говоря о „душѣ“ и „душевной“ жизни ребенка, я всюду придаю этому слову отнюдь не общеупотребительный религіозный смыслъ, а чисто психологическій, для обозначенія явленій въ сферѣ познанія, воли и чувства.

воспріятій постепенно слагаются представленія и понятія, образующія содержаніе разума.

Описанный процессъ происходитъ вначалѣ, однако, очень медленно вслѣдствіе незаконченнаго еще развитія органовъ чувствъ, долженствующихъ доставлять впечатлѣнія изъ внѣшняго міра.

Новорожденнаго можно назвать почти слѣпымъ. Въ первые дни жизни свѣточувствительность глаза ограничивается лишь центральнымъ участкомъ сѣтчатки, и только постепенно становятся свѣточувствительными и периферическія части ея. Кромѣ того, внезапное прониканіе въ открытый глазъ новорожденнаго, находившагося въ утробѣ матери въ абсолютной темнотѣ, ослѣпительнаго для него дневного свѣта, повидимому сопровождается непріятнымъ ощущеніемъ: новорожденный открываетъ глазки только въ сумеркахъ; при полномъ же дневномъ свѣтѣ вѣки его сомкнуты.

Вмѣстѣ съ тѣмъ новорожденный и глухъ. Дѣло въ томъ, что для проведенія звуковыхъ волнъ до слухового нерва, въ среднемъ ухѣ (въ такъ называемой барабанной полости) долженъ содержаться воздухъ. Между тѣмъ, у новорожденнаго эта полость содержитъ жидкость, вытеканію которой способствуютъ глотательныя движенія; но для этого требуется извѣстное время, не менѣе трехъ, четырехъ дней. Прониканію звуковъ до слухового нерва мѣшаетъ еще и то обстоятельство, что у новорожденнаго стѣнки наружнаго слухового прохода плотно соприкасаются между собой.

Прочіе органы чувствъ—осязаніе, вкусъ и обоняніе (послѣднее, впрочемъ, лишь въ незначительной степени)—функціонируютъ почти съ самаго момента появленія ребенка на свѣтъ.

Итакъ, мы видимъ, что новый обитатель міра имѣетъ возможность воспринимать послѣдній только черезъ посредство поверхности своей кожи, передающей ему какъ осязательныя, такъ и тепловыя ощущенія, и вслѣдствіе этого пока онъ еще не способенъ обнаруживать какихъ бы то ни было проявленій душевной жизни. Слѣдовательно и тѣ довольно многочисленныя д в и ж е н і я—ручками, ножками, а также гримасы, движенія производящія крикъ и т. п.,—къ

которымъ оказывается способнымъ новорожденный, ни въ
коемъ случаѣ не произвольны, иными словами, въ ихъ
основѣ не лежатъ какія бы то ни было разумныя пред-
ставленія или свободный выборъ: они обусловливаются
отчасти раздраженіями извнѣ, и въ этомъ случаѣ являются
рефлекторными, или же исходятъ изъ внутреннихъ воз-
бужденій и тогда бываютъ автоматическими и инстинктив-
ными.

Къ рефлекторнымъ движеніямъ относятся: чиханіе,
кашель, икота, зѣвота; всѣ эти движенія не измѣ-
няются и остаются непроизвольными въ теченіе всей
жизни.

Другая группа, инстинктивныя и автоматическія дви-
женія, представляютъ для насъ особенный интересъ,
такъ какъ они подвергаются дальнѣйшему развитію: изъ
нихъ впослѣдствіи образуется все безконечное разно-
образіе произвольныхъ движеній человѣка, которыя пу-
темъ воспитанія и упражненія могутъ быть доведены
до высокой степени совершенства. Инстинктомъ обусло-
вливаются согласованныя (координированныя) движенія,
направленныя къ опредѣленной цѣли: таковы, напр., со-
сательныя движенія, необходимыя ребенку для питанія.
Если въ ротъ маленькаго ребенка вложить грудной со-
сокъ, то онъ рефлекторно охватываетъ его губами, и за-
тѣмъ, при наличности голода, выступаетъ на сцену
инстинктъ: ребенокъ немедленно начинаетъ сосать, т. е. онъ
такимъ образомъ приводитъ въ движеніе различныя мышцы
лица, языка и мягкаго неба, что молоко высасывается изъ
груди и попадаетъ въ ротъ. Этотъ актъ сосанія вна-
чалѣ тоже выполняется совершенно непроизвольно, но
благодаря частому повторенію онъ оставляетъ извѣстный
слѣдъ въ развивающемся мозгу ребенка, въ видѣ воспо-
минанія о пріятномъ ощущеніи, связанномъ съ удовлетво-
реніемъ потребности въ пищѣ. Впослѣдствіи, стараясь
вновь испытать это ощущеніе, ребенокъ дѣйствуетъ уже
до нѣкоторой степени полусознательно, а не чисто инстин-
ктивно: онъ проявляетъ стремленіе къ опредѣленной цѣ-
ли. Съ дальнѣйшимъ теченіемъ времени инстинктивный
вначалѣ актъ сосанія становится уже вполнѣ произволь-
нымъ дѣйствіемъ.

Другіе виды движенія, какъ наприм., движенія, произ-
водящія крикъ, являются у ребенка вначалѣ чисто-авто-
матическими. Какъ и остальныя проявленія мускульной дѣя-
тельности, каковы движенія ручками, дрыганіе ножками
и т. п.,—крикъ порождается общей потребностью въ дви-
женіяхъ, присущей вообще животному организму. Частое
повтореніе крика, оставляя каждый разъ впечатлѣніе въ
мозгу, дѣлаетъ это движеніе мало по малу сознательнымъ.
Со временемъ ребенокъ начинаетъ пользоваться сво-
имъ голосомъ для выраженія воли, для произнесенія
болѣе или менѣе членораздѣльныхъ звуковъ и, наконецъ,
для разговора. Подобнымъ же образомъ постепенно, при-
близительно на четвертомъ мѣсяцѣ жизни, становятся
произвольными движенія ручками, до этого времени быв-
шія автоматическими; впослѣдствіи же ребенокъ созна-
тельно тянется ручками, съ совершенно опредѣленнымъ
намѣреніемъ, по направленію къ привлекшему его внима-
ніе предмету. Автоматическими являются вначалѣ даже
плачъ и смѣхъ; они еще не отвѣчаютъ какой-нибудь опре-
дѣленной идеѣ или душевному волненію, а служатъ выра-
женіемъ чисто физическаго состоянія благополучія или
неблагополучія. Только около четвертаго мѣсяца жизни
пріятное ощущеніе начинаетъ сопровождаться сознатель-
нымъ смѣхомъ.

Изъ нашего бѣглаго обзора постепеннаго возникно-
венія произвольныхъ движеній видно, что они образуются
изъ непроизвольныхъ. Послѣднія превращаются въ высшія
формы благодаря многократному повторенію, оставляю-
щему все болѣе глубокіе слѣды въ мозгу, иными словами—
благодаря упражненію. Тотъ же фактъ, т. е. необходи-
мость упражненія, мы можемъ установить и по отношенію
къ усовершенствованію всякой другой, какъ физической,
такъ и психической функціи организма. Между прочимъ,
и наши органы чувствъ нуждаются въ систематической и
продолжительной тренировкѣ для того, чтобы они могли
содѣйствовать возникновенію нашей духовной жизни.

Что касается глаза, то уже выше мы указали, что
поле зрѣнія у новорожденнаго крайне ограничено: онъ
видитъ только по прямому направленію передъ собой. Кро-

мѣ того поле зрѣнія съуживается еще отъ недостаточной способности къ согласованію (координаціи) движеній, вслѣдствіе чего новорожденный не можетъ вѣрно управлять движеніями глазныхъ яблокъ и своевременно поворачивать головку. На ряду съ ограниченіемъ поля зрѣнія по периферіи, является ограниченнымъ и зрѣніе вдаль: ребенокъ въ возрастѣ около трехъ недѣль несомнѣнно фиксируетъ взглядомъ пламя свѣчи въ разстояніи двухъ, трехъ шаговъ отъ глазъ, но затѣмъ сейчасъ же теряетъ его изъ виду, если удалить его еще на одинъ или два шага. Въ эволюціи зрѣнія прежде всего нужно развиться самой зрительной способности: должны стать свѣточувствительными окончанія зрительнаго нерва на всемъ пространствѣ сѣтчатки, а не только въ центральной ея части; впечатлѣнія же, полученныя на сѣтчаткѣ и проведенныя черезъ зрительный нервъ и подкорковые центры до сѣ[а]аго вещества извилинъ большого мозга должны здѣсь превращаться въ воспріятія, чтобы при многократномъ повтореніи образовать представленія. Только что описанный процессъ завершается въ теченіе двухъ первыхъ мѣсяцевъ жизни. Но даже на второмъ или третьемъ мѣсяцѣ ребенокъ еще не способенъ отличать другъ отъ друга отдѣльные предметы: неопредѣленно-сѣрое однообразіе окружающаго пространства въ это время въ представленіи ребенка прерываются лишь разсѣянными тамъ и сямъ цвѣтными пятнами. Только мало-по-малу, по мѣрѣ постепеннаго развитія мозга, пріобрѣтается способность различать краски и очертанія предметовъ. Нормальный ребенокъ на четвертомъ мѣсяцѣ начинаетъ отличать уже отдѣльныя лица; впрочемъ, мать или няню дѣти, вѣроятно, узнаютъ еще раньше.

Различать очертанія предметовъ ребенокъ научается, помимо зрѣнія, еще благодаря чувству осязанія; всякій предметъ, попадающій ему въ руки, онъ вертитъ во всѣ стороны, при чемъ ему приходится убѣждаться въ томъ, что предметъ имѣетъ протяженіе въ пространствѣ, обладаетъ краями, поверхностями, закругленіями, углами, словомъ имѣетъ опредѣленную форму.

Однако, чтобы зрительная способность поднялась до степени сознательнаго зрѣнія, у ребика должна развиться еще одна высшая функцiя, о которой рѣчь впереди, именно — способность вниманiя. Съ помощью послѣдняго, а также и чувства осязанiя, младенецъ научается различать пространственныя отношенiя, и теперь уже мiръ не представляется ему плоскимъ, какъ бы нарисованнымъ. Ребенокъ убѣждается, что его окружаетъ со всѣхъ сторонъ пространство, заключающее въ себѣ громадное разнообразiе различныхъ вещей. Съ этого времени начинается быстрое обогащенiе бѣдной содержанiемъ дѣтской души неисчислимымъ количествомъ впечатлѣнiй и воспрiятiй, прiобрѣтаемыхъ изъ внѣшняго мiра.

У х о, какъ органъ слуха, играетъ также значительную роль въ созданiи душевной жизни ребенка. Способность къ функцiонированiю въ полной мѣрѣ присуща уху уже вскорѣ по рожденiи, хотя ухо представляется на первомъ году жизни еще недоразвитымъ (напр., костяной наружный слуховой проходъ продолжаетъ развиваться еще до третьяго года жизни; та часть височной кости, въ толщѣ которой заложено такъ называемое внутреннее ухо, бываетъ въ это время значительно тоньше, чѣмъ у взрослаго человѣка, и на ней различается значительно большее количество расщелинъ). Все же, насколько можно судить по рефлекторному вздрагиванiю, которое наблюдается у маленькихъ дѣтей при всякомъ сильномъ шумѣ, уже въ этомъ возрастѣ существуетъ живая способность къ воспрiятiю звуковыхъ раздраженiй. Съ самаго ранняго возраста можно, далѣе, отмѣтить, что музыкальные тоны, напр. колыбельная пѣсенка, вызываетъ у маленькаго ребенка несомнѣнно прiятное ощущенiе, дѣйствуя успокаивающимъ образомъ.

Но и слухъ требуетъ упражненiя. Не сразу прiобрѣтается способность различать направленiе и разстоянiе звука. Какъ и по отношенiю къ зрѣнiю, здѣсь необходима способность къ оцѣнкѣ получаемыхъ впечатлѣнiй и систематическое упражненiе. Чтобы судить о дальности происхожденiя звука по большей или меньшей его силѣ, ребенокъ долженъ хорошо изучить качества отдѣльныхъ звуковъ. Для того же, чтобы быть въ состоянiи улавливать ту тонкую разницу звуковыхъ оттѣнковъ, которая присуща человѣческой рѣчи, разумѣется, требуется, помимо достаточнаго упражненія самаго органа слуха, уже не малая степень способности вниманія и различенія. По мѣрѣ того, какъ ребенокъ научается понимать смыслъ отдѣльныхъ звуковъ рѣчи, развитіе его души идетъ быстрыми шагами впередъ, такъ какъ ему становятся доступными понятія, которыя онъ не могъ бы составить самостоятельно, на основаніи однихъ воспріятій, получаемыхъ при помощи органовъ внѣшнихъ чувствъ.

Что касается в к у с а, то это чувство тѣсно связано съ другимъ чувствомъ — о б о н я н і е м ъ. Оба обслуживаются сравнительно просто построенными органами, которые начинаютъ функціонировать съ самаго рожденія ребенка на свѣтъ. Такъ, мы часто можемъ убѣждаться, что совсѣмъ маленькія грудныя дѣти улавливаютъ тонкія различія во вкусѣ молока: ребенокъ охотно беретъ грудь своей кормилицы и нерѣдко рѣшительно отказывается взять грудь чужой женщины. Къ запахамъ грудной ребенокъ поразительно равнодушенъ. По Preyer'у, которому мы обязаны основными изслѣдованіями въ области душевной жизни ребенка, способность отдѣлять другъ отъ друга ощущенія вкуса и запаха созрѣваетъ лишь къ началу третьяго года жизни.

Отъ самаго рожденія ребенокъ способенъ пользоваться и чувствомъ о с я з а н і я, органомъ котораго является вся поверхность кожи (въ толщѣ послѣдней заложены спеціальные концевые аппараты чувствительныхъ нервовъ). Вначалѣ, черезъ посредство осязанія ребенокъ ощущаетъ лишь прикосновеніе, давленіе, холодъ и тепло, мокрое и сухое; развиваясь съ теченіемъ времени, чувство осязанія пріобрѣтаетъ впослѣдствіи весьма значительную роль въ ряду факторовъ, образующихъ нашу душевную жизнь. Именно ребенокъ, благодаря осязанію научается противопоставлять свое тѣло окружающимъ предметамъ и различать самого себя отъ внѣшняго міра. Выше мы говорили уже о роли осязанія при развитіи такъ называемаго „тѣлеснаго видѣнія“. Упражненіе можетъ довести осязаніе до очень высокой степени совершенства; примѣръ этому мы находимъ у слѣпыхъ, для которыхъ осязаніе замѣняетъ зрѣніе.

Выше мы старались показать, насколько органы чувствъ

важны, болѣе того, насколько они безусловно необходимы для возникновенія и развитія душевной жизни ребенка; вмѣстѣ съ тѣмъ мы также выяснили, какъ вначалѣ они бываютъ мало совершенны для такой роли и лишь со временемъ достигаютъ достаточной степени развитія. Теперь мы переходимъ къ разсмотрѣнію факторовъ, изъ которыхъ непосредственно слагается душевная жизнь.

Первыя проявленія душевной жизни обнаруживаются не въ сферѣ познанія и воли, а въ области чувства. Ребенокъ способенъ испытывать чувство пріятнаго и непріятнаго, при чемъ вначалѣ такое чувство, конечно, основано исключительно на чувственныхъ ощущеніяхъ, возникающихъ вслѣдствіе внѣшнихъ возбужденій или коренящихся во внутреннихъ состояніяхъ тѣла. Этого и слѣдуетъ ожидать, если принять во вниманіе, что дѣятельность органовъ чувствъ, какъ мы уже упомянули, является почти единственной психической функціей въ первые мѣсяцы жизни.

Непосредственно вслѣдъ за появленіемъ на свѣтъ ребенокъ, конечно, долженъ испытывать преимущественно чувство непріятнаго. Для крайне нѣжной нервной системы, столь заботливо защищенной отъ внѣшнихъ раздраженій въ глубинѣ материнскаго тѣла, должны представляться крайне тягостными свѣтъ и шумъ, которые сразу окружаютъ его во внѣшнемъ мірѣ *). Равнымъ образомъ, въ высшей степени непріятно для новорожденнаго должно быть то ощущеніе, которое онъ испытываетъ при быстромъ и рѣзкомъ охлажденіи, когда его изнѣженное внутриутробной теплотой тѣло внезапно попадаетъ въ значительно болѣе низкую комнатную температуру. Несвоевременное удовлетвореніе его первой потребности—голода, несомнѣнно тоже вызываетъ крайне интенсивное чувство страданія, что выражается громкимъ крикомъ. У спеленатаго ребенка не удовлетворяется его естественная потребность въ движеніяхъ, и это стѣсненіе свободы движеній должно быть ему также весьма тягостно. Наконецъ, ко всему вышесказанному

---

*) Мы, между прочимъ, указали выше, какъ природа стремится оградить новорожденнаго въ самое первое время отъ черезчуръ сильнаго воздѣйствія свѣта и звуковъ путемъ суженія поля зрѣнія и закрытія наружнаго слухового прохода.

надо прибавить еще чувство общей слабости, испытывае-
мое новорожденнымъ человѣческимъ существомъ, и его
чрезвычайную утомляемость: малѣйшая мускульная дѣя-
тельность составляетъ для него уже напряженную работу;
въ изнеможеніи младенецъ засыпаетъ, даже если онъ только
покричитъ или пососетъ грудь.

Было бы однако неправильно утверждать, что малень-
кому ребенку чуждо чувство пріятнаго. На ощущеніяхъ
грудного младенца несомнѣнно благотворно отзывается со-
саніе груди, пріятный вкусъ молока, самое удовлетвореніе
голода. Не менѣе, повидимому, нравится ему теплая ванна,
такъ какъ съ послѣ нея мы можемъ наблюдать, что ребенокъ
засыпаетъ съ удовлетвореннымъ и спокойнымъ выра-
женіемъ лица Но прежде всего не надо забывать о томъ извѣ-
стномъ физіологическомъ законѣ, что пользованіе всякимъ
органомъ, упражненіе всякой функціи, сопровождается силь-
нымъ чувствомъ удовольствія. Явленіе это представляетъ
собой физіологическій законъ, въ высокой степени важный,
какъ для общаго развитія организма, такъ и съ точки
зрѣнія воспитанія. Во всѣхъ насъ свѣжо воспоминаніе, съ
какимъ воодушевленіемъ мы мальчиками и юношами зани-
мались мускульной гимнастикой, подвижными играми и
спортомъ, и какъ тягостно, наоборотъ, для насъ было долго-
временное неподвижное сидѣніе или лежаніе. Мы испыты-
ваемъ потребность давать возможность своимъ орга-
намъ проявлять ихъ функціональныя способности. И для
маленькаго ребенка каждое движеніе, хотя бы повидимому
ничѣмъ не мотивированное, является радостнымъ для него
примѣненіемъ мало-по-малу наростающей его мускульной
силы. Свѣтовыя и звуковыя впечатлѣнія, вначалѣ еще
тягостныя вслѣдствіе ихъ относительной интенсивности,
вскорѣ, благодаря прогрессирующему укрѣпленію нервной
системы, становятся неизсякаемымъ источникомъ удоволь-
ствія; ребенокъ безпрерывно упражняетъ свои зрѣніе и
слухъ, испытывая при этомъ пріятное ощущеніе. Повышен-
ное настроеніе ребенка проявляется въ томъ, что онъ не
лежитъ все время спокойно, но охотно смѣется, жестику-
лируетъ, что-то по своему бормочетъ, а въ болѣе позднемъ
возрастѣ при пріятныхъ ощущеніяхъ радостно всплески-
ваетъ ручками и дрыгаетъ ножками.

Изъ этихъ первоначальныхъ ощущеній, пріятныхъ и непріятныхъ, въ преобладающей степени обязанныхъ своимъ происхожденіемъ внѣшнимъ чувствамъ, развиваются уже д у ш е в н ы я волненія, и даже высшая ихъ степень—маленькія страсти. Благодаря частому повторенію чувства удовольствія, сопровождающаго сосаніе, которое вначалѣ удовлетворяетъ лишь инстинктивную потребность въ пищѣ, уже въ самомъ раннемъ возрастѣ возникаетъ страстность въ стремленіи получить материнскую грудь. Въ памяти ребенка все прочнѣе запечатлѣвается чувство удовлетворенія его потребности, и онъ тѣмъ необузданнѣе стремится къ повторенію его, что имъ еще не руководитъ сдерживающая сила разума. Такимъ образомъ по причинамъ чисто психическаго свойства ребенокъ обладаетъ желаніемъ сосать въ большей мѣрѣ, чѣмъ это соотвѣтствуетъ физическому ощущенію голода. Но благодаря тому же частому повторенію чувства удовольствія возникаетъ также и драгоцѣнное чувство симпатіи, склонности и любви. Мать или няня находятся въ счастливомъ положеніи, имѣя возможность постоянно доставлять младенцу удоволствіе: онѣ удовлетворяютъ его потребность въ пищѣ, ласкаютъ его, пріятно убаюкиваютъ его внѣшнія чувства нѣжнымъ словомъ или пѣніемъ, купаютъ его и вообще оказываютъ ему тысячи мелкихъ услугъ. Благодаря этому въ пробуждающейся дѣтской душѣ накопляется все больше пріятныхъ ощущеній, тѣсно связанныхъ съ этими обликами, и къ нимъ раньше всѣхъ ребенокъ проявляетъ чувство симпатіи и любви. Въ невинномъ эгоизмѣ маленькій ребенокъ инстинктивно ищетъ пріятныхъ ощущеній и независимо отъ своей воли любитъ тѣхъ, съ личностью которыхъ у него связано воспоминаніе о пріятныхъ ощущеніяхъ въ прошломъ и надежда на такія же ощущенія въ будущемъ. Изъ этой безсознательной любви далѣе возникаютъ уже такія цѣнныя этическія свойства, какъ добровольное послушаніе, благодарность, подражаніе хорошему примѣру.

Жизнь чувства благодаря пріятнымъ и непріятнымъ ощущеніямъ пробуждается въ душѣ ребенка уже вскорѣ послѣ рожденія; что же касается зачатковъ познавательной, и н т е л л е к т у а л ь н о й жизни, то для ихъ появленія требуется рядъ предварительныхъ условій, которыя могутъ осуществиться лишь постепенно. Объ одномъ изъ такихъ условій, именно, функціональномъ развитіи органовъ чувствъ мы уже говорили выше.

Для того, чтобы съ впечатлѣніями, закрѣпленными мозгомъ изъ прежнихъ чувственныхъ воспріятій, органически связывались дальнѣйшія впечатлѣнія и превращались въ представленія, необходима п а м я т ь; эта способность развивается лишь медленно. Въ общемъ дѣтскую память считаютъ хорошей, и не безъ основанія, такъ какъ молодой мозгъ необычайно впечатлителенъ; но это не относится къ новорожденному, у котораго памяти еще совсѣмъ не существуетъ. Въ теченіе первыхъ двухъ-трехъ лѣтъ жизни память также еще настолько слаба, что мы, при всемъ стараніи, не въ состояніи припомнить этотъ ранній періодъ своей собственной жизни. Объясняется это тѣмъ, что душевная жизнь ребенка въ то время еще не организована; маленькій ребенокъ не способенъ различать временныхъ и пространственныхъ взаимоотношеній, существующихъ между массой получаемыхъ имъ безпрестанно воспріятій: ему не хватаетъ понятія времени и пространства. Словомъ, въ его головѣ царитъ пока настоящій хаосъ. Для образованія памяти, какъ и для образованія всякой душевной способности, основной матеріалъ получается благодаря повторенію воспріятій и впечатлѣній. Каждое воздѣйствіе на мозгъ оставляетъ въ немъ слѣдъ, который при повтореніи углубляется и, наконецъ, становится постояннымъ настолько, что уже не можетъ болѣе стушевываться. Со всѣми чувственными воспріятіями у ребенка происходитъ то же, что и съ сосаніемъ: вначалѣ чисто автоматическій, этотъ актъ мало-по-малу, благодаря повторенію, какъ мы видѣли, становится сначала чувственно ощутимымъ, а затѣмъ и все болѣе и болѣе сознательнымъ. Подобное же мы можемъ наблюдать, напр., и по отношенію къ образу матери. Этотъ образъ воспринимается глазомъ и оставляетъ мимолетное впечатлѣніе въ мозгу. У ребенка еще нѣтъ способности по своему желанію возстановить этотъ образъ въ своемъ сознаніи, онъ не можетъ еще думать о немъ, какъ и вообще припоминать что-либо прошедшее; иными словами, онъ не въ состоя-

нiи возстановить мимолетное впечатлѣнiе, однажды про-
мелькнувшее въ мозгу. Но вскорѣ ему опять предста-
вляется случай видѣть свою мать,— первое впечатлѣнiе углу-
бляется; этотъ случай повторяется очень часто, и углубле-
нiе становится все значительнѣе, слѣдъ, оставляемый впе-
чатлѣнiемъ въ мозгу, все постояннѣе. Черезъ извѣстный
промежутокъ времени, обыкновенно уже въ теченiе пер-
выхъ мѣсяцевъ жизни, въ мозгу ребенка образъ матеря
окончательно запечатлѣвается, и онъ начинаетъ отличать
мать отъ другихъ людей,— узнавать ее. Это признакъ то-
го, что впечатлѣнiе, бывшее раньше чисто пассивнымъ и
безсознательнымъ, благодаря частому повторенiю, превра-
тилось въ сознательное. Мы имѣемъ здѣсь дѣло съ первой
ступенью въ развитiи памяти, т.-е. съ механической
или пассивной памятью. Но отсюда еще далеко до
активной памяти. Такъ обозначается та форма памяти, ко-
торая черезъ посредство ассоцiацiи идей пробуждается въ
промежуткахъ между внѣшними впечатлѣнiями или даже
совершенно въ ихъ отсутствiи. Но и въ первоначальной
своей формѣ память имѣетъ громадное значенiе въ разви-
тiи душевной жизни. Ребенокъ накопляетъ черезъ посред-
ство органовъ чувствъ значительное количество образовъ
и затѣмъ начинаетъ сравнивать ихъ съ новыми. При срав-
ненiи образовъ, запечатлѣвшихся ранѣе и вновь воспри-
нятыхъ, составляются тѣ представленiя, изъ которыхъ, бла-
годаря ассоцiативнымъ путямъ мозга, возводится все зданiе
душевной жизни.

Дальнѣйшiй важный факторъ развитiя дѣтской души
заключается въ в о о б р а ж е н i и. Для того, чтобы роди-
лось воображенiе въ душѣ ребенка, послѣднiй долженъ
уже обладать памятью: воображенiе самостоятельно стро-
итъ новые образы изъ тѣхъ представленiй, которыя нако-
пила память. Образы, создаваемые воображенiемъ, нерѣдко
очень мало или даже совсѣмъ не соотвѣтствуютъ дѣйстви-
тельности: мы имѣемъ дѣло теперь уже съ функцiей чисто
психической, не находящейся въ прямомъ отношенiи къ
внѣшнему мiру. Разумѣется, даже самое пылкое вообра-
женiе не можетъ создать чего-либо абсолютно новаго, что
не имѣло бы никакой связи съ душевнымъ содержанiемъ
данной личности; мы должны твердо помнить, что вооб-

раженіе черпаетъ матеріалъ для своего творчества исклю-
чительно изъ чувственныхъ воспріятій, усвоенныхъ па-
мятью въ формѣ ощущеній или представленій. Сущность
воображенія заключается въ томъ, что оно не придержи-
вается временнаго и пространственнаго порядка воспо-
минаній, а какъ бы изолируетъ образы, сохраненные па-
мятью, отъ ихъ ассоціативныхъ цѣпей съ тѣмъ, чтобы, на
подобіе мозаики, расположить ихъ въ новомъ порядкѣ.
Признаки пробуждающагося воображенія мы находимъ у
ребенка еще ранѣе, чѣмъ онъ научится говорить. Напр.,
укажемъ на проявленіе ребенкомъ нетерпѣливаго желанія
выйти на воздухъ, какъ только ему покажутъ его шапочку,
или на тотъ фактъ, что онъ узнаетъ отдѣльные предметы
въ книжкѣ съ картинками. Въ первомъ случаѣ творчество
воображенія у ребенка сказывается въ томъ, что оно до-
полняетъ изъ памяти образы, недостающіе для полной
обстановки гулянья: ребенокъ обнаруживаетъ стремленіе
быть взятымъ на руки или посаженнымъ въ коляску,
тянется ручками къ двери и т. п. Во второмъ случаѣ —
при разсматриваніи картинокъ — ребенокъ, благодаря
работѣ своего воображенія, переходитъ отъ изображенія
предмета къ представленію объ оригиналѣ этого изобра-
женія.

Кому не извѣстно изъ личнаго опыта, что для того,
чтобы запечатлѣть что-нибудь въ памяти, надо быть в н и-
м а т е л ь н ы м ъ. Имѣя это въ виду, мы должны отнести и
вниманіе къ тѣмъ предварительнымъ условіямъ душевной
жизни, которыя обезпечиваютъ ея развитіе. Вначалѣ, у
совсѣмъ маленькихъ дѣтей, вниманіе является только пас-
сивнымъ. Такъ, напр., младенецъ фиксируетъ взглядомъ
блестящій предметъ только потому, что послѣднимъ сильно
возбуждается зрительный нервъ; столь же пассивно младе-
нецъ прислушивается къ громкому шуму или музыкально-
му тону и т. п. Вниманіе становится активнымъ, то есть
можетъ обусловливаться опредѣленнымъ внутреннимъ побу-
жденіемъ лишь тогда, когда въ памяти накопится доста-
точный запасъ представленій. Ребенокъ начинаетъ отли-
чать новое отъ того, что уже сохранилось у него въ
памяти; новое же занимаетъ его душу, а дѣятельность
души, какъ и всякое функціонированіе, сопровождается чув-

ствомъ удовольствія. И вотъ ребенокъ начинаетъ уже самостоятельно стремиться къ новымъ впечатлѣніямъ. Пробуждающееся любопытство, удачно названное „аппетитомъ души“, является, естественно, сильнымъ факторомъ возникновенія и поддержанія активнаго вниманія. Теперь ребенокъ самъ безъ затрудненія отыскиваетъ новыя впечатлѣнія среди разнообразныхъ, окружающихъ его, явленій. Однако, дѣтскій мозгъ, еще не привыкшій къ активной умственной работѣ, легко утомляется; даже изумительно, насколько быстро устаетъ вниманіе маленькаго ребенка, какъ оно поминутно перескакиваетъ съ одного предмета на другой, какъ быстро истощается интересъ ребенка къ тѣмъ самымъ вещамъ, которыя только что живѣйшимъ образомъ занимали его. Только уже въ слѣдующемъ періодѣ ребенокъ пріобрѣтаетъ способность болѣе или менѣе длительно сосредоточиваться, съ помощью волевыхъ импульсовъ, на интересующихъ его предметахъ. Теперь вниманіе становится произвольнымъ, и въ такой формѣ оно представляется могучимъ вспомогательнымъ средствомъ для духовнаго развитія.

Считаемъ нужнымъ подчеркнуть, что любопытство, о которомъ мы только что упомянули, является весьма важнымъ воспитательнымъ стимуломъ, такъ какъ оно направлено къ увеличенію запаса знаній; съ теченіемъ времени оно превращается въ склонность высшаго порядка, именно въ любознательность.

Еще важнѣе для воспитанія — это склонность къ подражанію. Свойство это проявляется у каждаго ребенка уже со второй половины перваго года жизни и выражается въ томъ, что ребенокъ перенимаетъ дѣйствія, подмѣченныя имъ у окружающихъ. Подражаніе по всей сущности находится въ тѣсной связи съ внушеніемъ. Даже взрослый человѣкъ, съ вполнѣ выраженной индивидуальностью, поддается увлеченію примѣромъ окружающихъ, и особенно легко подпадаетъ вліянію массъ, дѣйствуя, такимъ образомъ, часто невѣдомо для себя подъ вліяніемъ внушенія; понятно, что надъ ребенкомъ, индивидуальность котораго совершенно не опредѣлилась, сила внушенія тяготѣетъ еще сильнѣе. Подражаніе, какъ и прочія психическія способности, проявляется у ребенка вначалѣ почти рефлекторно, автоматически; затѣмъ, постепенно, при частомъ повтореніи какого-нибудь заученнаго дѣйствія, послѣднее становиться все болѣе сознательнымъ, и въ концѣ концовъ, подражаніе дѣлается умышленнымъ или произвольнымъ. Такъ напр., маленькій ребенокъ сначала совершенно безсознательно подражаетъ киванію головой, которымъ его привѣтствуютъ окружающіе. При повтореніи этого движенія оно вскорѣ становится сознательнымъ, а потомъ и произвольнымъ. Подобнымъ же образомъ ребенокъ научается протягивать ручку, задувать свѣчу и т. д. Все это доставляетъ ему удовольствіе, такъ какъ дитя испытываетъ чувство радости, проявляя свои способности. Ниже мы точнѣе выяснимъ, какимъ образомъ подражаніе можетъ быть использовано въ цѣляхъ воспитанія.

Если мы теперь зададимся вопросомъ, способенъ ли грудной ребенокъ къ логическимъ сужденіямъ и умозаключеніямъ, то безусловно должны разрѣшить этотъ вопросъ въ утвердительномъ смыслѣ. Нечего говорить, что первоначально проявленія умственной дѣятельности не проистекаютъ изъ зрѣлаго размышленія; они возникаютъ еще какъ бы самопроизвольно и необдуманно: ребенокъ еще не владѣетъ членораздѣльной рѣчью, которая освобождаетъ человѣческій разумъ и ставитъ человѣка на столь недосягаемую высоту по сравненію съ животными.

Функціонированіе органовъ чувствъ можетъ уже само по себѣ вести къ сужденіямъ. Любое отчетливое воспріятіе предмета становится сужденіемъ, разъ только данный предметъ сознательно распознанъ среди другихъ и отличенъ отъ нихъ. Элементъ сужденія заключается, напр., въ томъ, что ребенокъ пугается незнакомаго явленія или что онъ узнаетъ свою мать. Еще очевиднѣе обнаруживается способность ребенка къ сужденію, когда онъ замѣчаетъ отсутствіе матери и требуетъ ея появленія. Такъ какъ въ этомъ случаѣ имѣется на лицо сравненіе даннаго состоянія съ бывшимъ ранѣе и выборъ между ними, то мы должны здѣсь признать довольно сложное сужденіе въ формѣ взвѣшиванія обстоятельствъ. Эти первоначальныя сужденія обусловливаются пока еще только какимъ-нибудь ощущеніемъ, потому что, какъ мы видѣли, зачатки чувства въ развивающейся душѣ ребенка предшествуютъ зачаткамъ интеллекта. Уже у грудного ребенка мы наблюдаемъ также несомнѣнную способность дѣлать индуктивныя умозаключенія. Эту способность можно обнаружить, напр., въ томъ случаѣ, когда ребенокъ изъ двухъ или нѣсколькихъ сохранившихся въ его душѣ представленій съ помощью воображенія строитъ новое, какъ мы это отмѣтили въ выше приведенномъ примѣрѣ относительно ассоціаціи идей, происходящей при видѣ предметовъ верхней одежды: ребенокъ, еще не умѣющій говорить, способенъ уже связать новое впечатлѣніе съ прежнимъ и заключить, что наступило время гулянья.

Зачатки этической жизни еще весьма смутны въ душѣ маленькаго ребенка. Для всякаго понятно, что младенцу абсолютно недоступенъ кругъ этическихъ понятій, охватывающій отношенія къ окружающему міру, къ людямъ, къ обществу. Для уясненія понятія о добрѣ и злѣ, долгѣ, чести, справедливости и т. д. ребенокъ обладаетъ еще слишкомъ несложнымъ умомъ и малымъ запасомъ опыта; но культурное воспитаніе дѣлаетъ его мало-по-малу способнымъ къ воспріятію высшихъ этическихъ идей. Наше нравственное сознаніе развивается исключительно благодаря общенію съ людьми.

Грудной ребенокъ ведетъ жизнь чисто личную, а не соціальную, и поэтому ему можетъ быть доступно нравственное различіе (если вообще можно касаться вопросовъ нравственности въ отношеніи къ столь раннему возрасту только съ точки зрѣнія того или иного отношенія къ его собственному благополучію: отвѣчающее его склонностямъ и потребностямъ должно казаться ему добромъ, доставляющее же ему что-либо непріятное—зломъ.

Въ его юной душѣ живетъ, впрочемъ, одно нравственное чувство, проистекающее изъ присущаго ему сознанія собственной слабости: страхъ передъ сильнѣйшимъ. Это чувство является исходнымъ пунктомъ его этическаго развитія и открываетъ ему путь къ понятію о добрѣ и злѣ въ смыслѣ соціальной этики. Авторитетъ отца и матери признается ребенкомъ съ очень раннихъ поръ. Уже на первомъ мѣсяцѣ жизни нерѣдко бываетъ достаточно строгой мины или повышеннаго тона отца для устраненія того или другого каприза ребенка. Убѣжденіе въ непреклонности воли матери преодолѣваетъ своенравіе младенца, который, сначала очевидно разсчитываетъ крикомъ заставить дать ему грудь не во время. Очень рано, благодаря руководящей волѣ родителей, ребенокъ усваиваетъ понятіе запрета, и теперь уже съ его точки зрѣнія добромъ оказывается то, что велѣно или позволено, а зломъ—что запрещено.

Представленіе объ извѣстномъ поступкѣ ассоцируется въ мозгу ребенка съ представленіемъ объ его послѣдствіяхъ, при чемъ пріятный или непріятный для ребенка характеръ этихъ послѣдствій опредѣляется соотвѣтствіемъ или несоотвѣтствіемъ поступка съ желаніемъ воспитателя; такимъ образомъ возникаетъ внутреннее побужденіе къ послушанію.

На нѣсколько болѣе высокой ступени развитія присоединяется еще одно вспомогательное средство для расширенія понятія о добрѣ и злѣ, это—чувство склонности къ опредѣленнымъ личностямъ, напримѣръ, къ матери. То, что пріятно любимому лицу, кажется ребенку добромъ; то, что причиняетъ этому лицу боль или печаль—зломъ. Впрочемъ, соотвѣтствующая ступень развитія лежитъ уже за предѣлами грудного возраста. Здѣсь мы упомянули о ней только затѣмъ, чтобы подчеркнуть, насколько съ педагогической точки зрѣнія важно само по себѣ пробужденіе чувства любви у маленькаго ребенка; а мы видѣли уже, что пробудить это чувство удается дѣйствительно очень рано.

## 3. Физическое воспитаніе въ грудномъ возрастѣ.

Относительно душевныхъ процессовъ у грудного младенца мы уже говорили, что они совершаются вполнѣ самостоятельно, не требуя какого-либо активнаго вмѣшательства. Зато, наоборотъ, для сохраненія своего физическаго здоровья и для правильнаго физическаго развитія, вполнѣ еще безпомощный на первомъ году жизни ребенокъ настоятельно нуждается въ самомъ энергичномъ постороннемъ участіи. Рука объ руку съ физическимъ идетъ и духовное развитіе.

Слабыя стороны грудного возраста, какъ мы отмѣтили уже выше, въ общемъ сводятся къ малой сопротивляемости грудного младенца септическимъ инфекціямъ и къ функціональной недостаточности его органовъ пищеваренія сравнительно съ тѣми высокими физіологическими требованіями, которымъ они должны удовлетворять. Прежде всего, мы и должны охранять ребенка отъ происходящихъ отсюда опасностей. Разсмотримъ же какія предупредительныя гигіеническія мѣры обезпечиваютъ наилучшее развитіе ребенка и способствуютъ укрѣпленію его организма.

Къ профилактикѣ прибѣгаютъ уже тотчасъ вслѣдъ за появленіемъ ребенка на свѣтъ, предупреждая опасное зараженіе глазъ новорожденнаго, которое часто происходитъ въ теченіе родового акта и ведетъ къ гнойному воспаленію, заканчиваясь иногда слѣпотой. Отъ подобнаго зараженія почти съ абсолютной вѣрностью обезпечиваетъ попаданіе на соединительную оболочку глазъ нѣсколькихъ капель прописаннаго врачемъ раствора ляписа. Далѣе, является опасность септическаго зараженія черезъ пупочную рану. Въ предупрежденіе этого, послѣ перваго купанія остатокъ пупочнаго канатика обертывается кусочкомъ стерильной (обезпложеной) марли, покрывается такой же ватой и затѣмъ фиксируется на поверхности животика ребенка съ помощью двухъ, трехъ туровъ широкаго марлеваго бинта; по отпаденіи пуповины, мокнущую еще поверхность раны продолжаютъ лечить такимъ же образомъ, пока она не зарубцуется.

Что касается только что упомянутаго купанія новорожденнаго, то на немъ необходимо остановиться подробнѣе, имѣя въ виду, насколько мало новорожденный способенъ противостоять нежелательному охлажденію его тѣла, и какъ легко послѣднее подвергается въ этомъ возрастѣ загрязненію.

Путемъ практическаго опыта для купанія новорожденныхъ, какъ и для купанья вообще маленькихъ дѣтей, создался рядъ опредѣленныхъ правилъ.

Температура комнаты, въ которой происходитъ купа-

ніе, не доджна быть ниже 16⁰ Р. (20⁰ Ц.); температура же
воды для купанья дожна быть вначалѣ 30⁰ Р., затѣмъ,
черезъ шесть, восемь недѣль, смотря по состоянію силъ и
питанія ребенка—29⁰ и лишь позднѣе можно спуститься
до 28⁰, а во второй половинѣ перваго года жизни—даже
до 27⁰. Нѣтъ никакой цѣли въ болѣе холодномъ купаньи,
такъ какъ такое купанье ведетъ лишь къ нежелательному
потрясенію нервной системы. Въ первое время особенно
необходимо теплое купанье: совсѣмъ маленькія дѣти еще
не въ состояніи, вслѣдствіе недостаточности развитія моз-
га, регулировать температуру своего тѣла; въ виду этого
вода для купанья должна соотвѣтствовать теплотѣ поверх-
ности тѣла. До полнаго заживленія пупка купать ребен-
ка надо въ свѣже-вскипяченой водѣ, въ которой отъ ки-
пяченія погибли содержавшіяся въ ней бактеріи. Для ли-
ца же вообще всегда нужно пользоваться чистой переева-
реной водой изъ особаго таза, а не той, въ которой ре-
бенокъ купается. Мыть ребенка слѣдуетъ не губкой (въ
ней легко размножаются микроорганизмы), а чистой ва-
той или марлевой салфеточкой; послѣ купанья все это
должно быть уничтожено. Что касается выбора мыла, то
въ этомъ отношеніи можно сказать только о необходи-
мости позаботиться, чтобы мыло не содержало раздража-
ющихъ примѣсей. Продолжительность купанья должна
быть равна тремъ-пяти минутамъ. На дно ванночки (фа-
янсовой или цинковой) кладутъ сложенную вдвое или бо-
лѣе фланелевую пеленку, служащую подстилкой для ре-
бенка, когда онъ лежитъ въ водѣ; головку ребенка под-
держиваютъ одной рукой, защищая ее отъ воды (особен-
но слѣдуетъ наблюдать, чтобы вода не затекала въ слу-
ховые проходы); другой, свободной, рукой производятъ
обмываніе. При описанномъ положеніи, однако, тѣльце ре-
бенка легко всплываетъ, при чемъ животикъ выступаетъ
изъ воды, подвергаясь быстрому и вредному охлажденію
на воздухѣ; хорошо поэтому на время купанья покрывать
эту часть тѣла кускомъ фланели. Весь секретъ избѣгнуть
простуды послѣ купанья заключается въ томъ, что ребен-
ка непосредственно вслѣдъ за купаньемъ заворачиваютъ
въ предварительно нагрѣтую пеленку и тщательно осуши-
ваютъ все тѣло; затѣмъ одѣваютъ въ заранѣе согрѣтое

бѣлье и укладываютъ спать. Пупочную ранку у новорож-
деннаго непосредственно передъ купаньемъ освобождаютъ
отъ повязки и вновь накладываютъ послѣднюю по окон-
чаніи купанья. Купать грудного младенца надо въ теченіе
первыхъ шести мѣсяцевъ ежедневно по разу, а позднѣе—
по два или три раза въ недѣлю.

Къ профилактическимъ мѣропріятіямъ относится, да-
лѣе, у х о д ъ з а с к л а д к а м и к о ж и, имѣющій значеніе
не только у новорожденнаго (т. е. въ періодѣ до отпаде-
нія пуповины), но и въ грудномъ возрастѣ вообще. Вслѣд-
ствіе выдѣленій изъ кишечника и мочевого пузыря, сосѣд-
ніе участки кожи, въ особенности паховыя и ягодичныя
складки, постоянно смачиваются и подвергаются дѣйствію
ѣдкихъ кислотъ. Для очищенія ихъ опять таки прихо-
дится самымъ рѣшительнымъ образомъ предостеречь отъ
употребленія губокъ; надо примѣнять только ватные ша-
рики и кипяченую воду. Кожныя складки слѣдуетъ про-
тирать не сильно, а очень осторожно, слегка дотрагиваясь
ватными шариками, послѣ чего надо припудрить карто-
фельной мукой или талькомъ. Все сказанное относится и
къ прочимъ глубокимъ складкамъ кожи, напр., подъ мыш-
ками, на шеѣ; здѣсь тоже легко происходятъ пораненія
вслѣдствіе обильнаго отдѣленія потовыхъ и сальныхъ
железъ.

Равнымъ образомъ, необходимо обращать вниманіе и
на обильную у маленькаго ребенка выдѣлительную дѣя-
тельность к о ж н ы х ъ п о к р о в о в ъ г о л о в ы. Во вре-
мя ежедневныхъ купаній головку ребенка нужно тща-
тельно обмывать мыломъ, затѣмъ осторожно, помня о не-
закрытыхъ родничкахъ, причесать волосы гребенкой или
разгладить ихъ щеткой; при этомъ гребешокъ и щетка
должны содержаться въ педантичной чистотѣ и, кромѣ
ребенка, никто больше ими не долженъ пользоваться. Если
черезчуръ длинные волосы затрудняютъ содержаніе голов-
ки въ чистотѣ, то ребенка необходимо остричь.

Всегда коротко острижены должны быть и н о г т и на
пальцахъ рукъ и ногъ, т. к. въ противномъ случаѣ ма-
ленькій ребенокъ, не умѣющій еще вполнѣ разсчитывать
свои движенія, можетъ легко себя поранить. Частымъ о ч и-
щ е н і е м ъ п о л о с т и р т а грудного младенца прежде не мало

злоупотребляли. Между тѣмъ эта область тѣла отличается чрезвычайной нѣжностью, и лучше всего совсѣмъ до нея не касаться. Во всякомъ случаѣ ротикъ ребенка нельзя протирать чаще двухъ разъ за день, при чемъ дѣлать это надо самымъ осторожнымъ образомъ.

Выше мы говорили, какую выдающуюся роль въ душевной жизни человѣка играютъ его органы чувствъ. Къ счастью, уходъ за ними въ грудномъ возрастѣ представляется весьма несложнымъ. Такъ какъ новорожденному свѣтъ кажется очень яркимъ, то надо позаботиться о томъ, чтобы оградить его отъ воздѣйствія сильныхъ свѣтовыхъ раздраженій, при чемъ такую защиту глазъ не слѣдуетъ прекращать въ теченіе первыхъ двухъ-трехъ недѣль жизни. Уши во время купанья надо охранять отъ попаданія въ нихъ воды, отъ такъ называемой ушной сѣры ихъ надо очищать съ помощью ватнаго тампона, туго скрученнаго въ видѣ шнура; въ случаѣ же, если эта сѣра затвердѣетъ, то надо въ наружный слуховой проходъ впустить нѣсколько капелекъ слегка нагрѣтаго глицерина и этого достаточно, чтобы она въ нѣсколько часовъ совершенно размягчилась. Воспаленіе средняго уха у маленькихъ дѣтей возникаетъ очень легко, какъ послѣдствіе насморка; въ виду этого, ребенка надо беречь отъ простуды, а также отъ близкаго соприкосновенія съ людьми, страдающими насморкомъ, такъ какъ насморкъ очень прилипчивъ. Это надо имѣть особенно въ виду по отношенію къ кормящей матери или кормилицѣ; при насморкѣ онѣ должны воздерживаться цѣловать или дышать на ребенка. Носъ, являющійся органомъ обонянія, требуетъ тщательнаго ухода за собой; его строеніе въ раннемъ дѣтскомъ возрастѣ отличается чрезвычайной узостью ходовъ и полостей, благодаря чему легко происходитъ ихъ закупориваніе, а это, въ свою очередь, затрудняетъ дыханіе и пріемъ пищи и, кромѣ того, представляется опаснымъ для ушей. Если носикъ младенца оказывается заложеннымъ, то полезно впустить въ каждую ноздрю немного слегка нагрѣтаго миндальнаго масла (удобнѣе всего сдѣлать это съ помощью ватнаго тампона, пропитавъ его миндальнымъ масломъ); эффектъ обнаруживается очень скоро.

Къ обще-профилактическимъ мѣрамъ принадлежитъ тоже привитіе предохранительной оспы. Лучше всего прививать оспу на пятомъ мѣсяцѣ жизни ребенка: къ этому времени ребенокъ достаточно уже окрѣпнетъ, а вмѣстѣ съ тѣмъ до прорѣзыванія зубовъ остается еще настолько много времени, что можно не опасаться совпаденія этихъ двухъ процессовъ. Вопреки распространенному на этотъ счетъ старинному предразсудку, время года для производства прививки совершенно безразлично. Прививка должна быть сдѣлана врачемъ.

Что касается чувства осязанія, то его развитію болѣе всего благопріятствуетъ содержаніе кожи въ чистотѣ; достигается же это, помимо подмываній и купанья также тщательной чистоплотностью въ одеждѣ. Грудному безсознательному младенцу отъ природы несвойственна чистоплотность, и онъ постоянно загрязняетъ свою одежду выдѣленіями изо рта, изъ кишечника, изъ мочевого пузыря; уже по одному этому, грудного ребенка нельзя одѣвать такъ, какъ одѣвается умственно зрѣлый человѣкъ, способный самъ соблюдать чистоту своего платья. Кромѣ того, ребенокъ обладаетъ извѣстными физіологическими особенностями, обусловливающими необходимость своеобразнаго устройства платья: вспомнимъ, напримѣръ, о томъ, что грудной ребенокъ не умѣетъ ходить, его крайне нѣжное тѣльце не выноситъ болѣе или менѣе значительнаго давленія платья и т. д.

Въ первые полгода жизни одежда грудного младенца состоитъ изъ короткой рубашечки бумажной ткани *), спереди открытой и свободной настолько, чтобы переднія края заходили одинъ на другой; затѣмъ—изъ устроенной подобнымъ же образомъ фланелевой кофточки съ длинными рукавами; края кофточки - распашонки заходятъ одинъ на другой на спинѣ ребенка. Экскременты собираются на пеленку, которую складываютъ въ видѣ треугольника и подкладываютъ подъ ягодицы ребенка такимъ образомъ, чтобы вершину треугольника можно было завернуть между ножками, снизу на поверхность живота

---

*) Льняныя ткани вообще не рекомендуются въ качествѣ матеріала для бѣлья, такъ какъ онѣ хорошо проводятъ тепло, вслѣдствіе чего способствуютъ быстрому охлажденію тѣла.

и здѣсь прикрыть завернутыми съ боковъ остальными углами треугольника. Пеленка эта, такъ называемый подгузникъ, фиксируется въ такомъ положеніи другой, бумажной, а поверхъ—еще фланелевой пеленкой, которыя доходятъ до подмышечныхъ впадинъ ребенка и покрываютъ его тѣло во всю длину, выступая нѣсколько длиннѣе ножекъ, такъ что могутъ быть загнутыми подъ послѣднія. Ребенка закутываютъ въ эти двѣ пеленки и затѣмъ вкладываютъ въ „конвертикъ". Къ счастью, въ настоящее время дѣтскіе конверты сдѣлались всѣмъ извѣстными и вытѣснили столь излюбленные прежде свивальники, дѣлавшіе невозможнымъ для ребенка какое-бы то ни было движеніе. Матрасикъ конверта набивается морской травой или конскимъ волосомъ. Съ четвертаго мѣсяца жизни, когда у ребенка уже развивается обильное отдѣленіе слюны, къ перечисленнымъ предметамъ одежды присоединяется еще нагрудникъ. Дѣтскіе чепчики, распространенные ранѣе повсемѣстно, въ настоящее время, по справедливости, все болѣе выходятъ изъ употребленія; рѣшительно совѣтуемъ отказаться отъ нихъ, такъ какъ они только способствуютъ чрезмѣрному нагрѣванію головки, благопріятствуя разложенію кожныхъ выдѣленій на покрытой поверхности. Послѣ купанья волосы, отличающіеся гигроскопичностью, долго остаются влажными, какъ бы старательно мы ихъ ни сушили. Задержанные волосами частицы воды затѣмъ медленно испаряются, что сопровождается значительнымъ охлажденіемъ головки и можетъ повести къ простудѣ; поэтому не мѣшаетъ только что выкупаннаго ребенка завернуть въ пеленку такъ, чтобы послѣдняя не только доходила до подмышечныхъ впадинъ, но совершенно укутывала головку, конечно, оставляя лицо свободнымъ.

Во второй половинѣ перваго года жизни въ одеждѣ грудного ребенка производятъ нѣкоторыя перемѣны. Теперь ребенокъ начинаетъ свободно сидѣть, и конвертикъ становится излишнимъ, такъ какъ только стѣсняетъ движенія. Фланелевая кофточка замѣняется длиннымъ платьицемъ; на ноги одѣваются вязанные чулочки. Въ качествѣ матеріала для одежды въ теплое время года предпочитается бумазея, въ холодное—фланель; для чулокъ же, соотвѣтственно этому, бумага или шерсть. Вмѣсто штанишекъ

пользуются треугольной пеленкой, подобной той, которая
ранѣе употреблялась для собиранія экскрементовъ, только
концы пеленки теперь основательнѣе укрѣпляются съ по-
мощью пуговицъ или англійскихъ булавокъ.

Когда ребенка выносятъ на воздухъ, то его одѣваютъ
въ длинное пальто, могущее защитить отъ холоднаго вѣтра
также и ножки ребенка. Головка покрывается шляпой съ
широкими полями для защиты отъ прямого солнечнаго
свѣта. Зимой голова обвязывается головнымъ платкомъ,
а ножки заворачиваются еще во фланелевое одѣяло.
Зимнее пальто должно быть подбито ватой или пухомъ.

Прежде чѣмъ перейти къ разсмотрѣнію общаго ре-
жима грудного младенца, намъ еще необходимо привести
нѣкоторыя основныя требованія, которымъ должна удо-
влетворять цѣлесообразно устроенная д ѣ т с к а я  к о м-
н а т а.

Можно признать вполнѣ справедливымъ требованіе,
чтобы въ дѣтской комнатѣ создавался, такъ сказать, под-
ходящій ребенку искусственный климатъ: младенецъ, почти
безпрерывно находящійся въ своей комнатѣ, долженъ встрѣ-
тить въ ней всѣ условія, необходимыя для его благополу-
чія и для защиты отъ неблагопріятныхъ внѣшнихъ влія-
ній. Подобныя условія осуществляются въ просторной,
высокой, обращенной по возможности на югъ, комнатѣ, съ
большимъ количествомъ свѣта и съ равномѣрной темпера-
турой воздуха. Такъ много воздуха и свѣта ребенку нужно
потому, что онъ ведетъ почти исключительно раститель-
ную жизнь; равномѣрность же температуры необходима
потому, что ребенокъ не переноситъ болѣе или менѣе зна-
чительныхъ колебаній ея, обладая еще недостаточной спо-
собностью регулировать теплоту своего тѣла. Желательно,
чтобы была возможность пользоваться и сосѣдней комнатой,
гдѣ мать или кормилица могла бы спать при открытой въ
дѣтскую двери.

Стѣны дѣтской комнаты должны быть оклеены свѣт-
лыми, легко чистящимися лаковыми обоями или же окра-
шены свѣтлой клеевой краской, при чемъ рекомендуется
сдѣлать масляной краской панель приблизительно на по-
ловину человѣческаго роста. Лучшее отопленіе достигается
съ помощью голландскихъ печей, но, къ сожалѣнію, въ

современныхъ городскихъ домахъ онѣ начинаютъ устраиваться все рѣже; изъ другихъ системъ отопленія можно остановиться на хорошо функціонирующемъ водяномъ отопленіи. Для вентиляціи, если нѣтъ спеціальныхъ приспособленій, можно удовольствоваться простыми форточками. Во время провѣтриванія, равно какъ и во время уборки и подметанія дѣтской, ребенокъ долженъ находиться въ другой комнатѣ. Лучшее освѣщеніе—электрическое: оно не нагрѣваетъ и не портитъ вввздуха; за неимѣніемъ электрическаго свѣта можно довольствоваться керосиновой висячей лампою.

Меблировку дѣтской комнаты составляютъ: дѣтская кроватка, пеленальный столикъ (пеленышникъ),—лучше всего въ комбинаціи съ комодомъ для дѣтскаго бѣлья,—столъ съ двумя, тремя стульями, кровать и шкафъ кормилицы или няни, ванночка ребенка, герметически закрывающееся ведро для грязнаго бѣлья и ночной горшокъ, тоже съ герметически закрывающейся крышкой.

Въ дѣтской вмѣсто кроватки прежде всегда встрѣчалась колыбелька, но она должна быть окончательно оттуда изгнана: укачиваніе нарушаетъ циркуляцію крови въ мозговыхъ сосудахъ, и наступающій при этомъ столь легко сонъ обусловливается нѣкоторымъ оглушеніемъ. Совсѣмъ маленькимъ дѣтямъ, собственно, еще не нужна настоящая кровать: они могутъ спать въ своей дѣтской коляскѣ; необходимость въ кровати является лишь съ того времени, когда ребенокъ научается самостоятельно стоять на ножкахъ, при чемъ онъ легко можетъ вывалиться изъ коляски. Лучше всѣхъ другихъ—желѣзныя кроватки съ веревочной сѣткой вмѣсто стѣнокъ. Пологи, балдахины надъ кроваткой не рекомендуются, т. к. при наличности ихъ, ребенокъ, проводящій почти весь день въ кровати, вслѣдствіе постояннаго отсутствія свѣта, подвергается хроническому отравленію угольной кислотой. Для защиты отъ насѣкомыхъ—мухъ и т. п. можно на время сна прикрывать кроватку кисеей. Лучше всего помѣщать кроватку посреди комнаты, по возможности въ отдаленіи отъ оконъ, дверей и печей. Матрасы и подушки набиваютъ морской травой или конскимъ волосомъ. Въ теплое время спящаго ребенка надо покрывать легкимъ бумажнымъ одѣяломъ; зимой же—шерстянымъ вязанымъ или фланелевымъ.

Если средства не позволяютъ пріобрѣсти для ребенка кроватку, то послѣднюю можетъ съ успѣхомъ замѣнить плетеная корзина, поставленная на двухъ стульяхъ. Роль пеленальнаго стола можетъ въ случаѣ нужды сыграть простой столъ, на которомъ разостланъ матрасикъ или одѣяло. Равнымъ образомъ можно обойтись и безъ герметически закрытаго ведра для запачканнаго бѣлья, при условіи, если послѣднее не будетъ оставаться въ комнатѣ ни одной лишней минуты.

Съ какой полнотой ни будутъ осуществлены въ хорошо устроенной дѣтской комнатѣ всѣ гигіеническія требованія, все же она—не болѣе какъ комната, гдѣ ребенокъ, правда, защищенъ отъ своеволія стихій, за то лишенъ тѣхъ огромныхъ преимуществъ, которыя связаны съ пребываніемъ на свѣжемъ воздухѣ; комната ни въ коемъ случаѣ ихъ предоставить не можетъ. Ребенокъ, находясь въ комнатѣ не получаетъ чистаго, богатаго кислородомъ, наружнаго воздуха, не пользуется въ достаточной степени живительнымъ солнечнымъ свѣтомъ; никогда не выходя изъ четырехъ стѣнъ, ребенокъ неминуемо становится блѣднымъ и слабымъ. Ему необходимъ просторъ окружающей природы для того, чтобы легкія его расправились и окрѣпли, чтобы оживились кровообращеніе, дѣятельность кожи и обмѣнъ веществъ въ его организмѣ, вообще, чтобы всѣ его силы укрѣпились и закалились. Богатство и разнообразіе впечатлѣній, которыя ему доставляетъ окружающая природа, даетъ много пищи и его душѣ.

Лѣтомъ, когда внѣшняя температура соотвѣтствуетъ комнатной или бываетъ даже выше ея, на воздухъ можно выносить самыхъ маленькихъ дѣтей, приблизительно на пятой или шестой недѣлѣ ихъ жизни, словомъ — какъ только они въ состояніи переносить полное солнечное освѣщеніе. Часами они могутъ оставаться въ саду и спать здѣсь въ своей колясочкѣ; надо только защищать имъ головку отъ палящихъ солнечныхъ лучей. Дѣтей, появившихся на свѣтъ лѣтомъ или весной, можно считать родившимися, въ извѣстномъ смыслѣ, подъ счастливой звѣздой. За лѣто они успѣваютъ настолько привыкнуть къ наружному воздуху, что и въ переходное осеннее время могутъ продолжать свои прогулки, когда выдастся сравнительно хорошій денекъ; такимъ образомъ они все болѣе закаляются и, съ наступленіемъ зимы пользуются огромнымъ преимуществомъ — возможностью вдыхать свѣжій зимній воздухъ. Дѣти, даже моложе года, очень скоро переносятъ температуру въ 6—8° ниже нуля. Зимняя прогулка обыкновенно длится отъ 10 минутъ до получаса; тепло одѣтый ребенокъ при этомъ, обыкновенно, засыпаетъ и возвращается домой освѣженнымъ, съ порозовѣвшими щечками и оживленно блестящими глазами. Иначе обстоитъ дѣло съ дѣтьми, рожденіе которыхъ падаетъ на осенніе или зимніе мѣсяцы. Имъ приходится прожить все холодное время года въ комнатѣ, такъ какъ вслѣдствіе непривычки къ внѣшней температурѣ съ ея колебаніями, они могутъ быть вынесены наружу только поздней весной, когда температура наружнаго воздуха болѣе приблизится къ комнатной. Такимъ образомъ, нерѣдко лишь на шестомъ, даже на девятомъ мѣсяцѣ жизни на ихъ долю выпадаетъ благодѣтельное воздѣйствіе свѣжаго внѣшняго воздуха.

Теперь мы переходимъ къ важнѣйшему отдѣлу гигіены грудного возраста, — къ разсмотрѣнію вопросовъ питанія ребенка на первомъ году жизни. Съ практической точки зрѣнія этимъ вопросамъ принадлежитъ выдающееся мѣсто. Отъ тѣхъ или иныхъ результатовъ вскармливанія ребенка непосредственно зависитъ не только состояніе его здоровья въ настоящемъ; эти результаты имѣютъ также болѣе отдаленное значеніе, опредѣляя собой характеръ дальнѣйшаго теченія физическаго и духовнаго развитія ребенка, а слѣдовательно также и пріемовъ ухода за нимъ. Дѣйствительно, при хорошемъ питаніи ребенка силы и способность его къ сопротивляемости вреднымъ вліяніямъ быстро крѣпнутъ, что даетъ возможность оставлять ребенка при нормальной обстановкѣ, примѣняя обычныя воспитательныя мѣры; въ противномъ же случаѣ, т.-е. если питаніе ребенка неудовлетворительно, его силы слабѣютъ, и тогда врядъ ли можно думать о нормальномъ развитіи его тѣлесныхъ и душевныхъ способностей; при уходѣ за такимъ ребенкомъ приходится во всемъ создавать исключительную обстановку, приноравливаться къ ненормальнымъ условіямъ его развитія. Медицинская наука на этомъ основаніи отнеслась съ особеннымъ вниманіемъ къ вопросамъ вскармливанія грудныхъ дѣтей и пришла къ нѣкоторымъ вполнѣ опредѣленнымъ выводамъ.

Важнѣйшій выводъ, вытекающій изъ всѣхъ тщательныхъ изслѣдованій, которыя предпринимались въ этой области, можно въ точности выразить нѣсколькими словами: не существуетъ ничего, что могло бы вполнѣ замѣнить для грудного младенца материнское молоко. Въ виду этого, каждая мать должна приложить всѣ усилія, чтобы самой кормить свое дитя. Только въ случаяхъ самой крайней необходимости приходится довѣрить ребенка кормилицѣ, или, если и это невозможно, — подумать объ искусственномъ вскармливаніи.

Существовалъ цѣлый рядъ болѣзней и другихъ условій, которыя, по убѣжденіямъ, господствовавшимъ прежде среди врачей, должны были служить препятствіемъ матери для вскармливанія своего ребенка грудью. Убѣжденіе это, къ сожалѣнію, свило себѣ прочное гнѣздо среди образованнаго общества, поддерживаясь отчасти тѣмъ, что не совершенно исчезло оно и въ настоящее время у нѣкоторыхъ врачей, въ особенности акушеровъ, не спеціалистовъ по дѣтскимъ болѣзнямъ. При болѣе же близкомъ ознакомленіи съ дѣломъ, можно убѣдиться, что лишь крайне рѣдко женщина, оказавшаяся въ состояніи произвести ребенка на свѣтъ, не способна также и кормить его, по крайней мѣрѣ въ роковое для ребенка, самое первое время его существованія. Даже нервныя или страдающія малокровіемъ матери не только прекрасно переносятъ кормленіе своего ребенка, но нерѣдко при этомъ въ значительной степени улучшается ихъ болѣзненное состояніе. Только при наличности туберкулеза или въ тѣхъ случахъ, когда есть основаніе опасаться проявленія этой болѣзни отъ значительной потери питательныхъ веществъ, связанной съ кормленіемъ, приходится матери, въ интересахъ охраненія или улучшенія собственнаго здоровья, отказаться отъ кормленія; то же можно сказать о женщинахъ, страдающихъ пораженіемъ почекъ или душевными болѣзнями. За этими исключеніями еще только нѣкоторыя ненормальныя состоянія самой грудной железы могутъ сдѣлать невозможнымъ для матери вскармливаніе ребенка своей грудью; сюда относится втянутый сосокъ, воспаленіе грудной железы, нарывы и опухоли ея и т. п.

Каждая беременная женщина, въ особенности первородящая, должна начать съ шестого мѣсяца подготовлять свои груди къ предстоящему кормленію ребенка. Подготовка заключается въ ежедневныхъ спиртовыхъ обтираніяхъ грудныхъ сосковъ (лучше всего — краснымъ виномъ) и въ ежедневномъ осторожномъ вытягиваніи ихъ пальцами.

Черезъ шесть часовъ послѣ рожденія младенца въ первый разъ прикладываютъ къ груди; послѣдняя должна быть предварительно обмыта переваренной водой (что надо продѣлывать предъ каждымъ кормленіемъ и въ позднѣйшее время). Если молочныя железы отдѣляютъ достаточное для ребенка количество пищи, то кормленіе повторяютъ первые три дня по три раза въ день. Но если отдѣленія молока въ это время и нѣтъ, то это еще не должно служить поводомъ для безпокойства, такъ какъ начало отдѣленія молока можетъ наступитъ иногда лишь на третій, четвертый, нерѣдко и на пятый день. Въ это время потребность въ пищѣ у новорожденнаго очень незначительна; онъ можетъ удовлетвориться нѣсколькими ложечками какого-нибудь легкаго ароматическаго чая, который ему даютъ три—четыре раза въ день. Только въ томъ случаѣ, если у родильницы въ теченіе цѣлой недѣли совсѣмъ не показывается молока, она можетъ быть признана неспособной къ кормленію, а для питанія ребенка долженъ быть найденъ другой источникъ.

Если молоко прибываетъ нормальнымъ образомъ, то первую четверть года жизни ребенку даютъ грудь каждые два или два съ половиною часа днемъ и два раза въ теченіе ночи. Позднѣе, иногда уже съ третьяго мѣсяца, легко удается пріучить ребенка къ трехчасовымъ, а съ шестого мѣсяца и къ еще болѣе продолжительнымъ паузамъ между отдѣльными кормленіями*). Ночью въ это время даютъ грудь уже лишь одинъ разъ; нерѣдко уже ребенокъ спокойно остается безъ кормленія и до утра.

*) Въ Германіи уже съ самаго начала допускается кормленіе не чаще какъ черезъ трехчасовые промежутки; того же придерживаются

Чѣмъ промежутокъ между кормленіями длиннѣе, тѣмъ ребенокъ оказывается голоднѣе къ слѣдующему кормленію, и тѣмъ энергичнѣе, въ связи съ этимъ, происходитъ актъ сосанія. Продолжительность отдѣльныхъ кормленій бываетъ различна, смотря по тому, насколько энергично сосетъ ребенокъ и насколько обильно и легко отдѣляется молоко. Если молоко свободно льется изъ грудей, и если ребенокъ крѣпокъ, то его голодъ успѣваетъ удовлетвориться уже въ теченіе пяти минутъ. Большей частью ребенокъ три — четыре минуты сосетъ энергично; затѣмъ онъ начинаетъ брать грудь уже лѣниво, какъ бы играя: то выпуститъ ее и лежитъ нѣкоторое время въ полуснѣ, то пососетъ немного, и въ концѣ концовъ совсѣмъ засыпаетъ. Но если его уложить въ постельку, нерѣдко онъ начинаетъ кричать отъ неудовлетвореннаго еще голода, или же требуя лишней пищи просто изъ обжорства. Имѣя въ виду возможность послѣдняго, кормленіе должно регулироваться не однимъ ребенкомъ, но также и кормящей: дольше четверти часа кормленіе не должно продолжаться; даже послѣ пятаго мѣсяца, когда промежутки между кормленіями дѣлаются болѣе продолжительными, ребенокъ не долженъ оставаться у груди болѣе двадцати минутъ. Въ особенности надо остерегаться отъ принужденія ребенка къ продолженію сосанія, когда самъ онъ уже пересталъ сосать; это легко можетъ повести къ перекармливанію и къ различнымъ разстройствамъ пищеваренія. Ребенокъ никогда не заболѣетъ отъ недостатка принятой пищи, а всегда отъ избытка ея. Не слѣдуетъ поэтому придерживаться установленныхъ сроковъ кормленія съ фанатическимъ усердіемъ и будить ребенка для кормленія во время крѣпкаго сна его: голодъ уже самъ разбудитъ его въ свое время. Исключеніе требуется лишь для совсѣмъ маленькихъ и жизненно-слабыхъ младенцевъ, съ самаго рожденія на свѣтъ слишкомъ много спящихъ и самостоятельно никогда не требующихъ груди.

---

въ родовспомогательныхъ заведеніяхъ и въ учрежденіяхъ для грудныхъ дѣтей также и въ другихъ странахъ. Для подобныхъ учрежденій такой порядокъ, быть можетъ, и является подходящимъ; въ частной же практикѣ мы постоянно убѣждаемся, что при болѣе частыхъ кормленіяхъ дѣти лучше развиваются и чувствуютъ себя вполнѣ хорошо.

Извѣстное регулярное раздраженіе, вызываемое кормленіемъ ребенка, даетъ постоянные толчки къ все новому возбужденію дѣятельности грудныхъ железъ; происходитъ это тѣмъ энергичнѣе, чѣмъ основательнѣе младенецъ опорожняетъ железу. Изъ сказаннаго слѣдуетъ, что при каждомъ кормленіи нужно давать только о д н у грудь—поперемѣнно то правую, то лѣвую; и только, если содержимаго одной груди окажется недостаточнымъ для утоленія голода ребенка, приходится доканчивать кормленіе другой грудью.

Бываютъ случаи, что несмотря на добросовѣстное выполненіе приведенныхъ здѣсь мѣръ предосторожности, количество молока у кормящей матери сокращается вплоть до полнаго исчезновенія его. Это, конечно, сейчасъ же сказывается на ребенкѣ; у него начинаются запоры, моча отдѣляется въ недостаточномъ количествѣ; младенецъ дѣлается безпокойнымъ, безпрестанно ищетъ грудь. Однако, когда обнаружится недостача молока, не слѣдуетъ сразу отчаиваться въ возможности продолжать кормленіе грудью; надо спокойно давать грудь и далѣе, замѣняя недостающее количество пищи коровьимъ молокомъ, разбавленнымъ по указанію врача. Это то, что французы называютъ allaitement mixte (смѣшанное вскармливаніе). Осуществляется оно всего лучше такимъ образомъ, что младенецъ тотчасъ вслѣдъ затѣмъ, какъ высосетъ скудное содержимое материнской груди, заканчиваетъ свою трапезу коровьимъ молокомъ; образующаяся при этомъ смѣсь обоихъ сортовъ молока (быть можетъ благодаря заключающимся въ женскомъ молокѣ ферментамъ) особенно хорошо всасывается и ассимилируется. Нерѣдко отдѣлительная дѣятельность грудныхъ железъ сокращается лишь на время и затѣмъ возстановляется, такъ что и одного груднаго молока снова оказывается достаточно для кормленія ребенка.

Въ такихъ случаяхъ, когда ребенокъ много кричитъ, когда нарушается правильность его пищеваренія или когда прибавка вѣса не соотвѣтствуетъ нормѣ, очень любятъ производить химико-микроскопическое изслѣдованіе молока; къ этому изслѣдованію охотно прибѣгаютъ также, если хотятъ вообще опредѣлить, насколько данная женщина способна къ кормленію. Нельзя не признать это по мень-

шей мѣрѣ излишнимъ. Дѣло въ томъ, что какъ химиче-
скій составъ, такъ и прочія свойства молока подвержены
постояннымъ измѣненіямъ, даже у одной и той же жен-
щины, и правильнымъ мѣриломъ пригодности даннаго мо-
лока для вскармливанія можетъ служить лишь болѣе или
менѣе нормальный ходъ развитія ребенка; кромѣ того при
внимательномъ наблюденіи оказывается, что въ основѣ
разстройствъ, причину которыхъ ищутъ въ неудовлетво-
рительныхъ свойствахъ молока, на самомъ дѣлѣ лежатъ
не эти свойства, а всего чаще то или иное нарушеніе пра-
вилъ вскармливанія.

Нерѣдко у младенца наблюдается безпокойство, а также
и поносы, когда у кормящей матери наступаютъ менструа-
ціи; но съ окончаніемъ послѣднихъ такія разстройства
обыкновенно проходятъ сами собой. Подобныя случайности
вообще никоимъ образомъ не могутъ служить поводомъ
къ преждевременному отнятію отъ груди. То же надо ска-
зать и о другихъ скоропроходящихъ болѣзненныхъ состо-
яніяхъ матери, какъ, напр., гриппъ, какое-нибудь легкое
простудное заболѣваніе и т. п. Къ замѣнѣ вскармливанія
материнской грудью какимъ-нибудь другимъ способомъ
заставляютъ прибѣгнуть лишь тяжелая, длительная бо-
лѣзнь матери или же полное исчезновеніе молока изъ гру-
дей; но на подобный шагъ можно отважиться лишь съ
большой осторожностью, и во всякомъ случаѣ слѣдуетъ
стараться оттянуть приведеніе его въ исполненіе на воз-
можно болѣе отдаленный срокъ. Безусловно присоединя-
емся къ слѣдующимъ словамъ профессора Финкельштейна:
„первые дни и недѣли жизни болѣе, чѣмъ какой-нибудь
другой возрастъ, полны опасности для ребенка, и каждый
лишній день кормленія грудью въ это время для жизни
ребенка значитъ особенно много. Если благополучно ми-
новали первыя шесть недѣль, то шансы на жизнь уже
чрезвычайно поднялись; кормленіе грудью въ теченіе первой
четверти года обезпечиваетъ ребенку жизнь почти въ та-
кой же мѣрѣ какъ и законченное вскармливаніе, продол-
жавшееся до полугода и даже до девяти мѣсяцевъ“.

Съ шестого мѣсяца для младенца является уже недо-
статочнымъ исключительно грудное вскармливаніе. Если
же оно все же продолжается до конца перваго года жизни,

то вскорѣ можно бываетъ замѣтить, что головка ребенка, особенно послѣ сна, а также и во время сосанія груди, покрывается обильнымъ потомъ. Это—признакъ англійской болѣзни, такъ что такое потѣніе заслуживаетъ особаго вниманія; помимо потѣнія у подобныхъ дѣтей отмѣчается обыкновенно значительная блѣдность, въ особенности, если они родились зимой и, слѣдовательно, какъ сказано выше, лишены наружнаго воздуха.

Итакъ, съ того времени, когда удваивается первоначальный вѣсъ ребенка, слѣдуетъ уже начать, такъ называемое, прикармливаніе его. При осуществленіи прикармливанія необходимо руководствоваться правиломъ упражненія органовъ пищеваренія на ряду съ бережнымъ отношеніемъ къ нимъ; въ виду этого, соотвѣтственно незначительному функціональному развитію пищеварительныхъ органовъ грудного младенца, для прикармливанія нужно выбирать вполнѣ удобоваримую пищу, при томъ въ умѣренномъ количествѣ. Начинаютъ съ того, что разъ въ день даютъ ребенку вмѣсто груди отъ четырехъ до шести столовыхъ ложекъ бульона—чистаго или съ манной крупой; бульонъ этотъ обыкновенно нравится младенцу вслѣдствіе своего солоноватаго вкуса и обладаетъ тѣмъ преимуществомъ, что усиливаетъ отдѣленіе желудочнаго сока, и этимъ способствуетъ повышенію пищеварительной дѣятельности ребенка. Приблизительно недѣлю спустя вмѣсто еще одного кормленія грудью даютъ ребенку три, четыре столовыхъ ложки полужидкой, сваренной на цѣльномъ молокѣ, манной или овсяной кашицы; такъ какъ такая порція насыщаетъ ребенка на продолжительное время, то кашицей замѣняютъ обыкновенно послѣднее передъ сномъ кормленіе, чѣмъ даютъ ребенку возможность провести безъ кормленія ночь.

Къ концу девятаго мѣсяца развитіе нормальнаго ребенка уже настолько подвинулось впередъ, что материнская грудь ему не необходима. Въ виду этого ребенка отнимаютъ отъ груди, при чемъ постепенно замѣняютъ грудное молоко коровьимъ; въ теченіе первой недѣли замѣняется такимъ образомъ одно кормленіе въ день, въ теченіе второй—два кормленія, а затѣмъ ребенокъ получаетъ уже только коровье молоко. Если время отнятія отъ гру-

ди приходится на лѣто, то изъ предосторожности полезно
раза два въ сутки все-таки продолжать до осени давать
грудь; такимъ образомъ грудное молоко сохраняется въ
резервѣ на случай какого-нибудь желудочно-кишечнаго за-
болѣванія лѣтомъ, когда пищеварительные органы младен-
ца особенно подвергаются различнымъ опасностямъ. Ког-
да отнятіе отъ груди закончено, ребенокъ получаетъ къ
обѣду, помимо супа, немного каши, картофельнаго пюре
или шпината, а вечеромъ попрежнему кашу. Впрочемъ
надо стараться вносить въ даваемую ребенку пищу воз-
можное разнообразіе. Такъ, между прочимъ, можно посо-
вѣтовать уже съ восьмого мѣсяца черезъ день примѣши-
вать къ бульону яичный желтокъ (въ первые три, четыре
раза лучше взять для этого половину яичнаго желтка).
Все яйцо цѣликомъ, т. е. и желтокъ и бѣлокъ вмѣстѣ, на
первомъ году переносится еще плохо. Точно также можно
разъ или два въ день накрошить въ бульонъ или молоко
немного бѣлаго хлѣба, если онъ нравится ребенку; накро-
шенный хлѣбъ размачивается въ жидкости и затѣмъ ребе-
нокъ самъ размельчаетъ его во рту. Послѣ отнятія отъ
груди, въ особенности при наклонности къ запорамъ, отъ
времени до времени замѣняютъ кашу вареными или пече-
ными фруктами. Можно иногда дать даже и въ сыромъ
видѣ половинку зрѣлаго, очищеннаго яблока, также и не-
много очищеннаго отъ кожи и зернышекъ винограда.

Въ тѣхъ случаяхъ, когда мать съ самаго начала не въ
состояніи кормить сама, когда тяжкое заболѣваніе, новая
беременность или внѣшнія причины заставляютъ ее, по
истеченіи первой четверти года, отказаться отъ кормленія
своего ребенка, возникаетъ вопросъ, что выбрать для ре-
бенка—кормилицу или искусственное вскармливаніе. Гдѣ
это только выполнимо, мы рѣшительно склоняемся въ
пользу к о р м и л и ц ы [1] Благодаря успѣхамъ нашей науки
искусственное вскармливаніе, безъ сомнѣнія, значительно
подвинулось впередъ въ смыслѣ достиженія несравненно
лучшихъ результатовъ, чѣмъ оно давало раньше; однако
приходится признать, что лучшей замѣной материнскаго
молока является молоко другой женщины, но не молоко

---

[1] Необходимо сдѣлать исключеніе только для сифилитическихъ
младенцевъ, отъ которыхъ здоровая кормилица можетъ заразиться.

животныхъ, а тѣмъ болѣе не какіе-нибудь другіе суррога-
ты. Возможность пользованія кормилицей оспаривается съ
точки зрѣнія гуманности: дѣйствительно, отнятіе у ребен-
ка матери, которая идетъ въ кормилицы къ чужому мла-
денцу, совпадаетъ какъ разъ со временемъ, когда безъ ма-
теринскаго вскармливанія жизнь ребенка кормилицы ока-
зывается въ большой опасности, и, такимъ образомъ, эта
жизнь какъ бы приносится въ жертву ребенку изъ болѣе
обезпеченной семьи. Правильнѣе, однако, представить се-
бѣ дѣло не въ такомъ трагическомъ освѣщеніи, т. к. жен-
щина, идущая въ кормилицы, будучи матерью внѣбрачна-
го ребенка или живя въ крайней бѣдности, все равно вы-
нуждена была бы пойти въ услуженіе для того, чтобы про-
кормить себя и быть въ состояніи отдать на воспитаніе
ребенка; заработокъ же кормилицы въ большинствѣ слу-
чаевъ значительно выше, чѣмъ во многихъ другихъ про-
фессіяхъ и, такимъ образомъ, кормилица получаетъ воз-
можность поставить своего ребенка даже въ лучшія
условія.

Выборъ кормилицы прежде сильно затруднялся
существовавшими на этотъ счетъ точно установленными
требованіями опредѣленнаго времени, протекшаго со вре-
мени родовъ кормилицы, опредѣленнаго возраста, харак-
тера ея и т. д. Въ настоящее же время мы признаемъ не-
обходимость лишь полнаго здоровья кормилицы и налич-
ности у нея достаточнаго количества молока. При осмот-
рѣ и изслѣдованіи кормилицы обращается особое вниманіе
на то, чтобы не было ни малѣйшаго основанія заподоз-
рить у нея туберкулезъ или сифилисъ, или чтобы она не
страдала какими-нибудь кожными сыпями. Нельзя реко-
мендовать останавливать свой выборъ на женщинѣ родив-
шей въ первый разъ; грудныя железы у некормившей
женщины, за отсутствіемъ упражненія, физіологически не-
совершенны, отличаются поэтому непостоянствомъ своей
функціональной способности и нерѣдко уже въ первые
мѣсяцы совершенно отказываются служить. Такъ какъ
очень трудно установить, не болѣла ли предлагающая се-
бя въ кормилицы женщина когда нибудь сифилисомъ, то
надо считать особенно благопріятнымъ случаемъ, если
можно взять въ кормилицы женщину, прошлое которой

хорошо извѣстно. Поэтому будущей матери не мѣшаетъ
уже во время беременности ближе присматриваться къ
другимъ женщинамъ, находящимся въ такомъ же поло-
женіи или уже кормящимъ своего ребенка и въ то же вре-
мя собирающимся въ кормилицы.

Вопреки господствовавшимъ ранѣе воззрѣніямъ, кор-
милица не должна подвергаться никакимъ особымъ огра-
ниченіямъ въ пищѣ. Кормящая женщина можетъ ѣсть и
пить все, къ чему она привыкла и что хорошо переноситъ.
Что касается другихъ сторонъ режима кормилицы, то ей
рекомендуется  побольше движенія на воздухѣ и регуляр-
ный образъ жизни. Холодныя купанья лѣтомъ не  только
допустимы, но даже очень полезны. Само собой разумѣ-
ется, кормилица во всемъ должна соблюдать умѣренность,
особенно это относится къ спиртнымъ напиткамъ. Во мно-
гихъ семьяхъ слишкомъ усердствуютъ, стараясь сдѣлать
столъ кормилицы возможно болѣе питательнымъ и изы-
сканнымъ. Этого рѣшительно надо избѣгать, потому что кор-
милица часто не переноситъ непривычнаго ей тонкаго ме-
ню и въ концѣ концовъ теряетъ молоко; не будемъ  уже
говорить о томъ, что въ виду своего исключительнаго по-
ложенія она легко создаетъ себѣ  преувеличенное  пред-
ставленіе о собственной особѣ и дѣлается тираномъ семьи.
Необходимо, съ другой стороны, предостеречь, чтобы кор-
милица или сама кормящая мать не соблюдали постовъ;
послѣдніе подрываютъ питаніе, что, конечно, крайне вред-
но отзывается на здоровьѣ, какъ кормящей, такъ  и мла-
денца. Кормилица, почти всегда происходящая изъ кре-
стьянской или рабочей среды и, слѣдовательно, привыкшая
къ мускульной работѣ, не должна сидѣть сложа руки, а
можетъ выполнять различныя домашнія работы, напр. но-
сить дрова, приводить въ порядокъ дворъ или садъ, сти-
рать дѣтское бѣлье, мыть полы и т. д.

Никогда не слѣдуетъ слишкомъ спѣшить со смѣной
кормилицы. Во-первыхъ, ничто не  гарантируетъ  отъ
того, чтобы попасть, какъ говорится, изъ огня въ полымя,
а во вторыхъ, не надо забывать, что для младенца каждый
переходъ на новою пищу, къ которой онъ долженъ при-
способляться, чрезвычайно чувствителенъ.  Къ  рѣшенію
перемѣнить кормилицу можно притти не ранѣе, какъ пос-

лѣ трехнедѣльнаго наблюденія, обнаруживающаго не-
удовлетворительное развитіе ребенка и постоянныя желу-
дочно-кишечныя разстройства у него. Конечно, отсюда
исключаются случаи, когда съ самаго начала можно уста-
новить недостаточность молока у кормилицы; тогда, по-
нятно, мы вынуждены подыскивать скорѣе другую. Но
слишкомъ поспѣшно дѣйствовать не слѣдуетъ и въ такихъ
случаяхъ. Часто кормилица начинаетъ кормленіе вскорѣ
послѣ утомительнаго перееѣзда; нерѣдко также до поступ-
ленія на службу ея жизнь протекаетъ среди тяжелыхъ ли-
шеній; подобныя обстоятельства несомнѣнно могутъ подав-
лять функцію грудныхъ железъ. Но уже послѣ нѣсколь-
кихъ дней спокойной жизни, при разумныхъ гигіениче-
скихъ условіяхъ, силы кормилицы возстановляются и она
можетъ оказаться способной съ успѣхомъ выполнять
свое назначеніе.

Безспорно, вѣрнѣйшій залогъ наиболѣе правильнаго
хода, какъ тѣлеснаго, такъ и духовнаго развитія ребен-
ка заключается въ такъ называемомъ „естественномъ"
вскармливаніи грудью матери; однако, какъ показываетъ
практическій опытъ, не рѣдки случаи, когда намъ все же
приходится по тѣмъ или инымъ причинамъ прибѣгать къ
частичному или полному и с к у с с т в е н н о м у  в с к а р м-
л и в а н і ю. Какъ практическіе дѣятели, мы вынуждены не
только считаться съ этимъ явленіемъ, но и удѣлять ему
особенное вниманіе, несмотря на безспорную правиль-
ность взгляда соціологовъ, признающихъ естественное
вскармливаніе грудныхъ дѣтей главнымъ средствомъ борь-
бы съ дѣтской смертностью. [1])

---

[1]) Въ стремленіи подчеркнуть значеніе грудного вскармливанія и
способствовать большему его распространенію въ Германіи, нѣкото-
рые новѣйшіе нѣмецкіе авторы обозначеніе „искусственное вскарми-
ваніе" стали замѣнять словами „неестественное" или „противоесте-
ственное" вскармливаніе. Врядъ ли такой, нѣсколько повышенный по
тону, способъ обозначенія имѣетъ достаточно основаній; въ этиче-
скомъ смыслѣ, правда, можно естественному противопоставить не-
естественное, но медицина для своихъ цѣлей пользуется въ равной
мѣрѣ какъ естественными, такъ и искусственными средствами. Не
говорятъ же о „неестественной" конечности, которая замѣняетъ есте-
ственную, ампутированную или утраченную вслѣдствіе того или ино-
го несчастнаго случая, какъ не говорятъ и о „противоестественныхъ"
зубахъ.

Воспитать ребенка, совершенно исключая изъ его пищи молоко, не удается. Разъ является невозможнымъ предоставить ребенку грудного возраста женское молоко, послѣднее замѣняютъ молокомъ животныхъ. Такъ какъ, по практическимъ соображеніямъ, для этой цѣли приходится считаться почти исключительно съ коровьимъ молокомъ, то мы подразумѣваемъ его вездѣ, гдѣ будетъ упоминаться просто о молокѣ. Итакъ, подъ выраженіемъ „искусственное вскармливаніе грудного младенца" мы понимаемъ именно питаніе маленькихъ дѣтей коровьимъ молокомъ. Оно примѣняется въ тѣхъ случаяхъ, когда обстоятельства вынуждаютъ прекратить кормленіе грудью ранѣе срока [1]), при чемъ настоятельно необходимо, чтобы ребенокъ вскармливался молокомъ матери или кормилицы по крайней мѣрѣ не менѣе трехъ мѣсяцевъ; но, конечно, неизбѣжны и такіе случаи, когда уже съ самаго начала нѣтъ никакой возможности предоставить младенцу преимущество пользоваться молокомъ матери или хотя бы кормилицы.

Хотя въ настоящее время ученіе объ искусственномъ вскармливаніи грудного младенца достигло высокой степени развитія, однако и сейчасъ мы еще не имѣемъ увѣренности, что установленныя по отношенію къ искусственному вскармливанію правила дадутъ благопріятный результатъ въ томъ или иномъ отдѣльномъ случаѣ. Опытъ показываетъ, что грудныя дѣти, какъ и взрослые, иногда не переносятъ коровьяго молока. Но и помимо этого, достиженіе успѣха при искусственномъ вскармливаніи сопряжено съ постоянными утомительными заботами со стороны родителей, при чемъ отъ нихъ требуется отчетливое пониманіе стоящей передъ ними задачи. Рѣчь идетъ здѣсь о педантичномъ соблюденіи чистоты при полученіи молока, при его обработкѣ и, наконецъ, при кормленіи имъ. Извѣстный въ хирургіи подъ именемъ асептики принципъ заключается въ томъ, чтобы защитить рану, съ

---

[1]) Если такое стеченіе обстоятельствъ приходится на жаркое время года, то надо приложить всѣ усилія, чтобы тѣмъ или инымъ путемъ все же снова доставить ребенку грудное молоко, и только при дѣйствительно непреодолимыхъ препятствіяхъ для этого позволительно перейти къ искусственному вскармливанію и лѣтомъ.

цѣлью гладкаго заживленія ея, отъ загрязненія микроор-
ганизмами. Въ нашемъ случаѣ при искусственномъ вскар-
мливаніи долженъ проводиться тотъ же принципъ; роль ра-
ны играетъ здѣсь молоко: оно должно попадать въ ротъ
ребенка столь же свободнымъ отъ загрязненія, какъ мо-
локо, высасываемое имъ изъ груди кормящей женщины;
только такимъ образомъ устраняется опасность зараженія
бактеріями черезъ пищу. Дальнѣйшая задача вскармлива-
нія заключается въ томъ, чтобы сдѣлать коровье молоко
подходящимъ для усвоенія, т. е. тѣмъ или инымъ спосо-
бомъ разбавить его, приноравливаясь къ данному физіо-
логическому развитію младенца.

Первое условіе для полученія доброкачественнаго, чи-
стаго, т. е., главнымъ образомъ, свободнаго отъ болѣзне-
творныхъ зародышей, коровьяго молока заключается въ
томъ, чтобы коровы содержались въ опрятныхъ, хорошо
вентилируемыхъ стойлахъ и чтобы доеніе происходило при
соблюденіи самой тщательной чистоты. Равнымъ образомъ
необходимо, чтобы были совершенно чисты вымя коровы,
руки доильщицы, сосуды для молока и т. д.; нужно так-
же по возможности предупреждать и загрязненіе молока
волосами коровы, частицами грязи съ хвоста и шкуры и
т. п.: всякое подобное загрязненіе равносильно посѣву
микроорганизмовъ (бактерій) на весьма питательную для
нихъ среду, каковую представляетъ изъ себя молоко. Эти
мельчайшія существа размножаются въ немъ очень легко;
такъ, въ одномъ кубическомъ сантиметрѣ обыкновеннаго
рыночнаго молока, черезъ сутки послѣ доенія, нерѣдко
находятъ отъ двадцати пяти до тридцати милліоновъ бак-
терій. Если большинство изъ нихъ и не представляетъ не-
посредственной опасности для организма, то все же свои-
ми продуктами обмѣна они портятъ молоко. Нѣкоторая
же часть ихъ принадлежитъ къ группѣ такъ называемыхъ
болѣзнетворныхъ бактерій и могутъ обусловить тифъ, ту-
беркулезъ, скарлатину, дифтерію, тяжелыя желудочно-ки-
шечныя заболѣванія и т. д. Такъ какъ даже соблюденіемъ
самыхъ тщательныхъ предосторожностей при доеніи все
же не удается непосредственно получить совершенно сво-
бодное отъ зародышей молоко, то необходимо озаботиться,
чтобы молоко тотчасъ послѣ доенія помѣщалось въ холод-

ное мѣсто, гдѣ оно и должно сохраняться въ охлажден-
номъ видѣ; т. к. наиболѣе благопріятная для роста и раз-
множенія температура довольно высока и колеблется меж-
ду 35° и 45° Ц., а въ холодѣ, напротивъ, условія для этого
очень неблагопріятны. Загрязненія, связаннаго съ перели-
ваніемъ изъ сосуда въ сосудъ и съ прочими манипуляція-
ми, продѣлываемыми съ молокомъ до его продажи, также
избѣжать почти невозможно; поэтому, передъ употребле-
ніемъ оно должно быть обезпложено.

Обезпложиваніе достигается воздѣйствіемъ на
молоко высокой температуры. Мы здѣсь остановимся на
всѣхъ трехъ примѣняющихся на практикѣ способахъ.
Первый способъ заключается въ простомъ кипяченіи
молока, которымъ убиваются заключающіеся въ немъ
микроорганизмы, въ томъ числѣ и болѣзнетворные. Такъ
какъ повторное кипяченіе сильно измѣняетъ химическій
составъ молока, то для каждаго кормленія надо доставать
и кипятить совершенно свѣжее молоко, что, конечно, весьма
затруднительно. Второй общеизвѣстный способъ,—это сте-
рилизація (обезпложиваніе) по Сокслету. Практически онъ
осуществляется такимъ образомъ, что коровье молоко раз-
ливается отдѣльными порціями по флакончикамъ, кипятится
въ теченіе нѣкотораго времени (не менѣе 10 минутъ) и
затѣмъ въ герметически закупоренныхъ флакончикахъ
держится на холоду; каждый флакончикъ откупоривается
непосредственно передъ кормленіемъ. Если химическія
свойства молока измѣняются уже оттого, что его просто
вскипятятъ (всякому извѣстно, что при кипяченіи, между
прочимъ, измѣняется вкусъ молока), то длительно поддержи-
ваемое кипяченіе, которое предложилъ Сокслетъ, ведетъ,
конечно, къ еще большимъ химическимъ измѣненіямъ; такъ
напр., телята, для которыхъ коровье молоко является наи-
болѣе подходящей пищей, гибли въ короткое время при
кормленіи тѣмъ же молокомъ, если оно было стерилизовано
продолжительнымъ кипяченіемъ по способу Сокслета. Рав-
нымъ образомъ и развитіе младенца при употребленіи при-
готовленнаго по этому способу молока приводитъ къ не-
утѣшительнымъ результатамъ. Помимо упорныхъ запоровъ
у младенца, кипяченіе обусловливаетъ и связанное съ из-
мѣненіемъ химическаго состава пониженіе питательности

молока; дѣти, вскармливаемыя на стерилизованномъ молокѣ, дѣлаются вялыми и блѣдными и, почти какъ правило, заболѣваютъ англійской болѣзнью. Наконецъ, третій примѣняемый на практикѣ способъ обезпложиванія молока это—пастеризація его. Способъ этотъ заключается въ томъ, что молоко для обезпложиванія не доводится до кипѣнія, а нагрѣвается лишь до 60°—65°, при чемъ эта температура поддерживается въ молокѣ по крайней мѣрѣ въ теченіе получаса. Въ аппаратахъ, предназначенныхъ для домашней пастеризаціи, молоко разливается, какъ при стерилизаціи по отдѣльнымъ флакончикамъ, которые, по окончаніи пастеризаціи, закрываются для защиты отъ новаго загрязненія, быстро переносятся на холодъ и открываются только непосредственно передъ употребленіемъ. Въ результатѣ оказывается, что въ приготовленномъ такимъ образомъ молокѣ остаются почти неизмѣненными всѣ свойства, присущія сырому молоку; даже вкусъ остается тотъ же; вмѣстѣ съ тѣмъ, могущіе быть въ сыромъ молокѣ болѣзнетворные зародыши убиваются при пастеризаціи такъ же успѣшно, какъ и при длительномъ кипяченіи. Въ виду этого пастеризацію слѣдуетъ считать лучшимъ способомъ обезпложиванія коровьяго молока для грудныхъ дѣтей. Если мнѣ позволено обратиться къ собственному многолѣтнему и, могу сказать, богатому опыту, то я утверждаю, что наблюдалъ хорошее во всѣхъ отношеніяхъ развитіе дѣтей при искусственномъ вскармливаніи только съ тѣхъ поръ, какъ началъ рекомендовать домашнюю пастеризацію [1]).

Въ коровьемъ молокѣ содержатся почти всѣ питательныя вещества, необходимыя для роста организма ребенка, но взаимоотношеніе ихъ иное, чѣмъ въ предназначенномъ ребенку природой женскомъ молокѣ: коровье молоко содержитъ больше бѣлка и меньше сахару, чѣмъ женское молоко. Поэтому, чтобы подготовить ребенка къ возмож-

---

[1]) Не могу рекомендовать молоко, пастеризованное фабричнымъ способомъ, потому что при такой пастеризаціи мѣсто и время его полученія остаются неизвѣстными потребителю; кромѣ того, при фабричной пастеризаціи молоко доводится до 85° Ц и выше, т. е. до такой температуры, при которой мѣняются его химическія и біологическія свойства.

ности безнаказанно переносить цѣльное коровье молоко, въ началѣ вскармливанія коровьимъ молокомъ необходимо уменьшать содержаніе бѣлка и увеличивать содержаніе сахара; достигается это такимъ образомъ, что одновременно разбавляютъ молоко и прибавляютъ къ нему сахару. Разбавленіе вначалѣ дѣлается весьма значительное (начинаютъ съ прибавки двухъ ложекъ воды на каждую ложку цѣльнаго молока), но затѣмъ, приблизительно каждыя двѣ недѣли степень разбавленія все уменьшается, съ такимъ разсчетомъ, чтобы къ пяти-мѣсячному возрасту ребенокъ получалъ уже цѣльное молоко. Разрѣшеніе вопроса о большей или меньшей степени разбавленія въ отдѣльныхъ случаяхъ должно быть предоставлено компетенціи врача. Съ седьмой недѣли молоко разбавляется не водой, а какимъ-нибудь слизистымъ отваромъ, лучше всего—овсянымъ (очень хорошъ также и ячменный отваръ, а при наклонности къ поносамъ—рисовый); смотря по возрасту ребенка, берутъ отъ дѣтской до столовой ложки овсяной крупы (Геркулесъ) на два стакана воды, кипятятъ до испаренія изъ смѣси полустакана; остатокъ процѣживается черезъ марлю и употребляется для разбавленія молока. Съ другой стороны, передъ пастеризаціей прибавляютъ на каждый флакончикъ отъ половины чайной ложечки до полной молочнаго сахару; такъ какъ молочный сахаръ представляетъ изъ себя легкое слабительное, то точное опредѣленіе количества сахара, необходимаго для прибавленія къ молочной смѣси, находится въ зависимости отъ частоты и количества стула ребенка.

Что касается числа ежедневныхъ пріемовъ пищи и продолжительности промежутковъ между ними, то и для дѣтей, находящихся на искусственномъ вскармливаніи, или, какъ ихъ еще называютъ, для „рожковыхъ" дѣтей, остаются въ силѣ тѣ же правила, которыя относятся къ кормленію грудью.

Если, уже говоря о режимѣ грудного вскармливанія, мы должны были предостеречь отъ всякихъ излишествъ въ кормленіи, то тѣмъ болѣе это умѣстно по отношенію къ искусственному вскармливанію. При послѣднемъ опасность перекармливанія ребенка несравненно больше: количество пищи, которое получаетъ младенецъ, можетъ оказаться чрезмѣрнымъ съ одной стороны вслѣдствіе недостаточнаго разбавленія молока, а съ другой—отъ слишкомъ большой величины отдѣльныхъ порцій. Послѣдствія подобныхъ неправильностей оказываются тѣмъ тягостнѣе, что коровье молоко не такъ легко переваривается ребенкомъ, какъ женское. Чѣмъ большей умѣренностью отличается режимъ рожкового ребенка, чѣмъ точнѣе соблюдается величина отдѣльныхъ порцій при его кормленіи, тѣмъ лучше онъ развивается и тѣмъ здоровѣе и крѣпче становится.

Для опредѣленія степени необходимаго разбавленія молока, требуется, какъ мы сказали, участіе врача; что же касается размѣровъ отдѣльныхъ порцій, то въ этомъ отношеніи можно указать опредѣленныя нормы, которыя не слѣдуетъ преступать; а именно:

На 1—2 недѣлѣ по 3—4 столов. ложки каждые 2—3 часа
„ 3—4 „ „ 4—5 „ „ „ „ „
„ 2 мѣсяцѣ „ 5—6 „ „ „ „ „
„ 3 „ „ 6—7 „ „ „ „ „
„ 4 „ „ 7—8 „ „ „ 3 „
„ 5 „ „ 9—10 „ „ „ „ „
„ 6 „ „ 10—12 (и прикармливаніе).

Двѣнадцать столовыхъ ложекъ (1 стаканъ)—максимальная порція ребенка, и ея достаточно ему до конца перваго года его жизни.

Прежде держались взгляда, что молоко предназначенное для вскармливанія ребенка, должно быть непремѣнно отъ одной и той же коровы. Нѣтъ никакой надобности въ соблюденіи этого требованія. Наоборотъ, въ смѣшанномъ молокѣ отъ нѣсколькихъ коровъ гораздо равномѣрнѣе распредѣляются его составныя части. Нужно признать излишнимъ и другое требованіе въ отношеніи къ коровѣ, доставляющей молоко для вскармливанія,—именно, чтобы она содержалась исключительно на сухомъ кормѣ: на это воззрѣніе можно сказать то же, что мы уже говорили, по поводу прежнихъ воззрѣній на діэту кормящей женщины. Необходима лишь вполнѣ здоровая корова, а для того, чтобы она оставалась здоровой, нуженъ обыкновенный хорошій, естественный режимъ. Изъ всего сказаннаго слѣдуетъ, что обладаніе собственной коровой имѣетъ значительныя преимущества—съ одной стороны потому, что при

этомъ вѣрнѣе можетъ быть соблюдаемо гигіеническое со-
держаніе коровы и чистота при полученіи молока;—съ
другой же стороны, во всякое время является возможность
имѣть для своего ребенка совершенно свѣжее молоко.
Однако, какъ учитъ опытъ, можно съ успѣхомъ обойтись
и безъ собственной коровы: въ городахъ можно получать
ежедневно свѣжее молоко изъ хорошо оборудованныхъ
молочныхъ фермъ или изъ небольшихъ, опрятно содержи-
мыхъ, молочныхъ хозяйствъ; въ деревнѣ же обыкновенно
имѣется возможность установить и личное наблюденіе за
источникомъ полученія молока.

Для цѣлей искусственнаго вскармливанія публикѣ
предлагается громадное количество различныхъ суррога-
товъ молока. Большинство изъ нихъ искусно придумани
и всѣ они энергично рекламируются, но если и достигаютъ
своей цѣли, то лишь очень не надолго. Правда, врачъ
имѣетъ иногда достаточный поводъ обратиться къ тому
или иному искусственному питательному веществу, если
по какой-нибудь основательной причинѣ ребенку временно
приходится не давать молока; можно подобными препара-
тами воспользоваться и для прибавленія ихъ къ молоку.
Однако, вообще говоря, суррогаты молока лучше вывести
изъ употребленія; можно быть увѣреннымъ, что отъ нихъ
больше пользы фабрикантамъ, чѣмъ потребителю.—Когда
представляется необходимость предпринять путешествіе съ
ребенкомъ, вскармливаемымъ искусственно, то въ качествѣ
хорошей временной пищи для ребенка въ пути можетъ
служить швейцарское сгущенное молоко (дессертная ложка
на чашку отварной воды); достать его можно вездѣ.

Къ дѣтскому врачу очень часто обращаются съ вопро-
сомъ, можно ли ребенку давать соску, когда онъ безпо-
коенъ и нетерпѣливъ въ ожиданіи пищи. Вопреки довольно
распространенному мнѣнію, на нашъ взглядъ, этотъ во-
просъ можно разрѣшить утвердительно, при условіи, чтобы
соска содержалась въ строгой чистотѣ и чтобы въ ней не
имѣлось отверстія. Сосаніе рефлекторно усиливаетъ отдѣ-
леніе какъ слюны, такъ и желудочнаго сока, а это можетъ
только способствовать увеличенію пищеварительной спо-
собности ребенка.

Рука объ руку съ питаніемъ младенца идетъ еще одна

важная физіологическая функція—с о н ъ. Для восполненія
потерь, происходящихъ въ нашемъ организмѣ благодаря
проявленію дѣятельности отдѣльныхъ органовъ, недоста-
точно одной доставки питательнаго матеріала, чтобы силы
органовъ не исчерпались и чтобы они сохраняли въ пол-
ной мѣрѣ свою функціональную способность, кромѣ пита-
нія, необходимъ еще и отдыхъ. Въ особенности это касается
нервной системы, которая, можно сказать, питается сномъ.

Въ своемъ мѣстѣ мы сказали, что даже незначитель-
ное физическое усиліе, связанное съ сосаніемъ или кри-
комъ, настолько утомляетъ маленькаго ребенка, что онъ
тутъ же засыпаетъ крѣпкимъ сномъ. Ребенку, вообще,
нужно много спать, такъ какъ постоянное накопленіе и
переработка все новыхъ впечатлѣній представляетъ чрез-
вычайно напряженную работу для его мозга, строеніе ко-
тораго еще далеко не закончено. Дѣйствительно, мы мо-
жемъ убѣдиться, что на первомъ мѣсяцѣ жизни младенецъ
спитъ почти безпрерывно, просыпаясь лишь за тѣмъ, чтобы
пососать грудь. Спустя три, четыре мѣсяца ребенокъ про-
являетъ уже болѣе оживленную дѣятельность; движенія
его становятся энергичнѣе и сознательнѣе; у него все
опредѣленнѣе проявляется стремленіе къ ознакомленію съ
окружающимъ міромъ. Однако, потребность въ снѣ остается
все-таки весьма значительной; даже къ концу перваго
года жизни ребенокъ спитъ еще ночью двѣнадцать—три-
надцать часовъ и днемъ дважды, часа по полтора или два.

Опытъ учитъ насъ, что какъ разъ въ томъ періодѣ,
когда у ребенка начинаетъ обнаруживаться болѣе живая
душевная дѣятельность, у него повышается и возбуди-
мость нервной системы; регулирующіе же и задерживающіе
мозговые центры функціонируютъ еще весьма несовер-
шенно. Ясно поэтому, что мы должны стараться охранять
ребенка отъ всякаго лишняго раздраженія, предоставляя
его по возможности самому себѣ и оберегая его сонъ.
Хотя ребенку особенно хорошо спится въ тихой и темной
комнатѣ, но все же на этомъ основаніи нельзя дѣлать вы-
вода, будто для сна ребенку необходимы абсолютная темнота
и мертвая тишина въ дѣтской. Этимъ мы можемъ только
изнѣжить его нервную систему, понижая ея сопротивля-
емость внѣшнимъ воздѣйствіямъ и, слѣдовательно, умень-

шая пригодность ребенка къ требованіямъ практической жизни. Но, конечно, столь же ошибочной была бы и противоположная крайность: не слѣдуетъ нарушать спокойствія сна ребенка свѣтомъ, падающимъ ему прямо въ лицо, или громкими звуками. Правильный образъ дѣйствій лежитъ посрединѣ: свѣтъ въ комнатѣ, гдѣ спитъ младенецъ, долженъ быть нѣсколько смягченъ; въ непосредственной близости къ ребенку можно разговаривать обыкновеннымъ голосомъ. Тогда онъ вскорѣ пріучается спать, несмотря на громкую рѣчь въ сосѣдней комнатѣ, на пѣніе или музыку; ребенокъ не тиранизируетъ тогда своимъ существованіемъ всю семью. Если сонъ становится неспокойнымъ, если онъ прерывается отъ крика или внезапнаго испуга, то надо убѣдиться, не лежитъ ли ребенокъ неловко, не мокрый ли онъ. Когда же причина безпокойства заключается не въ этомъ, а крикъ между тѣмъ не прекращается, то надо подумать о кишечной коликѣ, легко возникающей у ребенка на почвѣ неправильнаго питанія. Колика лучше всего усраняется клизмой изъ тепловатой воды и натираніемъ животика теплымъ масломъ. Для того, чтобы былъ возможенъ спокойный и крѣпкій сонъ, въ дѣтской комнатѣ должна поддерживаться равномѣрная, не слишкомъ высокая температура; для грудного младенца — лучше всего 15° Р.

## 4. Душевное воспитаніе въ грудномъ возрастѣ.

Въ началѣ предыдущей главы мы говорили, что на первомъ году жизни ребенка уходъ за его тѣломъ имѣетъ преобладающее значеніе и что рука объ руку съ этимъ должно итти и духовное воспитаніе. На послѣднее обстоятельство обращаемъ особое вниманіе и теперь, приступая къ ближайшему ознакомленію съ вопросами гигіены душевной жизни младенца.

Три составляющіе человѣческую душу фактора—интеллектъ, воля и чувство—въ процессѣ своего развитія мало доступны отдѣльному разсмотрѣнію. Если мы все-таки попытаемся сдѣлать такое раздѣленіе и обратимся къ воспитанію интеллекта у ребенка грудного возраста, то увидимъ, что таковое можетъ носить почти исключительно отрицательный характеръ. Воздерживаясь отъ всякаго активнаго вмѣшательства въ ходъ интеллектуальнаго развитія у ребенка этого возраста, мы должны видѣть свою задачу, наоборотъ, лишь въ томъ, чтобы сознательно не внести въ это развитіе грубаго разстройства: на первомъ планѣ пока стоитъ не упражненіе, а оберегание духовныхъ силъ младенца. Выше мы видѣли, какимъ образомъ у нормальнаго ребенка постепенно создаются элементы его души изъ впечатлѣній, получаемыхъ отъ внѣшняго міра черезъ посредство органовъ чувствъ. Вмѣшательство въ этотъ нормальный процессъ, къ сожалѣнію, обычное со стороны многихъ родителей, ведетъ къ печальнымъ послѣдствіямъ. Родителей, особенно молодыхъ, обуреваетъ неразумное желаніе вопреки природѣ форсировать умственное развитіе своего ребенка, и они съ непреодолимымъ упорствомъ насильственно заставляютъ его усваивать вещи еще совершенно чуждыя и далекія для его души. Понятно, что такимъ образомъ можно достигнуть одного:—вреднаго для организма нарушенія той гармоніи всѣхъ сторонъ развитія, къ которой стремится воспитаніе. И вотъ, дѣти, у которыхъ удалось добиться преждевременной умственной зрѣлости, становятся нервными и разслабленными; у нихъ развивается болѣзненно повышенная утомляемость, какъ въ духовной, такъ и въ физической сферѣ, а въ конечномъ результатѣ — вмѣсто ожидаемаго повышенія умственной работоспособности—ея пониженіе. Подобное опасное вліяніе родительскаго переусердствованія выпадаетъ на долю въ особенности первыхъ или единственныхъ дѣтей, которыя обыкновено являются центромъ вниманія всѣхъ родственниковъ: опытъ показываетъ, что въ многодѣтныхъ семьяхъ, гдѣ у членовъ семьи просто нѣтъ времени постоянно возиться съ грудным ребенкомъ, послѣдній только выигрываетъ въ смыслѣ развитія своей психики, и ему на всю жизнь обезпечивается болѣе стойкая нервная система. Въ интересахъ достиженія такого результата надо хорошенько замѣтить себѣ, что родственники и друзья дома только безпокоятъ грудного младенца своими необузданными проявленіями любви, постоянно беря его на руки, лаская его, цѣлуя, качая, всячески стараясь доставить ему развлеченіе и т. п. Чѣмъ спокойнѣе лежитъ ребенокъ въ привычной для него обстановкѣ; чѣмъ рѣже его вышеописаннымъ способомъ выводятъ изъ состоянія покоя, тѣмъ лучше для него. Предоставленный самому себѣ, онъ постоянно учится, не переутомляясь, такъ какъ при наступленіи умственной усталости имъ тотчасъ же овладѣваетъ освѣжающій сонъ.

Для грудного возраста подходящимъ учебнымъ матеріаломъ могутъ служить простыя и г р у ш к и въ родѣ костяныхъ колецъ, дѣтскихъ погремушекъ съ негромкимъ звукомъ, резиновыхъ и деревянныхъ фигуръ. Пока ребенокъ не умѣетъ еще держать ихъ руками, ихъ вѣшаютъ на нѣкоторомъ разстояніи отъ него и отъ времени до времени приводятъ въ движеніе: такимъ образомъ, между прочимъ, упражняется и зрѣніе. Позднѣе даютъ ребенку игрушки въ руки и онъ, ощупывая ихъ, изучаетъ ихъ консистенцію, форму и прочія свойства. Чѣмъ игрушки проще и чѣмъ онѣ меньше числомъ, тѣмъ лучше, потому что изученіе у ребенка при этомъ идетъ вглубь, въ то время какъ наличность большого числа сложныхъ предметовъ лишь разсѣиваетъ его вниманіе, что можетъ служить только помѣхой для его духовнаго роста.

Со временемъ, когда ребенокъ достаточно окрѣпнетъ, можно воспользоваться способомъ, съ одной стороны облегчающимъ надзоръ за ребенкомъ, а съ другой—представляющимъ значительныя выгоды какъ для его духовнаго, такъ и тѣлеснаго развитія. Способъ этотъ заключается въ томъ, что ребенка предоставляютъ самому себѣ съ его игрушками въ такъ называемомъ манежикѣ, въ которомъ онъ не можетъ причинить себѣ никакого вреда. Для этого на полъ постилаютъ коверъ, одѣяло или что-нибудь въ этомъ родѣ, сверху покрываютъ простыней, а кругомъ ставятъ спеціально приспособленныя низкія загородки (рамки) такъ, чтобы онѣ были не выше плечъ ребенка, когда онъ стоитъ; загородки покрываются какой-либо мягкой матеріей. Въ такой мягкой комнаткѣ ребенокъ можетъ безнаказно возиться со своими игрушками; онъ ихъ теряетъ, затѣмъ разыскиваетъ; учится сначала ползать, затѣмъ подниматься вдоль стѣнки на ножки и т. п. Такъ какъ все это онъ продѣлываетъ самостоятельно, то наилучшимъ образомъ развиваетъ свои органы чувствъ, мускулатуру, способность оріентироваться.

Уже начиная съ третьяго или четвертаго мѣсяца не только въ интересахъ развитія интеллекта, но и въ цѣляхъ пріученія къ чистотѣ, надо добиться того, чтобы ребенокъ мочился непремѣнно въ горшокъ. Если при подозрѣніи на существующую у ребенка потребность выпустить мочу, подержать его надъ горшкомъ, взявъ за бедра и прислонивъ туловище и головку къ себѣ, и если такимъ образомъ дѣйствительно послѣдуетъ опорожненіе мочевого пузыря, то въ умѣ ребенка соотвѣтственное положеніе тѣла будетъ и въ послѣдующіе разы ассоціироваться съ актомъ мочеиспусканія. Въ случаѣ надобности онъ и будетъ мочиться, какъ только его подержатъ въ указанномъ положеніи.

Чрезмѣрность внѣшнихъ раздраженій у ребенка груднаго возраста, какъ мы говорили, можетъ повести къ развитію нервности; но, помимо этого, къ сожалѣнію, нерѣдко нервность ребенка обусловливается и врожденными причинами, именно наслѣдственностью со стороны родителей или предковъ. Въ интеллигентныхъ семьяхъ невропатическая наслѣдственность представляетъ изъ себя обычное явленіе; изъ поколѣнія въ поколѣніе подрывается здоровье нервной системы, благодаря особенностямъ быта и профессіональной дѣятельности интеллигентныхъ слоевъ. Невропатическое предрасположеніе обнаруживается съ самаго нѣжнаго возраста и проявляется нерѣдко у грудныхъ дѣтей. Ребенокъ при этомъ отличается чрезмѣрной подвижностью; онъ безпокоенъ, много кричитъ, сильно вздрагиваетъ при всякомъ неожиданномъ шумѣ, выказываетъ страхъ передъ каждымъ незнакомымъ явленіемъ, обладаетъ безпокойнымъ сномъ, легко просыпается. Въ болѣе тяжелыхъ случаяхъ нервность и, слѣдовательно, повышенная раздражимость у груднаго ребенка сказывается въ склонности къ общимъ судорогамъ, для возникновенія которыхъ бываетъ достаточно самаго ничтожнаго повода:—незначительнаго желудочно-кишечнаго разстройства, прорѣзыванія зубовъ и т. д. На такія судороги (т. е. такъ называемые эклямптическіе припадки) не слѣдуетъ смотрѣть черезъ-чуръ легко, хотя онѣ проходятъ, повидимому, без-

слѣдно. Въ дѣйствительности предсказаніе при нихъ ещ
вполнѣ благопріятно, т. к. онѣ влекутъ за собой навсегда
остающуюся шаткость нервной системы. Поэтому по от-
ношенію къ дѣтямъ, подверженнымъ эклямптическимъ су-
дорогамъ, надо проявлять особенную заботливость въ смы-
слѣ оберегания отъ всякихъ черезмѣрныхъ раздраженій и
отъ лишняго напряженія ихъ духовныхъ способностей.
Для нервнаго ребенка нѣтъ ничего хорошаго въ томъ,
что старшіе успокаиваютъ его укачиваніемъ на рукахъ,
можетъ быть онъ при этомъ разсѣется и утихнетъ на время,
но большее количество внѣшнихъ впечатлѣній, получае-
мыхъ при ношеніи на рукахъ, только послужитъ къ но-
вому переутомленію нервной системы и въ концѣ концовъ
увѣнчается дальнѣйшимъ ухудшеніемъ общаго состоянія
ребенка: вдобавокъ еще ребенокъ пріобрѣтаетъ крайне тя-
гостную для окружающихъ привычку настойчиво, пока его
не возьмутъ на руки, кричать не только днемъ, но и по
ночамъ.

Нервныхъ дѣтей полезно купать въ нѣсколько болѣе
прохладной ваннѣ (27°R); равнымъ образомъ и температура
ихъ дѣтской должна быть ниже обыкновенной (14°R). Нерв-
наго ребенка надо стараться убаюкивать тихой пѣсен-
кой, вообще позаботиться объ обезпеченіи ему насколько
возможно спокойнаго сна,—въ большей степени, чѣмъ это
требуется для здоровыхъ дѣтей, смягчать свѣтъ и звуки
въ спальнѣ и т. п.

Мы видѣли, что младенцу, ведущему чисто личную
жизнь, совершенно чужды всякія этическія понятія; въ
виду этого можетъ показаться парадоксальнымъ утверж-
деніе, что начиная съ грудного возраста н р а в с т в е н-
н о е   в о с п и т а н і е должно носить гораздо болѣе актив-
ный характеръ, чѣмъ воспитаніе умственное. Но дѣйстви-
тельность учитъ насъ, что мы въ состояніи съ первыхъ
дней жизни ребенка пробудить нѣкоторые зачатки нрав-
ственныхъ свойствъ, драгоцѣнныхъ для воспитанія и са-
мовоспитанія въ позднѣйшіе годы. Регулярность въ при-
мѣненіи нѣкоторыхъ принциповъ физической гигіены груд-
ного ребенка уже носитъ до извѣстной степени характеръ
нравственнаго воспитанія. Напр., опредѣленный порядокъ,
соблюдаемый при кормленіи, пріучаетъ ребенка къ дис-

циплинѣ. Дитя, помимо своего желанія, пріучается подчиняться побѣждающей его волѣ взрослаго и дожидается спокойно и терпѣливо времени ѣды. Сразу бросается въ глаза, насколько безпокойнѣе, можно сказать, необузданнѣе ведутъ себя дѣти, которымъ, какъ только они поднимаютъ крикъ, суютъ въ ротъ грудь или рожокъ; благодаря повторному воспріятію обычной послѣдовательной связи крика съ кормленіемъ, у нихъ прочно образуется соотвѣтствующее представленіе, побуждающее ихъ проявлять крайнее нетерпѣніе при всякомъ замедленіи съ кормленіемъ. У нихъ развивается вредная наклонность къ обжорству, и кромѣ всего этого они лишаются благодѣтельной въ моральномъ смыслѣ привычки къ нравственной дисциплинѣ. Подобное же значеніе имѣетъ пріученіе ребенка къ тому, чтобы онъ спокойно засыпалъ, когда его уложатъ въ постельку. Такая привычка дается даже для самаго маленькаго ребенка безъ всякаго труда; но очень легко создается и противоположная дурная привычка—засыпать только при искусственной обстановкѣ: укачиваніи на рукахъ, присутствіи возлѣ кровати матери или няни и т. п. Ребенка необходимо пріучать къ дисциплинѣ, къ тому, чтобы онъ былъ менѣе требовательнымъ и чтобы онъ чувствовалъ надъ собой вліяніе воли взрослыхъ; спокойной настойчивостью тутъ можно достигнуть цѣли.

Въ своемъ мѣстѣ, прослѣдивъ зарожденіе элементовъ дѣтской души, мы установили, что страхъ передъ болѣе сильнымъ, признаніе властной воли взрослыхъ является исходнымъ пунктомъ для нравственнаго развитія. Прежде всего отсюда рождается въ высшей степени важное, съ точки зрѣнія, воспитанія свойство—п о с л у ш а н і е, безъ котораго вообще невозможно никакое воспитаніе въ раннемъ возрастѣ, когда ребенку еще недоступно пониманіе мотивовъ, руководящихъ тѣми или иными дѣйствіями воспитателя. Пока ребенокъ не одаренъ еще разсудкомъ, на который можно воздѣйствовать путемъ нравственнаго внушенія, нравственное воспитаніе точнѣе было бы назвать дрессировкой. Нужно ребенка заставить подчиняться разумной волѣ воспитателя, заставить его быть послушнымъ; пока только этимъ путемъ получается возможность заронить въ дѣтскую душу хорошіе элементы и подавить плохіе.

Дитя учится послушанію уже благодаря вышеописанному режиму пищи и сна; когда же ребенокъ развился настолько, что онъ начинаетъ проявлять сознательно маленькіе капризы, напримѣръ, плакать безъ достаточнаго внѣшняго или внутренняго повода, то часто удается прекратить это строгимъ тономъ голоса, выраженіемъ лица, постукиваніемъ о кроватку ребенка, грозящимъ жестомъ и т. п.; если эти средства въ отдѣльныхъ случаяхъ не достигнутъ цѣли, то позволительно слегка хлопнуть по ручкѣ ребенка. На ряду съ послушаніемъ мы достигаемъ еще одной важной цѣли—психическаго закаливанія, иначе сказать развитія, такъ называемыхъ, задерживающихъ функцій, которыя проявляются въ подавленіи нѣкоторыхъ импульсовъ, возникающихъ подъ вліяніемъ аффекта. Если ребенка, который еще находится совершенно во власти своихъ аффектовъ, предоставить самому себѣ, т.-е, напримѣръ, позволять ему при внезапной вспышкѣ гнѣва бить и царапать няню, то такимъ образомъ достигается не укрѣпленіе, а ослабленіе его воли; сила воли проявляется именно въ способности подавлять въ себѣ вліяніе аффекта; развитіе этой способности и надо понимать подъ психическимъ закаливаніемъ. Такое закаливаніе достигается прежде всего настойчивымъ отклоненіемъ неосновательныхъ требованій ребенка. Ложно направленное чувство состраданія толкаетъ иногда на чрезмѣрное потворство желаніямъ ребенка, но этимъ можно развить только изнѣженность, которая впослѣдствіи крайне неблагопріятно скажется на характерѣ и послужитъ источникомъ лишнихъ страданій въ будущемъ.

Изъ всего сказаннаго нами ни въ коемъ случаѣ не слѣдуетъ дѣлать вывода, что мы хотимъ внушить необходимость суроваго или сухого обращенія съ маленькимъ ребенкомъ. Мы, наоборотъ, настаиваемъ, что постоянно нужно проявлять возможно больше любви и расположенія къ маленькому существу. Уже очень рано дитя различаетъ мягкій тонъ человѣческаго голоса отъ строгаго, оно дружелюбно смѣется на встрѣчу матери, ощущаетъ умиротворяющее дѣйствіе ея теплой руки, мягко укладываю-

щей его спать. Любовь и счастье служатъ источникомъ
свѣта для его души; а въ темнотѣ душа развивается такъ
же плохо, какъ и тѣло. Мы видѣли уже, какъ любовное
отношеніе пробуждаетъ у ребенка чувство расположенія.
Расположеніе же и любовь къ опредѣленной личности ве-
детъ впослѣдствіи къ болѣе высокой въ этическомъ смыслѣ
ступени послушанія, когда послушаніе основано на при-
знаніи за благо того, что любимое лицо признаетъ за бла-
го и что оно позволяетъ, и, наоборотъ, за зло—того, что
любимое лицо признаетъ за зло и что оно запрещаетъ.

Здоровое, не лишенное ласкъ дитя всегда сохраняетъ
хорошее настроеніе, охотно играетъ и смѣется. Если ре-
бенокъ сдѣлается серьезнымъ, то есть полное основаніе
заподозрить нездоровье и обратиться къ врачу.

# II. Нейтральный дѣтскій возрастъ.

## 1. Физическое развитіе въ нейтральномъ возрастѣ.

По окончаніи перваго года жизни, въ теченіе кⲟ-
тораго первоначальный вѣсъ у ребенка утраивается,
дальнѣйшее увеличеніе вѣса происходитъ уже менѣе
быстро. Въ среднемъ, у мальчиковъ вѣсъ увеличива-
ется за второй годъ жизни на 2500 грм., за третій —
на 2000 грм., за четвертый — на 1800 грм., за пятый—
на 1500 грм.,за шестой — на 2500 грм., за седьмой — на
2500 грм., за восьмой—на 2500 грм., а у дѣвочекъ за соот-
вѣтствующіе періоды времени—2500, 2000, 1500, 1300, 2000,
2000 и 2000 грм. Эти среднія величины не всегда прило-
жимы къ отдѣльнымъ случаямъ, такъ какъ наростаніе
вѣса ребенка находится подъ вліяніемъ самыхъ разнооб-
разныхъ внѣшнихъ моментовъ. Въ ихъ ряду весьма вид-
ное мѣсто занимаетъ питаніе; но и вообще нарушеніе
гигіеническихъ нормъ, какъ, напримѣръ, неправильный
образъ жизни, недостатокъ движенія, свѣта и воздуха,
безуловно задерживаетъ наростаніе вѣса и можетъ быть
причиной даже паденія его. Подобное же значеніе имѣютъ
какъ острыя лихорадочныя, такъ и различныя затяжныя
болѣзни. Впрочемъ, и у совершенно здоровыхъ дѣтей,
живущихъ при лучшихъ гигіеническихъ условіяхъ и поль-
зующихся хорошимъ питаніемъ, отъ времени до времени
обнаруживается остановка въ увеличеніи вѣса недѣли на
двѣ на три, даже на четыре; явленіе это находится въ свя-
зи съ временемъ года. Такъ, путемъ многочисленныхъ
взвѣшиваній удалось установить, что въ средней Европѣ
особенно сильное увеличеніе вѣса у дѣтей приходится на
періодъ съ августа по ноябрь; съ ноября по апрѣль это
увеличеніе приближается къ средней нормѣ, а съ апрѣля
по августъ оно становится незначительнымъ. Въ теченіе
послѣдняго періода, т. е. лѣтомъ, нерѣдко наблюдается

и упомянутая выше остановка или даже паденіе вѣса. По большей части вѣсъ находится во взаимной связи и съ длиной тѣла ребенка.

Ростъ тѣла въ нейтральномъ періодѣ тоже происходитъ не столь интенсивно, какъ на первомъ году жизни. Приростъ за первый годъ составляетъ приблизительно половину первоначальнаго роста, т. е. 24—25 см., за второй же годъ, какъ у мальчиковъ, такъ и у дѣвочекъ онъ въ среднемъ составляетъ 9—10 см., за третій годъ 7 — 8 см., четвертый, пятый, шестой, седьмой и восьмой годы по 5—6 см. въ годъ. По отношенію къ росту ребенка также можно сказать, во-первыхъ, что интенсивность его находится въ зависимости отъ окружающихъ гигіеническихъ условій, а во-вторыхъ, что онъ подверженъ періодическимъ колебаніямъ. И здѣсь играютъ роль тѣ самыя гигіеническія условія, что и въ отношеніи вѣса ребенка. Надо, далѣе, указать на вліяніе климата: для роста ребенка неблагопріятенъ какъ слишкомъ жаркій, такъ и слишкомъ холодный климатъ. Періодическія колебанія роста находятся въ обратномъ отношеніи съ колебаніемъ вѣса, т. е. въ періоды года, наиболѣе благопріятные для увеличенія вѣса, прибавка роста идетъ медленнѣе всего и наоборотъ. Ростъ отдѣльныхъ частей тѣла происходитъ не съ равномѣрной быстротой. Дѣйствительно, у грудного младенца длина туловища превышаетъ длину нижнихъ или верхнихъ конечностей; между тремя и шестью годами послѣднія сравниваются по длинѣ съ туловищемъ, а позднѣе нижнія конечности переростаютъ какъ верхнія конечности, такъ и туловище.

Какъ мы ранѣе уже упомянули, ребенокъ къ началу второго года жизни обыкновенно обладаетъ восьмью зубами, именно — рѣзцами. Въ теченіе второго года прорѣзывается еще двѣнадцать зубовъ, большей частью въ слѣдующемъ порядкѣ: четыре переднихъ коренныхъ, четыре клыка, четыре заднихъ коренныхъ; такимъ образомъ, къ концу второго года или къ серединѣ третьяго у ребенка имѣется уже 20 зубовъ. Затѣмъ, въ концѣ пятаго или въ теченіе шестого года присоединяется еще 4 зуба, такъ называемые третьи коренные, которые не смѣняются впослѣдствіи и принадлежатъ, слѣдовательно, уже къ постояннымъ зубамъ.

Тѣлосложеніе и форма лица также претерпѣ-
ваютъ рядъ постепенныхъ перемѣнъ, которыя вмѣстѣ съ
ростомъ и уровнемъ умственнаго развитія ребенка даютъ
намъ возможность почти безошибочно судить объ его воз-
растѣ. До четвертаго года головка ребенка несоразмѣрно
велика, всѣ части тѣла представляются округленными,
благодаря обильной подкожной жировой подкладкѣ; ко-
нечности коротки. Тѣ же отношенія мы видимъ и у груд-
ного младенца, но отличить послѣдняго отъ болѣе старшаго
ребенка все же не трудно по нѣкоторымъ особенностямъ
наружнаго вида: у грудного младенца спина представляется
совершенно плоской, благодаря тому, что позвоночный
столбъ его еще прямъ, у ребенка же умѣющаго уже ходить,
въ поясничной области появляется неглубокое западеніе
и сѣдалищная часть выдается надъ общей плоскостью спины.
Обусловливается это косвеннымъ положеніемъ таза и
искривленіемъ позвоночника кпереди, что необходимо для
равновѣсія тѣла при стояніи. Грудная клѣтка новорожден-
наго представляется усѣченнымъ конусомъ, направленнымъ
меньшимъ основаніемъ кверху; окружность его нижняго,
большаго основанія меньше окружности живота. Когда
ребенокъ уже стоитъ и ходитъ, то благодаря постояннымъ
упражненіямъ и напряженію мускулатуры передней брюш-
ной стѣнки, содержимое брюшной полости все болѣе
сдавливается, и, такимъ образомъ, окружность живота у
ребенка мало-по-малу сокращается. Независимо отъ этого,
форма грудной клѣтки измѣняется благодаря дальнѣй-
шему ходу костеобразованія скелета; понемногу грудная
клѣтка становится цилиндрической, а къ седьмому году
жизни становится шире кверху. По мѣрѣ постепеннаго
хода умственнаго развитія, обликъ ребенка становится
выразительнѣе, внѣшность его пріобрѣтаетъ печать инди-
видуальности. Отношеніе размѣровъ тѣла ребенка къ ве-
личинѣ черепа кажется теперь большимъ, чѣмъ соотвѣт-
ствующее отношеніе у грудного младенца. Благодаря уве-
личенію числа зубовъ увеличиваются и челюсти, такъ что
лицо становится длиннѣе. Чѣмъ возрастъ ребенка ближе
къ концу описываемаго періода, тѣмъ становится менѣе
выраженнымъ подкожный жировой слой, обусловливающій,
какъ сказано, мягкую округленность формъ у маленькаго

ребенка. Взамѣнъ этого выступаетъ развитіе мускулатуры всего тѣла, такъ что уже она оказываетъ вліяніе на очертанія тѣла. Но такъ какъ развитіе мускулатуры все же еще не закончено, то ребенокъ часто кажется худощавымъ, съ торчащими лопатками и ясно вырисовывающимися подъ кожей ребрами—явленіе, служащее для нѣкоторыхъ родителей неосновательнымъ поводомъ къ безпокойству. Половыя различія въ тѣлосложеніи выражены въ этомъ періодѣ еще очень слабо или совсѣмъ не выражены, что, между прочимъ, и подало поводъ называть этотъ періодъ дѣтства „нейтральнымъ".

Что касается внутреннихъ органовъ, то въ описываемомъ періодѣ усиленнаго роста для насъ представляютъ преимущественный интересъ функціи пищеварительнаго аппарата. Желудокъ и кишечникъ, обладающіе на первомъ году жизни еще незначительной пищеварительной способностью, укрѣпляются въ теченіе слѣдующихъ, второго и третьяго годовъ. Тотчасъ по прекращеніи молочнаго вскармливанія, экскременты младенца измѣняютъ свой характерный для закончившагося періода видъ, т. е. становятся не кашицеобразными и свѣтложелтыми, а болѣе плотными, колбасообразно-оформленными, темножелтаго или коричневаго цвѣта, что объясняется разнообразнымъ характеромъ употребляемой теперь ребенкомъ пищи. На второмъ году жизни ребенокъ способенъ уже хорошо усваивать многія легкія блюда; но безнаказанно переносить все, что ѣстъ взрослый, ребенокъ можетъ не ранѣе трехлѣтняго возраста, такъ какъ анатомическое строеніе пищеварительныхъ органовъ завершается только къ четвертому году жизни, когда уже трудно замѣтить какую-нибудь существенную анатомическую разницу между пищеварительными органами ребенка и взрослаго. Къ этому же времени жевательная поверхность челюстей снабжена уже 20 зубами, такъ что является возможность хорошо измельчать плотную пищу.

Далѣе, съ нашей точки зрѣнія представляетъ значительную важность анатомическое развитіе мозга, такъ какъ этотъ органъ, вмѣстѣ со всей вообще нервной системой, тоже долженъ удовлетворять весьма значительнымъ требованіямъ, благодаря усиленному духовному росту ребенка. Въ первые годы жизни ростъ мозга происходитъ очень энергично, такъ что къ концу третьяго года его первоначальный вѣсъ утраивается (при этомъ средній вѣсъ мозга у дѣвочекъ во всѣхъ возрастахъ нѣсколько ниже вѣса мозга мальчиковъ). Ясно отсюда, что въ этомъ періодѣ мозгъ требуетъ значительнаго количества матеріала для своего питанія и дальнѣйшаго роста. Съ другой стороны, нервная система, въ цѣломъ отличающаяся у ребенка повышенной впечатлительностью и раздражимостью, особенно легко истощается. Да послужитъ это предостереженіемъ воспитателю, который такъ легко можетъ причинить ущербъ здоровью ребенка, предъявляя къ нему чрезмѣрно высокія требованія!

## 2. Душевное развитіе въ нейтральномъ возрастѣ.

Переходъ отъ грудного къ нейтральному дѣтскому возрасту происходитъ не внезапно, съ окончаніемъ календарнаго перваго года жизни, а лишь постепенно, по мѣрѣ того, какъ ребенокъ выучивается ходить и говорить. Съ пробужденіемъ этихъ двухъ способностей, которыя носятъ отчасти чисто физическій характеръ, связанъ значительный шагъ впередъ и въ развитіи душевной жизни ребенка.

У большинства дѣтей къ концу перваго года жизни бываетъ уже достаточно силъ для того, чтобы выпрямляться и, при какой-нибудь поддержкѣ, ровно стоять на ногахъ. Если ребенка въ этомъ возрастѣ повести за руку, то онъ инстинктивно будетъ стараться переставлять ножки, какъ это требуется для хожденія. Но самостоятельно ходить онъ не умѣетъ, и долженъ этому еще выучиться, для чего нужна не только наличность достаточной мышечной силы, но также и извѣстная степень развитія разума и воли. Для взрослаго человѣка, благодаря тысячекратнымъ повтореніямъ и многолѣтней привычкѣ, хожденіе представляется актомъ въ высшей степени несложнымъ. Во время ходьбы онъ можетъ безъ всякихъ замѣтныхъ усилій попутно дѣлать временныя остановки, любоватся окружающей природой, наблюдать происходящее кругомъ, производить всевозможныя движенія туловищемъ, руками, головой и т. п.; при этомъ онъ автоматически можетъ продолжать шагать дальше, чисто механически преодолѣвая встрѣчающіяся ему на пути препятствія, въ родѣ, напримѣръ, неровностей и поворотовъ дороги. Иначе обстоитъ дѣло по отношенію къ ребенку, который не сдѣлалъ еще ни одного самостоятельнаго шага: ему приходится предварительно точно опредѣлить направленіе, по которому предстоитъ передвинуться; рѣшеніе оставить всякую опору, положившись только на собственныя силы, должно представляться ему весьма рискованнымъ предпріятіемъ; неувѣренно онъ старается сохранить равновѣсіе своего тѣла, положеніе центра тяжести котораго измѣняется съ каждымъ шагомъ, и въ зависимости отъ перемѣщенія его при порывистыхъ движеніяхъ ребенка, послѣднему приходится то перегибаться назадъ, то останавливаться, то наклоняться впередъ и т. д.; иначе говоря, ребенокъ вынужденъ все время очень внимательно соизмѣрять ритмъ и скорость своихъ шаговъ. Дѣло осложняется еще тѣмъ, что не всегда ребенокъ въ состояніи оцѣнить пространство, которое ему предстоитъ преодолѣть. Ребенокъ съ удовольствіемъ занимается разрѣшеніемъ всей этой нелегкой для него гимнастической и эквилибристической задачи: раньше вѣдь онъ испытывалъ удовольствіе, просто сгибая и выпрямляя ручки и ножки, благодаря связанной съ этимъ мускульной работѣ; теперь же подобное удовольствіе доставляетъ ему уже болѣе сложное движеніе. Съ большимъ оживленіемъ и даже съ восторгомъ ребенокъ, пробующій ходить, стремится къ своей цѣли.

Благодаря постоянно возобновляемому упражненію сохраненіе равновѣсія мало-по-малу становится дѣломъ привычки, и хожденіе и бѣганье постепенно превращаются въ автоматическія движенія. То обстоятельство, что ребенокъ безъ всякихъ подготовительныхъ упражненій въ одинъ прекрасный день, сразу начинаетъ ходить, объясняется тѣмъ, что рядъ его способностей, именно—зрѣніе, вниманіе, воля, стали совершеннѣе; раньше же изъ всей суммы необходимыхъ для ходьбы сложныхъ условій онъ обладалъ лишь однимъ: достаточной мышечной силой, по-зволявшей ему только самостоятельно подниматься на ножки. Вновь пріобрѣтенное ребенкомъ умѣніе ходить обусловливаетъ прогрессъ его психики, способствуя раз-витію самоувѣренности, самостоятельности и смѣлости, и пріучая точнѣе чѣмъ прежде оцѣнивать разстоянія.*)

Пріобрѣтеніе способности рѣчи еще болѣе цѣнно для душевнаго развитія ребенка, но оно требуетъ какъ боль-шихъ физическихъ и умственныхъ усилій, такъ и болѣе продолжительнаго времени по сравненію съ пріобрѣтеніемъ способности ходить.

Когда грудной младенецъ выражаетъ крикомъ свои желанія, то это не имѣетъ еще ничего общаго съ члено-раздѣльной рѣчью. Зачаткомъ послѣдней является тотъ лепетъ и щебетанье, которыми маленькій ребенокъ часто какъ бы бесѣдуетъ самъ съ собой; они представляютъ лишь безсознательную игру гортанныхъ мышцъ, инстин-ктивное упражненіе голосовыхъ связокъ. Вначалѣ возни-кающіе при этомъ звуки отнюдь не представляютъ изъ себя попытки воспроизвести слышанное, и не имѣютъ ни-какого опредѣленнаго смысла. Даже и тогда, когда ребе-нокъ уже можетъ дать себѣ отчетъ въ смыслѣ нѣкоторыхъ словъ, онъ еще не способенъ къ членораздѣльной рѣчи и вы-ражаетъ свои желанія жестами, сопровождая ихъ, впрочемъ, нерѣдко и звуками; такъ, напримѣръ, ребенокъ дѣлаетъ, подмѣченное имъ у окружающихъ, отрицательное движеніе головкой, указываетъ ручкой на предметы, которые желаетъ получить. Мимическая рѣчь, такимъ образомъ, предшес-твуетъ звуковой. Проходитъ много времени, пока ребенокъ научится артикуляціи звуковъ, и какъ только онъ достиг-нетъ этого, подражательная способность побуждаетъ его повторять услышанныя слова. Для произнесенія слова не-обходимо поучиться очень точно дифференцировать отдѣль-ные звуки, а это, въ свою очередь, требуетъ довольно значительной степени развитія активнаго вниманія и до-статочнаго предварительнаго упражненія слуха. Первыя

---

*) Насколько эта способность все же остается еще несовершен-ной, мы можемъ видѣть изъ того, что даже двухъ и трехлѣтніи дѣти протягиваютъ нерѣдко изъ оконъ второго этажа ручки навстрѣчу идущимъ знакомымъ, ожидая, что ихъ возьмутъ на руки.

попытки къ звукоподражанію обыкновенно ведутъ къ результатамъ довольно плачевнымъ, но путемъ постояннаго упражненія ребенокъ все больше и больше научается управлять механизмомъ рѣчи и черезъ извѣстное время можно уже различить нѣкоторыя изъ воспроизведенныхъ имъ словъ. Въ это время, однако, у ребенка еще отсутствуетъ главное: пониманіе смысла воспроизводимаго; для уясненія этого смысла, приходится по много разъ произнести то или иное слово, указывая на обозначаемый имъ предметъ. Когда, наконецъ, превзойдена и эта трудность, ребенокъ начинаетъ накоплять запасъ словъ; это—работа крайне утомительная, требующая огромнаго напряженія памяти и очень много времени. Вначалѣ запоминаются только слова, обозначающія конкретные предметы; лишь значительно позднѣе, по мѣрѣ дальнѣйшаго интеллектуальнаго созрѣванія, ребенокъ доходитъ до пониманія отвлеченныхъ выраженій, которыми обозначаются явленія духовнаго міра. Потребная для этого степень умственнаго развитія достигается въ значительной мѣрѣ съ помощью самой же усваиваемой ребенкомъ способности рѣчи. Эта способность дѣлаетъ ребенка не просто обладателемъ все большаго и большаго запаса словъ; употребленіе каждаго новаго слова, незамѣтнымъ образомъ изощряетъ также и логическую способность, благодаря необходимости строить предложенія, пріучаться къ правильному примѣненію грамматическихъ формъ и т. п. Намъ нечего, конечно, долго останавливаться еще и на томъ, насколько съ пріобрѣтеніемъ способности рѣчи обогащается духовная пища ребенка и насколько сфера этическаго воздѣйствія на него становится шире. Теперь является возможность объяснять ребенку самыя разнообразныя отношенія окружающаго міра, недоступныя его непосредственному пониманію по недостатку опыта и узости кругозора.

Припомнимъ что уже у грудного младенца все новое живѣйшимъ образомъ приковываетъ вниманіе, при чемъ усвоеніе новаго видимо служитъ для младенца источникомъ большого удовольствія и поддерживаетъ его любопытство. Поэтому нѣтъ ничего удивительнаго, что, научившись говорить, ребенокъ начинаетъ задавать массу вопросовъ; это такъ характерно, что соотвѣтствующую ступень развитія ребенка можно прямо назвать „періодомъ вопросовъ". (Fragealter). Не всякій отвѣтъ одинаково понятенъ ребенку, не все онъ усвоитъ сразу, безъ дальнѣйшихъ объясненій, онъ то переспрашиваетъ то же самое, то неожиданно задаетъ какой-нибудь совершенно новый и, повидимому, не относящійся къ дѣлу вопросъ, но во всякомъ случаѣ мы можемъ наблюдать у него постоянно проявляющееся стремленіе увеличивать свои знанія. Ребенокъ безпрерывно учится. Не нужно забывать этого, такъ какъ только тогда мы поймемъ многое въ природѣ ребенка:— ребенокъ непостояненъ и разсѣянъ, такъ какъ легко утомляется при всякомъ занятіи; неспособенъ по-долгу сосредоточивать вниманіе въ одномъ направленіи и непослѣдователенъ, такъ какъ его умъ занятъ постоянно смѣняющимися впечатлѣніями. Поэтому всякое наставленіе, запрещеніе или порученіе легко ускользаютъ изъ дѣтской памяти. Что же касается частой раздражительности ребенка, то она является слѣдствіемъ легко наступающаго переутомленія и связанныхъ съ этимъ тягостныхъ ощущеній. Медленно, годами, крѣпнутъ вниманіе, память, способность къ сужденіямъ и воля, до той степени, которая необходима для болѣе основательной умственной работы; параллельно съ этимъ ребенокъ все больше обогащается духовно.

Въ результатѣ та первоначальная любознательность, которую мы называли любопытствомъ, можетъ развиться въ настоящую серьезную охоту къ ученію. У большинства дѣтей это совпадаетъ съ седьмымъ или восьмымъ годомъ жизни, т. е. съ концомъ разсматриваемаго нами здѣсь періода дѣтства.

До наступленія этого момента въ развитіи ребенка ему достаточно того, что онъ усваиваетъ во время своихъ обычныхъ игръ, способствующихъ развитію и упражненію всѣхъ его какъ физическихъ, такъ и душевныхъ силъ. Ниже мы увидимъ, что благодаря играмъ изъ числа душевныхъ свойствъ наиболѣе сильный толчекъ для своего совершенствованія получаютъ тѣ, которыя относятся къ этической сферѣ; но при этомъ не остается бездѣятельнымъ и разумъ. Любимѣйшая игра маленькихъ дѣтей—подражаніе различнымъ занятіямъ взрослыхъ, напримѣръ, подметанію или натиранію половъ, чтенію газетъ и т. п.; подражаніе ребенка нерѣдко обнаруживаетъ у него до поразительности тонкую наблюдательность; онъ не пропускаетъ ни малѣйшей детали. При подобныхъ занятіяхъ ребенокъ, играя, развиваетъ свое вниманіе и сообразительность. Когда дѣти складываютъ деревянные кубики или кирпичики, то это служитъ упражненіемъ ихъ геометрическаго мышленія и они осваиваются съ законами равновѣсія. Умышленно разламывая свои игрушки, ребенокъ слѣдуетъ стремленію возможно ближе изучить и изслѣдовать все, съ чѣмъ онъ приходитъ въ соприкосновеніе; ему хочется знать, изъ чего тотъ или иной предметъ сдѣланъ, какъ онъ выглядитъ изнутри, почему это онъ производитъ звукъ или приходитъ въ движеніе подъ вліяніемъ соотвѣтствующаго надавливанія. Вотъ чѣмъ объясняется извѣстная наклонность дѣтей къ разрушенію. Въ общихъ играхъ съ товарищами дѣти привыкаютъ къ сообразительности и находчивости. Для дѣтей болѣе зрѣлыхъ существуетъ рядъ игръ, предназначенныхъ спеціально для упражненія комбинаціонной способности.

Но больше всего пищи для своего развитія и пышнаго расцвѣта находитъ въ дѣтскихъ играхъ—воображеніе. Такъ какъ въ дѣтствѣ господствующимъ времяпрепровожденіемъ являются игры, а каждая изъ нихъ непремѣнно связана съ воображеніемъ, то мы съ полнымъ правомъ можемъ назвать соотвѣтствующій періодъ жизни ребенка временемъ господства воображенія. Съ помощью воображенія ребенокъ одушевляетъ каждую куклу, каждый стулъ или цвѣтокъ, словомъ все, что приходитъ съ нимъ въ соприкосновеніе. Самъ ребенокъ въ своемъ воображеніи превращается поперемѣнно то въ кучера, то въ учителя или принца, то въ лошадь или разбойника. Образы, почерпнутые воображеніемъ ребенка изъ дѣйствительной жизни или изъ міра сказокъ, воспроизводятся имъ, передѣлываются на разный манеръ, и подчасъ ребенокъ создаетъ положенія, поражающія трезвый умъ взрослаго. Дѣтское воображеніе кажется особенно живымъ и творческимъ потому, что ребенокъ не считается съ различными расхолаживающими соображеніями, врывающимися въ цѣпь мыслей человѣка зрѣлаго, богатаго впечатлѣніями повседневной дѣйствительности и жизненнымъ опытомъ. И какъ разъ тогда, когда воображеніе ребенка развилось и окрѣпло по сравненію съ первыми его проблесками, поверхностному наблюдателю часто, наоборотъ, кажется, что ребенокъ обладаетъ менѣе живымъ воображеніемъ; на самомъ же дѣлѣ, постепенно созрѣвающій умъ ограничиваетъ проявленіе воображенія и какъ бы маскируетъ его.

Переходя теперь къ разсмотрѣнію этическаго развитія ребенка, къ его успѣхамъ въ сферѣ жизни чувства и воли, мы должны остановиться предварительно на одномъ крайне интересномъ съ психологической точки зрѣнія и весьма сложномъ явленіи, которое возникаетъ въ теченіе первыхъ годовъ жизни и при этомъ захватываетъ человѣка цѣликомъ, со всѣми его тѣлесными и душевными свойствами. Мы имѣемъ здѣсь въ виду развитіе чувства самосознанія, т.-е. убѣжденія въ томъ, что личность есть нѣчто замкнутое въ себѣ, противопоставляемое внѣшнему міру. Прежде временемъ перваго проявленія этого чувства считался моментъ, когда ребенокъ впервые въ примѣненіи къ себѣ употребляетъ мѣстоименіе не третьяго, а перваго лица, когда онъ въ первый разъ называетъ себя „я“. На самомъ же дѣлѣ, какъ насъ учитъ ежедневный опытъ, такое представленіе ошибочно: если окружающіе называютъ ребенка постоянно въ третьемъ лицѣ, то онъ и самъ долго примѣняетъ къ себѣ то же обозначеніе, хотя бы давно уже вполнѣ усвоилъ чувство самосознанія; стоитъ начать обращаться къ нему съ мѣстоименіемъ „ты“, и онъ быстро станетъ говорить о себѣ въ первомъ лицѣ.

Чувство самосознанія возникаетъ не сразу, а лишь мало-по-малу. Мы выше видѣли, что маленькій ребенокъ вначалѣ не сознаетъ ни одного своего движенія, ощущенія, впечатлѣнія или воспріятія; затѣмъ постепенно отдѣльныя группы ихъ начинаютъ усваиваться сознаніемъ; равнымъ образомъ, постепенно становятся произвольными и сознательными такія дѣйствія, которыя вначалѣ, несмотря на свою сложность, обусловливались исключительно инстинктомъ или же какимъ-нибудь чисто физическимъ внутреннимъ или внѣшнимъ возбужденіемъ; подобный же путь развитія, какъ мы указывали, проходятъ всѣ душевныя функціи ребенка: постепенно, въ опредѣленной груп-

2. Душевное развитіе въ нейтральномъ возрастѣ.

пировкѣ, онѣ переживаются ребенкомъ все болѣе сознательно. Подобнымъ же образомъ обстоитъ дѣло и въ сферѣ физической; вначалѣ ребенокъ научается ощущать отличіе своего собственнаго „я" отъ окружающаго міра путемъ осязанія, затѣмъ постепенно то же отличіе становится для него все опредѣленнѣе, благодаря различнымъ пріятнымъ и непріятнымъ тѣлеснымъ ощущеніямъ, благодаря произвольнымъ движеніямъ и поступкамъ, благодаря пріобрѣтенію способности передвигаться и т. п. Насколько чувство самосознанія еще несовершенно къ началу второго года жизни, можно, напримѣръ, видѣть изъ того, что если ребенокъ пріученъ обращать вниманіе на свою одежду, то онъ съ точно такой же увѣренностью относитъ къ своему „я" какую-нибудь рубашку, чулки или обувь, какъ и собственныя руки и ноги. Ясно, такимъ образомъ, что требуется большой опытъ для того, чтобы самосознаніе было вполнѣ усвоено ребенкомъ.

Прониканіе въ э т и ч е с к у ю сферу душевной жизни ребенка имѣетъ огромную важность для воспитателя, потому что, съ одной стороны, какъ разъ въ этомъ отношеніи особенно сильно сказывается вліяніе окружающей среды вообще и воспитанія въ частности; съ другой же стороны, воспитатель въ этомъ направленіи можетъ особенно легко впасть въ ошибки, нерѣдко роковыя для ребенка, давая ложное толкованіе нѣкоторымъ моральнымъ пробѣламъ, получающимъ полное оправданіе себѣ, если постараться найти имъ психологическое объясненіе.

Прежде всего надо хорошенько уяснить себѣ, что отъ природы ребенокъ вообще ни хорошъ, ни дуренъ. Правда, онъ съ колыбели обладаетъ уже извѣстными хорошими или дурными наклонностями, переданными ему по наслѣдству, и подъ ихъ вліяніемъ онъ и безъ всякаго воспитанія можетъ въ опредѣленныхъ случаяхъ поступать хорошо или плохо. Но такіе хорошіе поступки, конечно, отнюдь не свидѣтельствуютъ о его высокой нравственности, какъ, наоборотъ, и дурные поступки въ это время не проистекаютъ еще отъ пониженнаго моральнаго чувства: отъ природы ребенокъ не обладаетъ нравственностью, такъ что онъ дѣйствуетъ пока совершенно безсознательно, и мы относимъ его поступки къ числу хорошихъ или дурныхъ, руководствуясь исключительно собственными, сложивши-

мися въ нашемъ обществѣ принципами морали. Послушаніе, основанное на страхѣ предъ болѣе сильными и т
самая зачаточная способность различенія добра и зла,
присутствіи которой у грудного младенца мы нѣсколько
разъ упоминали, еще не составляютъ чего-нибудь такого
что можно бы было назвать нравственностью; мы имѣемъ
пока дѣло съ фундаментомъ, который позволяетъ лишь
начать возведеніе самаго зданія; съ нѣкоторыми подготовительными душевными явленіями, дѣлающими для ребенка доступнымъ начало усвоенія моральныхъ понятій.
Подчиняясь волѣ своего воспитателя и повторно дѣлая
хорошіе поступки, ребенокъ привыкаетъ къ добру; упражненіе и привычка укрѣпляютъ его хорошія наклонности и даютъ толчекъ къ все большему и большему ихъ
совершенствованію. Въ концѣ концовъ слѣдованіе этимъ
наклонностямъ можетъ стать потребностью, и такую потребность дѣйствительно уже можно считать составнымъ
элементомъ нравственнаго чувства ребенка, отличительной
чертой его душевнаго облика. Возьмемъ для примѣра привычку ребенка къ внѣшнему выраженію благодарности за
подарокъ или за оказаніе ему того или иного знака расположенія. Если побуждать къ этому регулярно въ каждомъ
соотвѣтствующемъ случаѣ, то дѣти настолько привыкаютъ
къ такому акту вѣжливости, что вскорѣ начинаютъ выражать благодарность уже вполнѣ сознательно; привычка
настолько входитъ въ ихъ плоть и кровь, что въ будущемъ они уже всегда ощущаютъ потребность поблагодарить за оказанную имъ услугу. При постоянномъ повтореніи того, что мы назвали актомъ вѣжливости, ребенку
въ дальнѣйшемъ становится доступнымъ и самое нравственное понятіе благодарности, а это является уже положительнымъ моральнымъ пріобрѣтеніемъ. Наоборотъ, дурныя, съ нравственной точки зрѣнія, наклонности могутъ
быть при надлежащемъ руководствѣ подавлены. Если,
напримѣръ, ребенокъ непослушенъ и если неуклонно стремиться къ тому, чтобы онъ дѣлалъ только позволенное и
не дѣлалъ ничего запрещеннаго, то вначалѣ приходится
добиваться послушанія наказаніемъ. При повтореніи однороднаго случая у ребенка воскресаетъ воспоминаніе о
томъ, что было при подобныхъ обстоятельствахъ ранѣе,

а это связано съ непріятнымъ представленіемъ о понесен-
номъ наказаніи. Благодаря этому воздѣйствовать на ре-
бенка становится легче, и онъ повинуется уже или безъ
всякаго сопротивленія или подъ вліяніемъ одной угрозы
наказаніемъ. Поступками его руководитъ теперь усвоен-
ное имъ представленіе, что непослушаніе связано съ на-
казаніемъ, а послушаніе, наоборотъ, съ тѣмъ чувствомъ
удовлетворенія, которое ребенокъ долженъ испытывать,
видя, что вновь заслужилъ благосклонное отношеніе къ
себѣ. Это значительно способствуетъ его послушанію, ко-
торое все больше входитъ въ привычку, превращаясь въ
автоматическій актъ; въ результатѣ непослушный ребе-
нокъ мало-по-малу становится послушнымъ. Цѣнность
этого моральнаго пріобрѣтенія въ будущемъ возрастаетъ
благодаря тому, что въ послушаніи лежитъ залогъ умѣнія
владѣть собой, подчинять свои желанія высшей волѣ раз-
судка, и, слѣдовательно, корень всякой нравственности
вообще.

Далѣе, очень большую, если не главную, роль въ
нравственномъ развитіи ребенка играетъ его подра-
жательная способность. Если врожденныя и на-
слѣдственныя способности и кладутъ извѣстный индиви-
дуальный отпечатокъ на духовный обликъ ребенка, то
все же доминирующее значеніе для развитія нравственнаго
чувства принадлежитъ въ этомъ возрастѣ моральному
вліянію окружающей среды. Этотъ фактъ объясняется вы-
сокой степенью дѣтской впечатлительности и проистекаю-
щимъ изъ нея стремленіемъ подражать всему, что кру-
гомъ дѣлается. Дитя подмѣчаетъ дѣйствія окружающихъ
его лицъ, одинаково—какъ взрослыхъ, такъ и дѣтей, ста-
рается безъ всякой критики подражать имъ и, подъ влія-
ніемъ окружающей обстановки, воспроизводитъ, какъ хо-
рошіе, такъ и дурные поступки. Хорошее, т.-е. морально
чистое, вліяніе сказывается на нравственномъ чувствѣ
облагораживающимъ образомъ, такъ что въ концѣ кон-
цовъ ребенку становится противенъ всякій неблаговид-
ный, дурной образъ дѣйствій. Здѣсь имѣетъ мѣсто какъ
разъ такой же самый процессъ, который обусловливаетъ
переходъ привычки благодарить за оказанную услугу въ
нравственное понятіе благодарности. Если, наоборотъ, под-

мѣченные изъ окружающаго и воспроизведенные поступки морально нечисты и низки, то, конечно, они не могутъ оказать на нравственность ребенка какого-либо облагораживающаго вліянія; нечистыя мысли и низкіе поступки въ такомъ случаѣ не будутъ уже непривычны и отвратительны для ребенка, и воспитаніе лишается важнѣйшаго рычага,—самовоспитанія. Итакъ, теперь будетъ, быть можетъ, ясно, что для нравственнаго развитія ребенка примѣръ имѣетъ значеніе неизмѣримо большее, чѣмъ всякія увѣщанія и поученія. Прямой путь къ душѣ ребенка—это примѣръ, потому что съ нимъ связано извѣстное переживаніе, опытъ, на продолжительное время остающійся достояніемъ души. Когда же стараются внушить что-нибудь словами, то, конечно, всегда можно сомнѣваться, насколько прочно новое звено вошло въ цѣпь уже организовавшихся ранѣе составныхъ элементовъ души. Потому то, между прочимъ, и слѣдъ оставляемый въ душѣ ребенка религіознымъ духомъ семьи неизмѣримо глубже вліянія всякаго школьнаго религіознаго воспитанія.

Маленькій ребенокъ съ точки зрѣнія нашей морали эгоистиченъ. Да иначе и быть не можетъ: онъ все долженъ относить только къ себѣ, такъ какъ у него нѣтъ еще никакого понятія о какихъ либо отношеніяхъ къ другимъ; болѣе того, до возникновенія чувства самосознанія, онъ вообще и не подозрѣваетъ существованія „другихъ". Отъ него, слѣдовательно, нельзя требовать альтруистическихъ чувствъ или мыслей. Основы соціальной этики возникаютъ только понемногу, по мѣрѣ развитія самосознанія, изъ первоначальнаго чувства симпатіи и любви, зарожденіе котораго мы могли прослѣдить въ душѣ грудного младенца. Для того, чтобы испытывать состраданіе къ чужому горю или, наоборотъ, радоваться, имѣя возможность доставить кому-нибудь удовольствіе, ребенку необходимо уже проявлять расположеніе къ опредѣленнымъ личностямъ. Надо словомъ и дѣломъ показывать примѣръ хорошаго отношенія къ людямъ при всевозможныхъ обстоятельствахъ; тогда ребенокъ будетъ слѣдовать этому примѣру, и въ душѣ его вмѣстѣ съ тѣмъ будутъ зарождаться чувства, лежащія въ основѣ всякаго хорошаго поступка. Ребенокъ выростаетъ хорошимъ человѣкомъ

Само собой разумѣется, что нравъ ребенка, наоборотъ, грубѣетъ, если онъ видитъ вокругъ себя невѣжливое или черствое отношеніе къ людямъ, если слышитъ грубыя выраженія и наблюдаетъ жестокіе поступки. Побуждаемый или, вѣрнѣе сказать, принуждаемый подобными примѣрами, онъ самъ начинаетъ вести себя грубо, дерзко и проявлять жестокость.

Не слѣдуетъ, однако, судить поверхностно и впадать въ ошибку, считая, напримѣръ, ребенка жестокимъ за то, что онъ мучитъ животныхъ, или безсердечнымъ, если онъ не проявляетъ горя по поводу смерти кого-нибудь изъ близкихъ. Подобные факты могутъ объясняться просто непониманіемъ; дѣтямъ часто неизвѣстно, что животное страдаетъ отъ боли, когда его мнутъ или дергаютъ, а о невозвратимости потери, приносимой смертью, ребенокъ, конечно, не можетъ составить себѣ рѣшительно никакого представленія. Точно также не нужно слишкомъ поспѣшно называть ребенка злымъ и приписывать ему дурное намѣреніе, если онъ, вспыливъ, ударитъ своего братишку или проявитъ какое-нибудь особенное упрямство. Дѣти возбуждаются гораздо легче взрослыхъ; поступки ихъ импульсивны, такъ какъ задерживающія функціи еще слабо развиты, и кромѣ того не достаетъ опыта и разсудка для того, чтобы своевременно взвѣсить послѣдствія какого-нибудь запальчиваго или необузданнаго поступка. Съ другой стороны, нѣтъ основанія считать необычайно склонными ко всему хорошему тѣхъ дѣтей, которыя готовы, напримѣръ, подъ вліяніемъ состраданія, не задумываясь отдать все, что у нихъ есть: подобный образъ дѣйствій происходитъ рѣшительно по такому же шаблону, какъ и вышеописанные поступки, диктуемые аффектомъ гнѣва. Итакъ, нѣкоторыя врожденныя склонности кладутъ, правда, извѣстный отпечатокъ на духовный обликъ ребенка, такъ же, какъ и врожденныя физическія особенности отражаются на его тѣлесныхъ свойствахъ; но запомнимъ хорошенько,—что весь кругъ нравственныхъ понятій ребенка складывается почти исключительно благодаря практическому жизненному опыту, иными словами, подъ вліяніемъ окружающей среды.

Въ этой средѣ выдающееся для ребенка значеніе имѣютъ другія дѣти, съ которыми онъ приходитъ въ соприкосновеніе, и это потому, что они стоятъ къ нему гораздо ближе взрослыхъ, какъ по уровню своего умственнаго и нравственнаго развитія, такъ, въ особенности, по кругу своихъ интересовъ. Ихъ представленія и чувства въ виду этого сравнительно легко усваиваются всякимъ новымъ ихъ товарищемъ и причленяются къ существующему уже у него душевному содержанію. Незамѣтно, но безпрерывно подобный процессъ происходитъ при всегдашнемъ общеніи между дѣтьми одной и той же семьи, между братьями и сестрами; особенно же наглядно онъ проявляется при дѣтскихъ играхъ. Игры эти заставляютъ дѣтей жить интенсивной жизнью и настолько захватываютъ ихъ, что часто лишь съ большимъ трудомъ можно оторвать ребенка отъ той или иной заинтересовавшей его игры. Поэтому все, что онъ переживаетъ во время этой игры, оставляетъ въ немъ прочный слѣдъ. И при томъ игры являются упражненіемъ не только тѣлесныхъ силъ, напримѣръ, если игры связаны съ бѣганіемъ или бросаніемъ вдаль, не только умственныхъ способностей, о чемъ мы говорили выше, но дѣйствуютъ также особенно развивающимъ образомъ на этическую сторону души ребенка. Совершенно неоспоримо нравственное вліяніе общественныхъ игръ; это такія игры, которыя, собственно говоря, замѣняютъ для ребенка соціальную жизнь: каждому участнику при этомъ поручается опредѣленная миссія, роль или обязанность, и онъ долженъ выполнять опредѣленнымъ образомъ возлагаемую на него задачу. Очень интересно наблюдать, какъ тщательно слѣдятъ при подобныхъ „соціальныхъ" играхъ за точнымъ выполненіемъ извѣстныхъ правилъ и законовъ, какъ строго разграничены бываютъ при этомъ обоюдныя права участниковъ, какъ, наконецъ, каждый ребенокъ старается точно выполнить свои обязанности. Здѣсь требуется и соблюдается безусловное повиновеніе, здѣсь развивается сильное и здоровое чувство справедливости. Нерѣдко во время игры встрѣчается необходимость преодолѣть немаловажныя препятствія и трудности, и такимъ образомъ, конечно, гораздо лучше, чѣмъ путемъ искусственныхъ воспитательныхъ пріемовъ, развивается рѣшительность и отвага. Предводителями въ играхъ являются

обыкновенно дѣти наиболѣе развитыя, живыя и одарен-
ныя фантазіей; другія дѣти стремятся имъ подражать, воз-
никаетъ взаимное соревнованіе, стараніе отличиться другъ
передъ другомъ. Такимъ образомъ, дается толчекъ къ
стремленію доказать цѣнность собственной личности—къ
честолюбію. Однако благодаря общественнымъ играмъ
пробуждается и крѣпнетъ не только сознаніе собственнаго
достоинства, но также и сознаніе соціальное, потому что
въ нихъ осуществляется общая работа въ интересахъ
всѣхъ участниковъ, при чемъ дѣлается это дѣйствительно
по совѣсти и съ чрезвычайнымъ одушевленіемъ. Такъ
какъ роли въ играхъ обыкновенно мѣняются, то каждый
участникъ учится и распоряжаться, и повиноваться. Ужив-
чивость и уступчивость должны непремѣнно имѣть мѣсто
при этихъ играхъ, и находятъ въ нихъ прекрасную почву
для своего развитія. Благодаря близкому ознакомленію
другъ съ другомъ и признанію взаимныхъ достоинствъ
дѣти, принимающія участіе въ играхъ, становятся хоро-
шими товарищами, способными соблюдать общіе интересы,
такимъ образомъ, закладывается фундаментъ для друже-
скихъ связей. Можно подобнымъ же образомъ найти и
еще нѣкоторыя стороны въ этической сферѣ ребенка,
для развитія которыхъ игры представляютъ богатый ма-
теріалъ. Но и сказаннаго выше, конечно, достаточно, чтобы
стало яснымъ, насколько игры необходимы ребенку для
его нравственнаго развитія. Мы хотимъ только замѣтить
еще, что въ играхъ мы находимъ прекрасный способъ для
ближайшаго ознакомленія съ личными свойствами дѣтей.
Тотчасъ бросается въ глаза, кто изъ дѣтей обладаетъ жи-
вой натурой, одаренъ иниціативой и твердостью воли и
кто изъ нихъ, наоборотъ, лѣнивъ, вялъ и слабоволенъ;
всѣмъ своимъ поведеніемъ ребенокъ малодушный корен-
нымъ образомъ отличается отъ того, кто обладаетъ отваж-
ной душой; словомъ въ игрѣ маленькая личность обрисо-
вывается цѣликомъ, со всѣми своими достоинствами и не-
достатками.

Мы зашли бы слишкомъ далеко, если бы задались
цѣлью разсмотрѣть ходъ развитія всѣхъ относящихся сюда
душевныхъ свойствъ. Нѣкоторыхъ изъ нихъ придется еще
коснуться въ другихъ мѣстахъ. Здѣсь мы можемъ освѣ-

тить нравственный ростъ ребенка лишь въ общихъ чер-
тахъ. Какъ мы говорили выше, послѣ того какъ образо-
вались, не разъ упоминавшіеся нами, первоначальные
зачатки этической жизни, ребенокъ въ дальнѣйшемъ чер-
паетъ всѣ свои моральныя понятія изъ окружающей среды.
Нравственное чувство, крѣпнущее благодаря постепенной
привычкѣ къ этически-правильному образу дѣйствій, въ
концѣ концовъ органически входитъ въ составъ дѣтской
души. Усвоеніе общихъ нравственныхъ законовъ идетъ
параллельно съ дальнѣйшимъ ходомъ умственнаго разви-
тія, и мало-по-малу ребенокъ доростаетъ до того, что его
хорошіе или плохіе поступки становятся вполнѣ созна-
тельными. Процессъ этотъ совершается настолько медленно,
что только къ концу разсматриваемаго періода, т.-е. при-
близительно съ семилѣтняго возраста ребенка можно ожи-
дать проявленія высшихъ нравственныхъ чувствъ, въ роль
вѣрности долгу, чувства отвѣтственности, угрызенія со-
вѣсти, раскаянія и т. п. Однако и этимъ не заключается
развитіе нравственности; оно, напримѣръ, можетъ пойти
еще далеко впередъ: нравственный человѣкъ въ продол-
женіе всей своей жизни старается все больше облагоро-
дить свою душу. Что касается чувства прекраснаго, то въ
дѣтскомъ возрастѣ и оно можетъ быть обнаружено лишь
въ видѣ робкихъ первоначальныхъ проблесковъ, большею
частью совершенно незамѣтныхъ со стороны. Взоръ ре-
бенка понемногу привыкаетъ цѣнить окружающія его кра-
соты природы и произведенія искусства; слухъ его при-
выкаетъ къ музыкальной гармоніи, къ ритму поэтическаго
слога и т. д.; а чувство красоты, путемъ постепеннаго
совершенствованія, достигаетъ все большей зрѣлости, при-
нося въ позднѣйшіе годы прекрасные плоды. Это можетъ
обнаружиться очень рано, уже въ дѣтскомъ возрастѣ, но
только въ томъ случаѣ, если имѣется совершенно особое
художественное дарованіе.

Огромное значеніе въ глазахъ воспитателя должно
имѣть укрѣпленіе воли ребенка. О настоящей воле-
вой дѣятельности можно говорить лишь тогда, когда по-
ступки обусловливаются не отдѣльными побудительными
идеями, импульсами, но являются въ результатѣ свобод-
наго выбора между рядомъ различныхъ идей, отчасти по-

будительныхъ, отчасти же — противоположнаго характера, т.-е. задерживающихъ. Воля проявляется какъ въ выпол- неніи того или иного дѣйствія, такъ, наоборотъ, и въ от- казѣ отъ такого выполненія. Если, напримѣръ, мать зоветъ въ комнаты ребенка, играющаго съ увлеченіемъ въ саду, то передъ нимъ возникаетъ дилемма: или онъ можетъ, под- чиняясь присущему ему побужденію, быть послушнымъ, исполнить приказаніе матери; или же, руководясь дру- гими мотивами, напримѣръ, пріятной перспективой остаться еще въ саду, можетъ подавить свое первое побужденіе и не пойти на зовъ матери. Въ обоихъ случаяхъ несомнѣнно имѣемъ дѣло съ проявленіемъ воли. Ужъ изъ этого про- стого примѣра видно, въ какой тѣсной связи находится волевая дѣятельность съ двумя другими сферами душев- ной жизни, съ проявленіями разума и нравственнаго чувства. Принимая опредѣленное рѣшеніе дѣйствовать именно такъ, а не иначе, ребенокъ сравниваетъ обстоя- тельства, къ которымъ поведетъ его рѣшеніе остаться въ саду, съ тѣми, которыми будетъ сопровождаться его по- слушаніе; онъ взвѣшиваетъ, какое преимущество или ущербъ заключается для него въ томъ и другомъ образѣ дѣйствій. До сихъ поръ функціонируетъ его разумъ и воображеніе. Когда же ребенку кажется, что установлен- ныя имъ путемъ сравненія выгоды и невыгоды того или иного образа дѣйствій равносильны, то на сцену высту- паетъ его нравственное чувство: послушаніе, склонность къ хорошимъ поступкамъ, или, наоборотъ, непослушаніе. Волевая дѣятельность, какъ мы видимъ, тѣсно связана съ разнообразными душевными функціями.

Такъ какъ, въ свою очередь, большинство тѣлесныхъ и душевныхъ способностей связаны съ элементами воли, то укрѣпленіе послѣдней должно имѣть большое значеніе для образованія характера, т.-е. для всей будущ- ности человѣка. И на самомъ дѣлѣ, воля играетъ на- столько руководящую роль, что о характерѣ человѣка, охватывающемъ собственно всѣ индивидуальныя особен- ности его душевнаго склада, судятъ просто по его воле- вымъ побужденіямъ и поступкамъ. Если кто-нибудь дѣй- ствуетъ всегда согласно своимъ принципамъ, не позволяя себѣ уклоняться отъ нихъ подъ вліяніемъ обстоятельствъ и внѣшнихъ причинъ, то говорятъ, что такой человѣкъ обладаетъ характеромъ; наоборотъ, безхарактерными называются люди, нестойкіе въ своихъ убѣжденіяхъ и подъ давленіемъ обстоятельствъ дѣйствующіе сплошь да рядомъ вопреки собственнымъ убѣжденіямъ и желаніямъ. Въ сущности же въ первомъ случаѣ мы имѣемъ дѣло съ сильной волей, а во второмъ — съ слабоволіемъ. Сильной волей можетъ обладать и преступникъ, точно такъ же, какъ слабой волей отличаются иногда лучшіе люди, самаго благороднаго образа мыслей. Хорошій характеръ основывается на твердой волѣ, соединенной съ высокой нравственностью. Уже изъ приведенныхъ соображеній можно видѣть, что у ребенка ни въ коемъ случаѣ нельзя ожидать встрѣтить сформировавшійся характеръ. Правда, нѣкоторые хорошіе и дурные задатки будущаго характера заложены съ дѣтства благодаря наслѣдственности. Сообразно съ этимъ дальнѣйшее развитіе каждаго ребенка идетъ по индивидуальному, свойственному лишь ему одному пути. Вполнѣ можно сказать, что существуетъ столько же характеровъ, сколько людей на бѣломъ свѣтѣ; дѣти же являются прообразомъ будущихъ взрослыхъ мужчинъ и женщинъ.

Различныя вліянія сказываются на характерѣ легче всего въ дѣтскомъ возрастѣ, и притомъ главнымъ образомъ въ разсматриваемомъ здѣсь періодѣ, когда находящаяся въ стадіи своего образованія воля отличается еще значительной гибкостью. Если старательно направлять волевую дѣятельность къ тому, чтобы подавлялись дурныя наклонности, то въ борьбѣ съ ними укрѣпляется воля, какъ укрѣпляется всякая функція путемъ ея упражненія. Постоянно подавляемыя волей дурныя наклонности, благодаря невозможности ихъ проявленія, ослабляются отъ бездѣйствія, теряютъ силу; хорошія же наклонности, при соотвѣтственномъ направленіи воли, часто встрѣчаютъ возможность для своего проявленія, что ведетъ къ ихъ упражненію и укрѣпленію. Такъ какъ для образованія хорошаго характера требуется, какъ мы видѣли, помимо укрѣпленія воли, еще и высокій уровень нравственности, то будетъ понятнымъ, что среда, окружающая ребенка, съ ея многообразными вліяніями, играетъ выдающуюся роль въ процессѣ формированія характера. Мы не должны забывать, что отъ природы ребенку не дано обладаніе нравственными понятіями; ихъ внушаетъ ему окружающая среда; если онъ здѣсь встрѣтилъ добрый примѣръ, и его нравственное развитіе шло по хорошему пути, то у него создадутся принципы, которые сдѣлаютъ для него непріятными и даже невозможными безнравственные поступки. Если на ряду съ этимъ создалась и твердая воля, то будетъ обезпечена всегдашняя вѣрность такимъ принципамъ, и, слѣдовательно, выростетъ личность съ хорошимъ характеромъ. Но въ такомъ объемѣ о характерѣ рѣчь можетъ итти только въ отношеніи къ взрослому человѣку, который, находясь на аренѣ житейской борьбы, путемъ сурового самовоспитанія вышелъ побѣдителемъ изъ многихъ, встрѣтившихся на его пути, испытаній. По отношенію же къ ребенку мы можемъ говорить, конечно, только о фундаментѣ, на которомъ закладывается зданіе будущаго характера, то есть о правильномъ развитіи воли и чувства.

## 3. Физическое воспитаніе въ нейтральномъ возрастѣ.

Грудной періодъ заключается тремя важными моментами, открывающими вступленіе ребенка въ періодъ такъ называемаго нейтральнаго или, собственно, дѣтскаго возраста; мы имѣемъ здѣсь въ виду отнятіе ребенка отъ груди и постепенное пріобрѣтеніе имъ умѣнія ходить и говорить. Первые два изъ этихъ моментовъ представляютъ изъ себя явленія физическаго характера, послѣднее же почти всецѣло слагается изъ элементовъ душевной жизни и поэтому будетъ разсмотрѣно нами въ другомъ мѣстѣ. Такъ какъ объ отнятіи отъ груди мы уже говорили (см. стр. 45), то сейчасъ намъ остается перейти къ разсмотрѣнію того, какого образа дѣйствій надо держаться, когда ребенокъ учится ходить.

Мы видѣли, что первыя попытки ходить ребенокъ начинаетъ дѣлать только тогда, когда онъ достигнетъ, помимо достаточной тѣлесной крѣпости, также и извѣстнаго уровня умственнаго развитія. Въ большинствѣ случаевъ

это происходитъ въ началѣ второго года жизни, но, нахо-
дясь въ зависимости по преимуществу отъ питанія и общаго
состоянія здоровья ребенка, срокъ этотъ является очень
непостояннымъ. Слабенькія дѣти начинаютъ ходить позд-
но,—какъ правило; но и хорошо упитанныя и крупныя
дѣти начинаютъ нерѣдко держаться на ножкахъ, благодаря
тяжести своего тѣла, тоже поздно, вполнѣ овладѣвая умѣ-
ніемъ ходить только къ концу второго года жизни. Какъ
скоро ребенокъ почувствуетъ, что его тѣлесныя и душев-
ныя силы позволяютъ ему самостоятельно передвигаться
съ мѣста на мѣсто, у него возникаетъ живѣйшее стремле-
ніе использовать эти силы; насильственно же ставить ре-
бенка на ножки и заставлять его ходить помимо воли ни
въ коемъ случаѣ не слѣдуетъ. Не одинъ рахитикъ былъ
бы избавленъ отъ искривленія ножекъ, если бы прочно
привилось правило, чтобы первый шагъ ребенка былъ под-
сказанъ только его собственнымъ желаніемъ. Иногда, прежде
чѣмъ начать ходить, дѣти научаются передвигаться, ползая
по землѣ на четверенькахъ или же при помощи рукъ
(иногда и бедеръ), въ сидячемъ положеніи. Не говоря уже
о легкой опасности занозиться, заразиться какою-нибудь
кожной болѣзнью или, наконецъ, простудиться, подобная
привычка легко укореняется и отдаляетъ срокъ, когда
ребенокъ научается ходить. Лучше всего поэтому остав-
лять ребенка въ описанныхъ нами выше манежикахъ
непосредственно до того самаго времени, когда онъ начнетъ
ходить. Чѣмъ больше стараются, чтобы ребенокъ при его
попыткахъ ходить не оставался безъ поддержки, тѣмъ боль-
ше затрудняется для него возможность научиться самостоя-
тельно сохранять равновѣсіе; существуютъ даже спеціаль-
ныя приспособленія въ видѣ стульевъ для хожденія, помо-
чей и т. п., но ихъ надо бы вывести изъ употребленія.
Можно только развѣ слегка придерживать ребенка за
платьице у воротника, пока онъ еще неувѣренно держится
на ножкахъ. Такимъ образомъ мы съ одной стороны пре-
дохраняемъ маленькаго храбреца отъ паденія, а съ дру-
гой—онъ становится увѣреннѣе въ своихъ движеніяхъ и
правильнѣе ихъ разсчитываетъ. Въ первое время дѣти
ставятъ ступни ножекъ при хожденіи параллельно одна
другой или даже поворачиваютъ ихъ носками нѣсколько

внутрь; особенность эта исчезаетъ сама собою мѣсяцевъ черезъ шесть. Если же неправильность въ постановкѣ ступней долго не исчезаетъ, то необходимо посовѣтоваться съ врачемъ, не имѣется ли дѣло съ какимъ-либо порокомъ въ развитіи стопы, какова плоская стопа и т. п., и не нужно ли прибѣгнуть къ спеціальной обуви. Въ случаяхъ, когда несмотря на кажущуюся правильность походки, впослѣдствіи обнаруживается постоянное стаптываніе каблучка въ одну сторону, надо обратить вниманіе на состояніе позвоночника; врачу не рѣдко удается при этомъ обнаружить начало его искривленія.

Когда ребенокъ еще только начинаетъ ходить, то обувать его надо въ вязаные чулочки или въ мягкія туфли; нѣсколько позднѣе употребляютъ кожаную обувь. Послѣдняя имѣетъ назначеніемъ защитить ноги отъ вреднаго дѣйствія сырости, холода и неровностей почвы; при этомъ она не должна нарушать циркуляціи крови и выдѣлительной дѣятельности кожи ногъ и быть какъ разъ впору, такъ какъ въ противномъ случаѣ, благодаря давленію и тренію, на ногахъ легко возникаютъ мозоли и ссадины. Что касается формы обуви, то послѣдняя должна быть не остроконечной, а заканчиваться, наоборотъ, на пальцевомъ концѣ расширеніемъ, скошеннымъ по направленію отъ большого пальца къ мизинцу; плотная, но не твердая подошва должна быть снабжена широкимъ, чуть выступающимъ на ней каблукомъ; для обуви не слѣдуетъ употреблять лакированнаго матеріала, препятствующаго выдѣлительной дѣятельности кожи ногъ. Надо еще не забывать, что ноги ребенка быстро растутъ, такъ что купленная какъ разъ по ногѣ обувь уже черезъ нѣсколько мѣсяцевъ становится тѣсной, начинаетъ давить въ разныхъ мѣстахъ и можетъ изуродовать ногу; поэтому приходится часто покупать новую обувь. Къ изуродованію, искривленію ножныхъ пальцевъ легко ведутъ также слишкомъ длинные ногти, такъ какъ въ этомъ случаѣ пальцы могутъ помѣститься въ носкѣ башмака только тогда, если они искривятся. Слѣдовательно, ногти надо аккуратно остригать.

Ребенокъ, умѣющій ходить и бѣгать, долженъ быть иначе одѣтъ, чѣмъ грудной младенецъ, такъ какъ при шитьѣ одежды теперь надо имѣть въ виду не только, чтобы она могла служить защитой отъ холода, но и чтобы нисколько не стѣсняла свободы движеній. Упоминавшуюся нами треугольную пеленку должны замѣнить коротенькіе панталончики, которые пристегиваются къ лифчику, составляя вмѣстѣ съ нимъ нижнее бѣлье; верхнее платьице лучше всего дѣлать коротенькое и свободное въ таліи. Смотря по времени года нижнее бѣлье должно быть бумажное или бумазейное, платьице—полотняное, батистовое, бумазейное или фланелевое. Весьма важно, чтобы ни панталончики, ни лифчикъ нигдѣ не давили; лучше пусть они будутъ слишкомъ свободны, чѣмъ слишкомъ узки, такъ какъ, съ одной стороны, они садятся при стиркѣ, а съ другой—ребенокъ быстро растетъ. Лифчикъ долженъ свободно завязываться на спинѣ, а не застегиваться, такъ какъ иначе онъ легко можетъ стѣснить дыханіе ребенка [1]. Что касается панталончиковъ, то надо обратить особое вниманіе на то, чтобы не могло быть тренія или давленія на половые органы. Съ того времени, какъ на ребенка можно надѣть панталончики безъ опасенія, что онъ ихъ замочитъ, короткіе носочки его, которые онъ носилъ до этого, можно также замѣнить чулками, прикрѣпляемыми съ помощью боковыхъ подвязокъ къ лифчику. Довольно распространенная мода,—оставлять дѣтей ходить въ короткихъ носочкахъ до отроческаго возраста,—не имѣетъ никакого смысла, такъ какъ въ холодное время года надо защищать икры ногъ и колѣни отъ холода съ помощью теплыхъ чулокъ, а лѣтомъ—легкіе чулки, не причиняя никакого неудобства, предохраняютъ вмѣстѣ съ тѣмъ кожу отъ поврежденій, загрязненія и укусовъ насѣкомыхъ.

Приблизительно до третьяго года жизни описаннымъ образомъ одѣваются одинаково — и мальчики и дѣвочки; съ указаннаго же возраста, какъ этого требуетъ обычай, дѣтей обоихъ половъ начинаютъ одѣвать по разному. Для мальчиковъ самымъ удобнымъ и дешевымъ является рус-

---

[1] Очень хорошъ предложенный докторомъ А. Н. Филипповымъ въ замѣну лифа широкій поясъ, висящій на двухъ тесьмахъ, которыя идутъ спереди груди черезъ плечи и перекрещиваются на спинѣ. (Описаніе и рисунки см. его-же „Гигіена дѣтей“, Москва, 1909 г. IV изданіе, стр. 91 и 92).

скій національный костюмъ, состоящій, какъ извѣстно, изъ короткой, перехваченной въ таліи кушакомъ, рубашечки и широкихъ шароваръ. Затѣмъ можно рекомендовать нѣсколько болѣе дорогія, но вполнѣ удовлетворяющія своей задачѣ матросскія блузы; вырѣзку, которую онѣ имѣютъ у шеи, лѣтомъ оставляютъ открытой, а зимой закрываютъ вставкой. Къ настоящему матросскому костюму относятся еще длинныя брюки на выпускъ, но, въ интересахъ большей свободы движеній, брюки не должны быть длиннѣе, чѣмъ до подколѣнныхъ впадинъ. Дѣвочки обыкновенно носятъ свободное платьице, а подъ нимъ лифчикъ, короткія панталоны и одну или — въ холодное время года — двѣ нижнихъ юбки. Въ сущности, конечно, нѣтъ никакого основанія для такого различія въ одеждѣ у мальчиковъ и дѣвочекъ. Какъ мы ужъ говорили, въ нейтральномъ дѣтскомъ возрастѣ еще не существуетъ никакихъ половыхъ различій въ тѣлосложеніи, дѣвочки такъ же подвижны, какъ и мальчики, не меньше послѣднихъ любятъ бѣгать, прыгать, лазать, кувыркаться и т. п. Чтобы не препятствовать правильному развитію ребенка и не нарушать его здоровья, слѣдовало бы придавать больше значенія описаннымъ наклонностямъ, которыя присущи и дѣвочкамъ. Между тѣмъ, совершенно не связывающимъ свободу движеній является лишь костюмъ мальчиковъ, дѣвочки же благодаря своимъ верхнимъ и нижнимъ юбкамъ не вполнѣ свободно могутъ даже бѣгать или прыгать, лазать же и кувыркаться имъ уже совсѣмъ неудобно. Въ виду этого, было бы цѣлесообразнѣе одѣвать дѣвочекъ такъ же, какъ и мальчиковъ, вплоть до школьнаго возраста, когда начинаютъ появляться нѣкоторыя половыя особенности, оправдывающія до извѣстной степени различія въ костюмахъ обоихъ половъ.

Подобное рѣзкое измѣненіе формы одежды въ школьномъ возрастѣ можетъ представить извѣстное неудобство съ этической точки зрѣнія. Переходную роль могла бы съ успѣхомъ выполнить предложенная докторомъ Тиршемъ одежда для маленькихъ дѣвочекъ (Leipziger Schulkleid). Мы съ своей стороны горячо рекомендуемъ этотъ костюмъ. Въ составъ его входятъ бумажная рубашка и поверхъ ея лифчикъ, къ которому пристегнуты шаровары; верхнее платье состоитъ изъ подпоясанной въ таліи матросской блузы и короткой верхней юбочки, которая легко отстегивается, когда ребенокъ принимаетъ участіе въ подвижныхъ играхъ, или хочетъ побѣгать, попрыгать, покувыркаться. Такая комбинація матросскаго и національнаго русскаго костюмовъ очень удобна для дѣвочки, совершенно не стѣсняя свободы ея движеній; сниманіе и одѣваніе юбочки представляетъ не болѣе затрудненій, чѣмъ сниманіе и одѣваніе передника; между тѣмъ въ полномъ видѣ костюмъ вполнѣ подходитъ для дѣвочки, которая безъ всякихъ неудобствъ можетъ его носить отъ самаго ранняго возраста вплоть до полнаго завершенія своего физическаго развитія.

Для покрыванія головы лѣтомъ можно употреблять легкую широкополую шляпу или легкую жокейскую шапочку, зимою же — шерстяную или мѣховую шапку. Уши не надо закрывать даже въ умѣренно холодные зимніе дни; на случай же сильнаго холода или вѣтра очень удобенъ употребляемый у насъ башлыкъ; онъ можетъ быть, смотря по надобности, завязанъ такимъ образомъ, что оставляетъ свободной бо́льшую или меньшую часть лица.

Верхняя одежда, т.-е. осеннія и зимнія пальто, должна быть, конечно, соотвѣтственно климату, достаточно тепла, но вмѣстѣ съ тѣмъ должна представлять какъ можно меньше тяжести и какъ можно меньше стѣснять свободу движеній ребенка на открытомъ воздухѣ. Поэтому мы рекомендуемъ подбивать пальто не мѣхомъ, а достаточно толстымъ слоемъ ваты. На маленькихъ дѣтей, которыя еще не носятъ теплыхъ шароваръ, для прогулки въ осеннюю или зимнюю погоду, нужно одѣвать кромѣ пальто еще фланелевые штаны, или теплыя гамаши. Резиновыя калоши дѣти должны носить только въ мокрую погоду.

Вообще говоря, надо остерегаться одѣвать ребенка слишкомъ тепло. Если благодаря одеждѣ уже самыя незначительныя движенія вызываютъ у него потѣніе, и если, слѣдовательно, невозможна достаточная свобода движеній на открытомъ воздухѣ, то гулянье не достигаетъ своей главной цѣли. Одного того, что ребенокъ на воздухѣ, еще мало, необходимо, чтобы онъ дѣлалъ возможно больше глубокихъ вдыханій чистымъ, богатымъ озономъ воздухомъ, а это лучше всего достигается, когда ребенокъ бѣгаетъ и играетъ. Конечно, и тѣ однообразныя, подчасъ скучныя для ребенка, прогулки, которыя обыкновенно онъ совершаетъ, чинно сопровождая взрослыхъ, уже лучше сидѣнія въ запертой комнатѣ; но не такимъ образомъ достигается тотъ живительный моціонъ, къ которому у ребенка существуетъ непреодолимая, живая потребность, и благодаря которому пробуждаются, упражняются и укрѣпляются всѣ его тѣлесныя и душевныя силы. Гдѣ только возможно, нужно давать маленькимъ дѣтямъ заниматься съ лопаткой, тачкой, санками и т. п. въ саду, на дворѣ или на спеціальныхъ дѣтскихъ площадкахъ; болѣе старшія дѣти должны проводить время на воздухѣ въ обществѣ товарищей. Если только позволяютъ климатическія условія, ребенокъ долженъ оставаться на воздухѣ отъ восьми до десяти часовъ въ сутки, т. е. домой возвращаться, собственно, только для ѣды или для сна. Но осуществить это можно, конечно, далеко не всегда. Такъ, напримѣръ, въ Москвѣ дѣти зимой вынуждены довольствоваться за день одной, двумя прогулками по часу или полтора; для дѣтей же моложе трехъ лѣтъ продолжительность прогулокъ сокращается здѣсь до двадцати, тридцати минутъ, такъ какъ маленькія дѣти, съ одной стороны, легко устаютъ въ своихъ зимнихъ пальто, а съ другой, вслѣдствіе чрезмѣно низкой наружной температуры скоро начинаютъ проситься обратно въ комнаты. Но если только погода не черезчуръ уже плоха, надо непремѣнно водить ребенка гулять ежедневно: частое и достаточно продолжительное пользованіе наружнымъ воздухомъ, всегда неразрывно связанное съ обильнымъ воздѣйствіемъ свѣта, представляетъ изъ себя лучшее средство борьбы съ такими обычными для дѣтей разстройствами обмѣна веществъ и кровотворенія, какъ англійская болѣзнь, золотуха и малокровіе. Помимо сказаннаго, привычка къ вѣтру и непогодѣ служитъ наилучшимъ способомъ закаливанія, которое играетъ столь выдающуюся роль въ физическомъ воспитаніи.—При возвращеніи ребенка домой необходимо обратить вниманіе, во-первыхъ, на его ноги, во-вторыхъ, на кожу. Если ноги озябли или промокли, нужно тотчасъ перемѣнить чулки, если ребенокъ вспотѣлъ, а въ комнатѣ прохладно, то нельзя сразу мѣнять бѣлье, надо закутать ребенка на пять, даже на десять минутъ въ теплый платокъ, чтобы такимъ образомъ воспрепятствовать слишкомъ быстрому охлажденію и связанной съ этимъ простудѣ. Въ особенности это относится въ раннему весеннему времени, когда на солнцѣ уже жарко, а въ комнатахъ, которыя перестали топить, наоборотъ, сравнительно еще холодно.

Что касается дѣтской комнаты, то, въ сказанное на стр. 37 по отношенію къ грудному возрасту, здѣсь можно внести лишь нѣкоторыя измѣненія, касающіяся обстановки комнаты; теперь въ дѣтской не нужны пеленальный столикъ, ванночка, ведро для грязнаго бѣлья, манежикъ; взамѣнъ всѣхъ этихъ предметовъ въ дѣтской помѣщается небольшой умывальникъ и простой низкій столикъ съ соломенными стульями. Температура комнаты должна быть понижена на 1 градусъ, то есть приблизительно до 14° Р.

Въ отношеніи туалета ребенка должна соблюдаться самая тщательная чистоплотность. Уже съ двухлѣтняго возраста надо утромъ и вечеромъ чистить зубы мягкой щеточкой; съ третьяго года дѣти привыкаютъ съ успѣхомъ производить эту манипуляцію сами, что, между прочимъ, доставляетъ имъ не мало удовольствія. Въ качествѣ зубного порошка рекомендуется просто измельченный мѣлъ. Ребенка надо пріучить водить щеткой такъ, чтобы чистились не только со всѣхъ сторонъ зубы, но и десны. Вечерняя чистка имѣетъ особенную важность, такъ какъ за день въ промежутки между зубами крѣпко забиваются частицы пищи и, если ихъ не удалить, онѣ въ теченіе ночи начинаютъ разлагаться. Уже это можетъ служить указаніемъ на нецѣлесообразность существующей у нѣкоторыхъ родителей привычки позволять ребенку брать съ собою въ постельку лакомства, такъ какъ, помимо сказаннаго, это еще мѣшаетъ ребенку сразу заснуть. Заболѣванія зубовъ наблюдаются съ перваго года жизни, а на второмъ и третьемъ году уже очень нерѣдки. Они заслуживаютъ большого вниманія, такъ какъ отъ болѣзней молочныхъ зубовъ остаются неизгладимые слѣды на смѣняющихъ ихъ постоянныхъ зубахъ: корни этихъ послѣднихъ, окончательно выростающіе лишь въ возрастѣ отъ двѣнадцати до восемнадцати лѣтъ, въ этомъ случаѣ не могутъ достаточно объизвествиться. Если зубы представляются желтыми или на нихъ появляются черныя точки, или если они неправильно, уродливо растутъ, то необходимо показать ребенка зубному врачу. Но и когда зубы кажутся здоровыми, надо принять за правило по крайней мѣрѣ одинъ разъ въ годъ показывать ребенка зубному врачу, который нерѣдко можетъ найти и своевременно устранить дефекты, ускользнувшіе отъ вниманія неспеціалиста. Большей частью, впрочемъ, заболѣванія зубовъ у дѣтей находятся въ связи съ общими заболѣваніями и въ иныхъ случаяхъ настолько характерны, что помогаютъ врачу разобраться въ сущности данной болѣзни. Особеннаго вниманія заслуживаютъ такъ называемые третьи коренные зубы, прорѣзывающіеся обыкновенно на шестомъ году; такъ какъ это первые изъ числа постоянныхъ зубовъ, то неосвѣдомленная мать не считаетъ ихъ таковыми и порча ихъ часто остается надолго безъ должнаго вниманія. Другое обстоятельство, которое имѣетъ значеніе для гигіены зубовъ и которое мы хотимъ подчеркнуть здѣсь, это у х о д ъ  з а  р т о м ъ  у  б о л ь н ы х ъ  и  н е с п у с к а ю щ и х с я  с ъ  п о с т е л и  д ѣ т е й. Въ такихъ случаяхъ большей частью довольствуются тѣмъ, что ребенокъ полоскаетъ ротъ, а между тѣмъ никакія полосканія не могутъ замѣнить зубной щетки, пользованіе которой для больного особенно необходимо съ цѣлью основательнаго удаленія, въ большомъ количествѣ скопляющейся на зубахъ во время болѣзни, вязкой слизи, заключающей въ себѣ многочисленные микроорганизмы.

Равнымъ образомъ, въ интересахъ соблюденія чистоты, а также съ цѣлью предупрежденія ряда заболѣваній полости зѣва, являются необходимыми с и с т е м а т и ч е с к і я  п о л о с к а н і я  г л о т к и; поэтому надо пріучать дѣтей тщательно прополаскивать ротъ и глотку во время чистки зубовъ и послѣ каждой ѣды. Съ самаго ранняго возраста, лѣтъ съ трехъ, ребенокъ долженъ уже умѣть дѣлать такія полосканія. Очень полезно также, если ребенокъ еже-

дневно, по окончаніи своего утренняго туалета, здороваясь
съ матерью, показываетъ ей свою глотку; въ началѣ мать,
съ цѣлью получше заглянуть туда, должна слегка на-
давить чайной ложечкой на корень языка, но затѣмъ
ребенокъ научается достаточно хорошо открывать ротъ и
безъ этого пріема. Такая привычка ребенка значительно
облегчаетъ врачу изслѣдованіе въ случаѣ его заболѣванія,
но, что еще важнѣе, мать сама хорошо усваиваетъ себѣ
нормальный видъ глотки и можетъ очень рано замѣтить
малѣйшій признакъ начинающейся воспалительной крас-
ноты слизистой оболочки ея, такъ что является возмож-
ность своевременно пригласить врача. Помимо пользы для
ребенка на случай его заболѣванія, подобное простое
мѣропріятіе во многихъ случаяхъ обезпечиваетъ также,
благодаря своевременной изоляціи, распространеніе нѣко-
торыхъ домовыхъ эпидемій инфекціонныхъ болѣзней.

Въ отношеніи ухода за кожей на первый планъ
выступаетъ опять таки чистота. Еженедѣльно на второмъ
году жизни и разъ въ двѣ недѣли въ болѣе старшемъ
возрастѣ дѣти должны принимать общую ванну въ 28° R.
По утру ребенку надо тщательно обмывать водой комнат-
ной температуры лицо, шею, грудь, плечи и руки, при
чемъ и для лица необходимо, вопреки старому предраз-
судку, употреблять мыло. Дважды въ день утромъ и вече-
ромъ слѣдуетъ обтирать водой той же комнатной темпе-
ратуры ступни и голени ребенка и затѣмъ осушивать
ихъ, крѣпко растирая; этотъ пріемъ способствуетъ улуч-
шенію кровообращенія въ отдаленныхъ отъ сердца обла-
стяхъ тѣла и служитъ вмѣстѣ съ тѣмъ также для зака-
ливанія отъ простуды. Равнымъ образомъ, утромъ и вече-
ромъ слѣдуетъ обмывать холодной водой съ мыломъ на-
ружныя половыя части (теплую воду употреблять для этого
не слѣдуетъ, такъ какъ благодаря ей могутъ легко воз-
никнуть половыя раздраженія); для этихъ обмываній лучше
всего употреблять гигроскопическую вату, такъ какъ
вслѣдствіе ея мягкости можно избѣгнуть всякаго тренія,
и кромѣ того, каждый разъ по употребленіи, она легко
можетъ быть уничтожена. Во всякомъ случаѣ не слѣдуетъ
пользоваться губками, легко впитывающими въ себя бак-
теріи, которыми при слѣдующемъ употребленіи заражаютъ-

ся половыя части. Осушивать обмытыя части нужно лег-
кими прикосновеніями чистой полотнянной тряпочки или
полотенца. Съ пяти или шестилѣтняго возраста всѣ эти
манипуляціи дѣти могутъ продѣлывать сами, но для того,
чтобы все было сдѣлано какъ слѣдуетъ, надо вначалѣ хо-
рошенько научить ребенка и внимательно слѣдить за
нимъ.

Педантичная чистоплотность является главнымъ дѣ-
ломъ и для г и г і е н ы в о л о с ъ. Для облегченія мытья кожи
головы и для скорости высыханія ея очень полезно, чтобы
волосы на головѣ ребенка были всегда коротко остри-
жены. Мыть голову необходимо не рѣже двухъ разъ въ
недѣлю, а дѣлать это удобнѣе всего во время утренняго
умыванія. Что касается дѣвочекъ, то, если жалко разстать-
ся съ ихъ длинными, волнистыми кудрями, приходится
очищать кожу головы у нихъ шагъ за шагомъ, съ по-
мощью намыленныхъ ватныхъ шариковъ; затѣмъ надо
нѣсколько разъ облить головку тепловатой водой и хоро-
шенько осушить волосы. Такъ какъ большинство кож-
ныхъ болѣзней волосистой части головы паразитарнаго
происхожденія, то необходимо, чтобы всѣ предметы, при-
ходящіе въ соприкосновеніе съ волосами, какъ ножницы,
щипцы и т. п., были особенно чисты; въ большой чистотѣ
нужно держать также гребень и щетку, при чемъ ихъ не
долженъ употреблять никто кромѣ ребенка, которому они
принадлежатъ. Далѣе, нельзя одѣвать на головку ребенка
чужихъ шапокъ, и, наоборотъ, головнымъ уборомъ ребен-
ка не долженъ пользоваться еще кто-нибудь, кромѣ него
самого; равнымъ образомъ, не нужно никому давать ле-
жать на наволочкѣ той подушки, на которой спитъ ребе-
нокъ. Росту волосъ часто вредитъ образованіе перхоти,
нерѣдко очень обильное уже въ дѣтскомъ возрастѣ. Съ
этимъ явленіемъ надо энергично бороться. Механическое
удаленіе перхоти частымъ гребнемъ раздражаетъ кожу и
можетъ только ухудшить дѣло; болѣе дѣйствительнымъ
оказывается слабый растворъ соды (одна чайная ложка
соды на стаканъ воды), которымъ, въ случаѣ болѣзненно
увеличеннаго образованія перхоти, замѣняютъ при мытьѣ
головы простую воду. Въ постоянномъ контролѣ нуждает-
ся и состояніе рукъ ребенка. Ихъ надо часто мыть и

затѣмъ насухо вытирать. Благодаря своей любознательно-
сти ребенокъ склоненъ хватать все, что попадется подъ
руку, для того, чтобы получше разсмотрѣть и, если только
возможно, отправлять въ ротъ для опредѣленія вкуса;
благодаря этому и происходитъ большинство паразитар-
ныхъ кожныхъ болѣзней, а также и нѣкоторыя внутрен-
нія заболѣванія. Видную роль играютъ тутъ пальцевые
ногти; подъ ихъ свободнымъ краемъ набираются частицы
грязи, которыя при царапаніи или чесаніи легко могутъ
проникнуть въ кожу и обусловить ея воспаленіе или по-
явленіе сыпей. Попадая въ ротъ, такая грязь можетъ вы-
звать развитіе кишечныхъ паразитовъ, такъ какъ вмѣстѣ
съ ней ребенокъ иногда проглатываетъ находящіеся
тамъ зародыши глистовъ, которые затѣмъ развиваются въ
его кишечникѣ. Ясно отсюда, какъ важно, чтобы ногти
были очень коротко острижены: такимъ путемъ
сводится до минимума пространство подъ ихъ свободнымъ
краемъ, уменьшается возможность поврежденія кожи при
чесаніи, наконецъ, во многихъ случаяхъ предупреждается
вредная привычка кусать ногти.

Съ необходимостью соблюдать возможно тщательную
чистоту рукъ мы встрѣчаемся также, если, переходя къ
гигіенѣ органовъ чувствъ, обратимся къ профилактикѣ
заболѣваній глазъ. Когда въ глазъ попадетъ частица
пыли или въ вѣкахъ еще почему-нибудь ощущается зудъ,
ребенокъ невольно начинаетъ тереть раздраженное мѣсто
рукой (большей частью тыльной поверхностью сжатаго
кулачка) и при этомъ легко можетъ внести въ глазъ за-
разу. Насколько возможно, надо отучать дѣтей отъ при-
вычки тереть глаза; зудъ въ вѣкахъ лучше всего успока-
ивается холодной водой.

Раздраженіе и утомленіе глаза можетъ обусловливать-
ся двумя факторами: первый—это длительное воздѣйствіе
рѣзкаго свѣта на сѣтчатку, второй—чрезмѣрность напря-
женія аккомодаціонной мышцы хрусталика, которая про-
являетъ непрерывную дѣятельность, приспособляя глазъ
къ ясному видѣнію при самыхъ разнообразныхъ условіяхъ
разстоянія и освѣщенія, поэтому, въ интересахъ охране-
нія глаза ребенка, необходимо озаботиться, чтобы при его
занятіяхъ свѣтъ не былъ яркъ и не мерцалъ. Далѣе, не-

обходимо въ достаточной мѣрѣ давать возможность муску-
латурѣ глаза отдохнуть и возстановить затраченныя при
работѣ силы; по счастью, это безъ труда достигается, по-
мимо сна, еще въ томъ случаѣ, если глазъ смотритъ
вдаль, такъ какъ при такомъ условіи не требуется напря-
женія аккомодаціонной мышцы. Пребываніе на открытомъ
воздухѣ, когда большей частью приходится смотрѣть вдаль,
имѣетъ такое же значеніе для гигіены глаза, какъ и для
здоровья ребенка вообще. Впрочемъ, существуетъ такой
недостатокъ зрѣнія, такъ называемая дальнозоркость, когда
и при разсматриваніи отдаленныхъ предметовъ, для полу-
ченія яснаго изображенія ихъ на сѣтчаткѣ, требуется со-
кращеніе аккомодаціонной мышцы. Чѣмъ предметъ ближе
къ глазу, тѣмъ работа мышцы еще напряженнѣе. Нѣкото-
рое время дальнозоркость можетъ оставаться незамѣчен-
ной, такъ какъ вначалѣ она маскируется возможностью
для глаза приспособиться къ ней съ помощью аккомода-
ціи; но затѣмъ, мало-по-малу наступаетъ утомленіе акко-
модаціонной мышцы, и, въ концѣ концовъ, она совершенно
отказывается работать. Ребенокъ испытываетъ столь силь-
ное напряженіе своего органа зрѣнія, когда, напримѣръ,
во время игры долженъ разсматривать близкіе предметы,
что вынужденъ бываетъ давать ему отдыхъ. Достигается
это тѣмъ, что ребенокъ инстинктивно старается смотрѣть
на свои игрушки только однимъ глазомъ въ то время,
какъ другой отдыхаетъ, иначе сказать, онъ отъ времени
до времени коситъ то однимъ, то другимъ глазомъ. Обра-
щаемъ вниманіе на это обстоятельство, нерѣдко служащее
раннимъ признакомъ дальнозоркости, который долженъ
побудить родителей обратиться къ окулисту. Противопо-
ложный недостатокъ зрѣнія,—такъ называемая близору-
кость, если она достигаетъ сколько-нибудь значительной сте-
пени, проявляется обыкновенно сама собою. Для близо-
рукаго глаза, ясно видящаго только на близкомъ разстоя-
ніи, исключается возможность отдыха при зрѣніи вдаль,
такъ что при этомъ недостаткѣ утомленіе глазъ насту-
паетъ очень легко и близорукіе глаза нуждаются въ осо-
бенно заботливомъ отношеніи къ себѣ, впрочемъ, глав-
нымъ образомъ уже въ болѣе поздніе годы—въ школь-
номъ возрастѣ. Для упражненія зрѣнія можно рекомендо-

вать игры, при которыхъ требуется глазомѣръ, напримѣръ, игра въ мячъ, серсо, крокетъ, стрѣляніе изъ лука и т. п. Съ четвертаго года жизни для упражненія цвѣтоощущенія можно давать ребенку дѣлать фигурки изъ бисера пестрыхъ цвѣтовъ различнаго оттѣнка или вышивать разноцвѣтными нитками. Для здоровыхъ глазъ весьма полезно зрѣніе вдаль; насколько благодаря ему совершенствуется зрительная способность, мы можемъ убѣдиться на примѣрѣ дикихъ народовъ или моряковъ и обитателей Альпъ. Городскимъ дѣтямъ, между прочимъ, и поэтому необходимо проводить за городомъ по крайней мѣрѣ лѣто.—Изъ инфекціонныхъ болѣзней, угрожающихъ глазамъ, прежде всего слѣдуетъ назвать натуральную оспу. По счастью, впрочемъ, эта болѣзнь въ настоящее время исчезаетъ, благодаря широкому распространенію предохранительной вакцинаціи. При вѣтреной оспѣ иногда, правда лишь очень рѣдко, на роговицѣ можетъ образоваться также пустула, послѣдствіемъ чего являются неизгладимые рубцы (бѣльма) и помутнѣнія роговицы. Обычное явленіе представляетъ изъ себя заболѣваніе глазъ послѣ кори, иногда также послѣ краснухи; поэтому въ періодѣ выздоровленія послѣ этихъ болѣзней глаза нужно долго еще оберегать отъ чрезмѣрныхъ свѣтовыхъ раздраженій и отъ всякаго напряженія.

Здоровье уха находится въ такой тѣсной связи съ состояніемъ глотки и носа, что, говоря объ уходѣ за органомъ слуха, мы неизбѣжно должны коснуться также гигіены носа и глотки. Самое частое заболѣваніе уха, именно—воспаленіе средняго уха, или такъ называемой барабанной полости, исходитъ чаще всего изъ верхняго отдѣла глотки, съ которымъ среднее ухо находится въ сообщеніи черезъ посредство слуховой („Евстахіевой“) трубы. У дѣтей слуховая труба еще коротка и довольно широка. Верхній конецъ ея всегда открытъ, нижній же въ носоглоточномъ пространствѣ имѣетъ щелеобразное отверстіе, открывающееся на короткое время лишь каждый разъ въ моментъ глотанія. Назначеніе этой трубы заключается въ томъ, что черезъ нее происходитъ сообщеніе воздуха, содержащагося въ барабанной полости, съ внѣшнимъ воздухомъ, благодаря чему выравнивается воздушное давленіе на обѣ поверхности барабанной перепонки. При катаррѣ слизистой оболочки носа, извѣстномъ подъ именемъ насморка, происходитъ набуханіе ея и усиленное отдѣленіе слизи. Евстахіева труба при этомъ находится въ опасности въ двухъ отношеніяхъ. Во-первыхъ, при чиханіи и сморканіи въ полость трубы можетъ проникнуть болѣзненно измѣненная носовая слизь, гной и бактеріи, что ведетъ къ распространенію заразы и воспаленія на барабанную полость. Во-вторыхъ, вслѣдствіе набуханія слизистой оболочки, закрывается отверстіе трубы въ носоглоточномъ пространствѣ, чѣмъ уничтожается воздухообмѣнъ барабанной полости; въ такомъ случаѣ, оставшійся въ ней воздухъ скоро всасывается, барабанная перепонка, вслѣдствіе получающагося отрицательнаго давленія, втягивается, и это крайне тяжело отражается на слухѣ. Подобное же явленіе наблюдается, если опухаютъ или вообще увеличиваются въ объемѣ железистыя образованія, помѣщающіяся между отверстіями двухъ Евстахіевыхъ трубъ, т.-е. такъ называемая глоточная миндалина, что также можетъ повести къ закрытію отверстій Евстахіевыхъ трубъ и къ прекращенію обмѣна воздуха барабанной полости. Конечно, вредъ, причиняемый при этомъ уху, тѣмъ болѣе значителенъ, что въ данномъ случаѣ основная причина не является такъ скоро преходящей, какъ при насморкѣ или какомъ-либо воспалительномъ опуханіи миндалинъ зѣва: увеличеніе глоточной миндалины представляетъ изъ себя стойкое, хроническое состояніе, извѣстное подъ названіемъ аденоидныхъ вегетацій (разрастаній).

Къ гигіенѣ уха относится, какъ мы видимъ, между прочимъ, забота объ охраненіи нормальнаго состоянія носа. Не надо забывать, что носъ не является только органомъ обонянія, но представляетъ значительную важность и съ точки зрѣнія сохраненія нашего здоровья. Онъ имѣетъ назначеніе согрѣвать вдыхаемый воздухъ и увлажнять его благодаря испаренію жидкаго отдѣляемаго своей слизистой оболочки; препятствуетъ (или, по крайней мѣрѣ, затрудняетъ) проникновенію въ дыхательные пути пыли и бактерій; наконецъ, является показателемъ, предохраняющимъ насъ отъ вдыханія вредныхъ газовъ, о присутствіи которыхъ можно узнать только благодаря обонянію. Въ

виду всего этого, надо настаивать, чтобы дѣти всегда ды-
шали черезъ носъ, въ особенности же—на открытомъ воз-
духѣ; такимъ образомъ, между прочимъ, лучше всего до-
стигается также закаливаніе слизистой оболочки носа отъ
простуды и предупрежденіе насморка. Правда, заболѣваніе
насморкомъ происходитъ отъ зараженія, но значеніе про-
студы заключается въ томъ, что она облегчаетъ проникно-
веніе заразы, парализуя, между прочимъ, направленныя
противъ внѣдренія въ организмъ болѣзнетворныхъ микро-
бовъ, движенія рѣсничекъ, такъ называемаго, мерцатель-
наго эпителія, которымъ выстлана слизистая оболочка носа,
какъ и многихъ другихъ мѣстъ нашего тѣла. Во избѣжа-
ніе зараженія надо всячески стараться, чтобы дѣти не
находились въ обществѣ людей больныхъ насморкомъ.
Такъ какъ заразителенъ даже самый легкій, едва замѣт-
ный насморкъ, то вообще не надо позволять, чтобы дѣтей
много цѣловали, или чтобы они сами цѣловались при вся-
комъ удобномъ случаѣ. Вообще, поцѣлуй, не являясь въ
большинствѣ случаевъ большимъ удовольствіемъ для ре-
бенка, въ то же время заключаетъ въ себѣ нѣкоторую
опасность. Во избѣжаніе зараженія важно также не допу-
скать, чтобы одновременно нѣсколько лицъ пользовались
однимъ носовымъ платкомъ. Очень важно возможно рань-
ше научить ребенка сморкаться, а не только дать ребенку
въ руки носовой платокъ и затѣмъ предоставить ему чи-
стить носъ, какъ ему заблагорассудится. Единственно до-
пустимый способъ сморкаться — это тотъ, который фран-
цузы называютъ „à la paysan“: одна ноздря крѣпко зажи-
мается, черезъ вторую же одновременно сильными толчко-
образными выдыхательными движеніями носовая слизь
удаляется на носовой платокъ, затѣмъ то же продѣлыва-
ется на противоположной сторонѣ. Если же въ одно и то же
время сразу зажать обѣ ноздри, какъ это обыкновенно дѣла-
ется, то заразительная слизь легко проталкивается въ слухо-
вую трубу и вызываетъ катарръ средняго уха. Поддержи-
вается чистота носа исключительно цѣлесообразнымъ и акку-
ратнымъ сморканіемъ; ни спринцеваніе, ни введеніе какихъ
бы то ни было инструментовъ не должно имѣть мѣста
безъ спеціальнаго назначенія врача. Въ своемъ непонима-
ніи, дѣти любятъ засовывать въ носъ самыя разнообраз-

ныя инородныя тѣла, напримѣръ, горошины, сѣмена под-
солнуха, пуговицы, бусы и т. п.; удаленіе подобныхъ ино-
родныхъ тѣлъ должно быть сдѣлано только врачемъ, такъ
какъ неспеціалистъ своими попытками извлечь ихъ мо-
жетъ причинить большой вредъ. Далѣе, надо обращать
особое вниманіе, чтобы дѣти для удаленія засохшихъ ча-
стицъ слизи не ковыряли въ носу пальцами; помимо не-
эстетичности этой привычки, она ведетъ къ поврежденію
слизистой оболочки носа, при чемъ съ грязью на паль-
цахъ можетъ быть занесена инфекція.

Если у ребенка въ теченіе продолжительнаго времени
наблюдается затрудненіе дыханія черезъ носъ, при чемъ
онъ дышетъ съ открытымъ ртомъ, храпитъ во снѣ, выра-
женіе лица у него становится соннымъ и глуповатымъ, а
рѣчь—съ носовымъ оттѣнкомъ, то все это указываетъ на
вѣроятность увеличенія у ребенка глоточной миндалины,
на образованіе у него въ носоглоткѣ разрастаній. Чаще
всего это бываетъ на шестомъ—седьмомъ году, но можетъ
случиться и гораздо ранѣе, уже на второмъ году жизни.
Намъ не разъ еще придется коснуться отношенія этого,
свойственнаго преимущественно дѣтскому возрасту, явле-
нія къ различнымъ другимъ заболѣваніямъ и функціо-
нальнымъ разстройствамъ; пока же рѣчь идетъ только о
чисто мѣстномъ значеніи его, касаясь затрудненія дыханія
и объясненнаго уже выше вреднаго вліянія на уши. Одно
уже это настолько вредно отражается на здоровьѣ ребен-
ка, что становится понятной настоятельная необходимость
врачебнаго вмѣшательства по отношенію къ дѣтямъ, стра-
дающимъ глоточными разрастаніями; оперативное удаленіе
послѣднихъ совершенно безопасно и ведетъ къ полному
выздоровленію. У дѣтей съ глоточными разрастаніями
часто имѣется также хроническое увеличеніе миндалинъ
зѣва, что съ своей стороны затрудняетъ дыханіе, вызыва-
етъ храпѣніе по ночамъ и измѣняетъ характеръ рѣчи (ре-
бенокъ говоритъ „какъ съ кашей во рту“). Увеличенныя
миндалины легко воспаляются при малѣйшемъ поводѣ и
сами по себѣ являются болѣзненнымъ образованіемъ; по-
этому нерѣдко приходится и ихъ удалять путемъ малень-
кой операціи. Такъ какъ многія изъ инфекціонныхъ бо-
лѣзней проявляются прежде всего на слизистой оболочкѣ

рта, зѣва и глотки, то здѣсь умѣстно еще разъ повторить рекомендованное нами выше правило, о необходимости ежедневнаго осмотра матерью этихъ частей. Гигіена зѣва, рта и носа въ общемъ заключается въ одномъ и томъ же, именно—въ тщательной чисткѣ зубовъ, въ аккуратномъ полосканіи послѣ ѣды рта и зѣва, въ чистомъ содержаніи носа и въ томъ, чтобы дышать постоянно черезъ носъ.

Что касается собственно у х а, то оно вполнѣ справедливо можетъ быть названо „не тронь меня". Уходъ за ушами заключается въ осторожномъ промываніи ушныхъ раковинъ, при чемъ надо наблюдать, чтобы вода не затекала въ глубину уха. Вмѣстѣ съ тѣмъ, надо очищать слуховой проходъ отъ его отдѣляемаго, т. е. отъ такъ называемой ушной сѣры, но дѣлать это можно лишь исключительно невооруженнымъ пальцемъ, и при томъ очищать надо только наружный отдѣлъ прохода. Здѣсь недопустимы ни кусочки губки, ни „ушныя ложечки", ни загнутыя шпильки, ни спички, ни даже закрученный кончикъ носового платка; изъ глубже лежащихъ отдѣловъ прохода сѣра сама выталкивается кнаружи, и отсюда удаляется, какъ выше сказано, пальцемъ при умываніи. Если не слѣдовать приведеннымъ здѣсь указаніямъ, то нѣжная стѣнка слуховаго прохода легко раздражается и сѣра начинаетъ выдѣляться въ увеличенномъ количествѣ, что можетъ повести къ образованію сѣрныхъ пробокъ. Надо также строго запрещать дѣтямъ что-либо совать въ ухо. Какъ случайно попавшія туда инородныя тѣла, такъ и сѣрныя пробки могутъ быть удалены исключительно врачемъ; неспеціалистъ обыкновенно только запихиваетъ ихъ еще глубже и можетъ причинить очень серьезныя поврежденія. Очень опасны для уха удары по немъ, такъ какъ при этомъ, вслѣдствіе возникающаго сильнаго повышенія воздушнаго давленія въ ухѣ, легко можетъ лопнуть барабанная перепонка. Какъ мы видѣли, глазъ раздражается слишкомъ сильнымъ или мерцающимъ свѣтомъ и послѣ продолжительнаго напряженія нуждается въ отдыхѣ; равнымъ образомъ, и ухо раздражаютъ и утомляютъ рѣзкіе тоны и слишкомъ громкій или продолжительный шумъ; для отдыха слуховаго нерва требуется на извѣстное время тишина. Пестрый шумъ городовъ или фабричныхъ поселковъ дѣйствуетъ слишкомъ раздражающе на уши, и поэтому лѣтнее пребываніе въ тихой деревнѣ является настоятельной необходимостью въ интересахъ охраненія также и этого органа. Насколько близость къ природѣ изощряетъ слухъ, мы можемъ видѣть на примѣрѣ дикарей, тонкость слуха которыхъ приводитъ насъ въ изумленіе.—Въ особенномъ, при томъ непремѣнно врачебномъ, уходѣ ухо нуждается при такихъ инфекціонныхъ заболѣваніяхъ дѣтей, какъ скарлатина, дифтерія, инфлуенца и корь, которыя, къ сожалѣнію, очень часто влекутъ за собою тяжелыя осложненія со стороны ушей.

Какъ и въ отношеніи къ грудному младенцу, в о п р о с ы п и т а н і я составляютъ важную главу гигіены дѣтей старшаго возраста. Вопросы эти вызвали немало научныхъ споровъ. Для ихъ разработки различные ученые гигіенисты, физіологи и физики сдѣлали удивительно много; но обильный, накопленный ими матеріалъ все же не даетъ въ руки педіатра какихъ-нибудь шаблоновъ, которыми можно было бы пользоваться на практикѣ. Приходится сказать, что всевозможныя усилія, съ одной стороны, вычислить точнѣйшимъ образомъ химическій составъ пищевыхъ веществъ и ихъ калориметрическое значеніе, и, съ другой стороны, опредѣлить въ числовыхъ величинахъ потребность дѣтей различнаго возраста въ бѣлкахъ, жирахъ и углеводахъ, для раціональнаго питанія не имѣютъ первенствующаго значенія. Для достиженія же дѣйствительно хорошаго питанія, соотвѣтствующаго условіямъ каждаго отдѣльнаго случая, необходимо прежде всего тщательное ознакомленіе съ индивидуальными особенностями ребенка, образомъ его жизни и всѣми вообще окружающими его условіями. Вообще, здѣсь оказался весьма поучительнымъ опытъ повседневной жизни, и практика, соединившись съ теоріей, въ концѣ концовъ все же выработала рядъ твердо установленныхъ общихъ принциповъ и правилъ питанія ребенка, которые и нужно добросовѣстно проводить въ отдѣльныхъ случаяхъ.

Выше мы оставили грудного младенца, по отнятіи отъ груди, на діэтѣ, которая отличалась уже извѣстнымъ разнообразіемъ. Какъ мы видѣли, въ началѣ в т о р о г о г о д а с в о е й ж и з н и ребенокъ получаетъ, помимо молока, также бульонъ, по полъ-яйца за разъ, бѣлый хлѣбъ, различные виды каши, овощи въ видѣ картофельнаго пюре или шпината, и плоды, какъ сырые (немного яблока или винограда), такъ и вареные въ видѣ компота. Такой діэтой ребенокъ и довольствуется приблизительно до того времени, какъ начинаетъ ходить. Что касается мяса, то безъ него легко можно обойтись, даже если желудокъ ребенка и въ состояніи уже переносить натертое или нарубленное мясо; поэтому всего лучше не включать его въ меню ранѣе конца пятнадцатаго мѣсяца жизни. До этого времени ребенокъ получаетъ пищу въ шесть пріемовъ ежедневно: рано утромъ, вскорѣ по пробужденіи,—стаканъ молока съ небольшимъ количествомъ бѣлаго хлѣба или сухарей; спустя часа три—повторяется тотъ же завтракъ; въ двѣнадцать часовъ—обѣдъ, составъ котораго можно разнообразить: одинъ день даютъ тарелку бульона съ манной крупой и яйцо въ смятку съ бѣлымъ хлѣбомъ, другой день— супъ и кашу съ прибавкой молока, если супъ со шпинатомъ или другими овощами (картофелемъ, тертой морковью); послѣ короткаго дневного сна ребенокъ опять получаетъ стаканъ молока съ хлѣбомъ или, по желанію, безъ него; въ шесть часовъ—ужинъ: каша, картофельное пюре, компотъ или кисель, вмѣстѣ съ нѣкоторымъ количествомъ молока; наконецъ, передъ сномъ, ребенку даютъ послѣднюю порцію молока, но не очень много,—на ночь не надо давать больше чашки или небольшого стакана. Итакъ, за день ребенокъ ѣстъ основательно два раза и выпиваетъ въ общей сложности три—четыре стакана молока. Ночью ребенку не нужно давать ничего; если же онъ проснется и попроситъ ѣсть, то, чтобы успокоить его, обыкновенно, бываетъ достаточно нѣсколькихъ глотковъ подслащенной воды.—По истеченіи пятнадцатаго мѣсяца отъ рожденія всякій здоровый ребенокъ начинаетъ хорошо переносить мясо, которое и можетъ быть теперь включено въ меню въ качествѣ второго блюда въ обѣдъ; однако, въ теченіе всего второго года жизни мясо нужно давать не ежедневно, а черезъ день или даже лучше только два раза въ недѣлю. Такъ какъ пищеварительные органы, а также и челюсти къ этому времени развились еще не вполнѣ, то мясо должно даваться въ натертомъ видѣ, напримѣръ, какъ пюре къ бульону или въ формѣ небольшихъ рубленныхъ котлетокъ. Лучше всего начинать съ куринаго мяса и только послѣ того, какъ убѣдились, что ребенокъ его хорошо переноситъ, можно перейти къ говядинѣ. Въ остальномъ описанный выше режимъ остается безъ измѣненій до конца второго года жизни.

На третьемъ году, когда органы пищеваренія еще болѣе совершенны въ функціональномъ отношеніи, надо позаботиться объ ихъ упражненіи, соблюдая при этомъ необходимую осторожность. Слѣдуетъ попробовать давать небольшими порціями сырые плоды, разумѣется, только совершенно свѣжіе и спѣлые, напримѣръ, обмытую кипяченой водой землянику, кусочекъ арбуза, нѣсколько долекъ апельсина, вишни, освобожденныя отъ косточекъ. Въ меню обѣда и ужина включается жареное, нарѣзанное тонкими ломтиками мясо, нежирная и тщательно освобожденная отъ костей рыба, отваренная ветчина, далѣе — макароны, нежирный пудингъ, вареный или жареный картофель, слабо просоленные огурцы. Хлѣбъ можно намазывать масломъ. Употребленіе мяса все же должно быть ограничено тремя днями въ недѣлю. Для утоленія жажды дѣтямъ даютъ воду, при чемъ не кипятятъ ее только въ томъ случаѣ, если можно вполнѣ положиться на ея качества.

По истеченіи третьяго года жизни органы пищеваренія подвинулись въ своемъ развитіи уже настолько, что теперь они ничѣмъ не отличаются отъ органовъ взрослаго человѣка и, слѣдовательно, ребенокъ въ состояніи ѣсть то же, что и взрослые. Однако, есть основаніе не давать ребенку безъ исключенія все то, что мы сами ѣдимъ и пьемъ, а дѣлать нѣкоторый выборъ. Въ виду свойственной дѣтямъ впечатлительности и раздражительности ихъ нервной системы, надо тщательно исключать изъ пищи всякіе наркотическіе напитки, какъ кофе, крѣпкій чай, пиво и вино, всякія раздражающія пряности, какъ перецъ, корица, ваниль и т. п. Нѣжная слизистая оболочка желудка ребенка тоже очень легко раздражима, почему нельзя рекомендовать ничего пикантнаго, въ родѣ различныхъ острыхъ соленій, копченой колбасы, остраго сыра, а также неудобоваримаго, какъ кислая капуста, грибы, майонезъ на маслѣ, паштетъ и т. п. Число пріемовъ пищи и теперь должно быть, смотря по надобности, пять — шесть разъ въ день. На обѣдъ и ужинъ не слѣдуетъ давать больше двухъ блюдъ; впрочемъ, въ качествѣ дессерта можно прибавлять немного сырыхъ или вареныхъ плодовъ. Мясо ребенокъ долженъ получать только разъ въ день— или за обѣдомъ, или за ужиномъ. Утромъ и вечеромъ, кромѣ того, даютъ еще молока, а въ промежуткѣ между обѣдомъ и ужиномъ—жидкій чай съ молокомъ. Для утоле- нія жажды можно пользоваться только простой водой.

Спрашивается, надо ли, на самомъ дѣлѣ, такъ строго регламентировать дѣтское питаніе, какъ это сдѣлано въ предыдущихъ строкахъ? Безусловно, да, иначе было бы трудно соблюсти мѣру въ количествѣ пищи, даваемой ребенку за день. Интересы цѣлесообразнаго питанія дѣтей а, слѣдовательно, и ихъ здоровья, страдаютъ при перекар- мливаніи несравненно сильнѣе, чѣмъ при недоѣданіи. Нельзя конечно, отрицать, что дѣтскій организмъ, вынужденный удовлетворять условіямъ быстраго роста и безпрерывной дѣятельности, нуждается въ обильномъ количествѣ пищи; однако, многія матери, изъ преувеличенной заботливости о ребенкѣ злоупотребляютъ кормленіемъ, переступая границу дѣйствительно необходимаго для дѣтскаго организма. Стре- мясь дать дѣтямъ „укрѣпляющую“ пищу и придерживаясь старинныхъ взглядовъ знаменитаго химика Либиха, многіе родители стараются, чтобы дѣти ѣли какъ можно больше бѣл- ковыхъ веществъ въ видѣ молока, мяса и яицъ. Исклю- чительно бѣлковый режимъ, однако, не достигаетъ цѣли: при немъ дѣти, обыкновенно отличаются блѣдностью, вя- лостью, страдаютъ хроническими запорами и отсутствіемъ аппетита, имѣютъ одутловатый или, наоборотъ, истощен- ный видъ; часто у нихъ наблюдаются кожныя сыпи, повы- шенная раздражительность и безсонница. Бреславскій пе- діатръ, проф. Черни, первый выяснилъ это обстоятельство и энергично выступилъ съ указаніями на необходимость измѣненія описаннаго пищевого режима дѣтей. Въ своей работѣ, подъ заглавіемъ „Укрѣпляющее питаніе“, онъ до- казываетъ, что исключительно молочная діэта вызываетъ у маленькихъ дѣтей привычные запоры и обѣднѣніе кровью (молоко содержитъ очень мало желѣза); оба эти явленія быстро исчезаютъ, какъ только въ составъ пищи приба- вляются въ достаточномъ количествѣ р а с т и т е л ь н ы я вещества. Если ребенокъ ѣстъ слишкомъ много яицъ, то у него рано или поздно неминуемо развиваются постоянно повторяющіеся, слизистые и вонючіе поносы, которые часто сопровождаются лихорадкой и весьма изнуряютъ ребенка. При чрезмѣрномъ употребленіи мяса наблюдаются то запоры, то слизистые поносы, появляется наклонность къ зудящимъ сыпямъ, (почесуха, экзема, крапивница) и развивается нервность. У дѣтей съ подагрической или невропатической наслѣдственностью всѣ подобныя вредныя послѣдствія сказываются еще сильнѣе. Къ этому надо еще прибавить, что дѣти, имѣющія несчастіе подвергаться описанному выше „укрѣпляющему“ режиму, вскорѣ получаютъ отвращеніе къ своей однообразной пищѣ и начинаютъ оказывать противодѣйствіе, когда ихъ кормятъ; теперь ихъ заставляютъ ѣсть больше, чѣмъ они хотятъ и могутъ, и перекармливаніе бѣлковой пищей достигаетъ своего апогея. Если избытокъ пищи не удаляется рвотой, то маленькіе страдальцы осуждены на постоянное плохое самочувствіе: они всегда угрюмы, очень раздражительны, кожа ихъ получаетъ желтую окраску, изо рта появляется кислый запахъ, въ кишечникѣ происходитъ усиленное образованіе газовъ и сонъ становится тревожнымъ.

Каждый дѣтскій врачъ на практикѣ неизмѣнно утверждается въ справедливости мнѣнія проф. Черни. Дѣти, заболѣвшія благодаря неразумному усердію своихъ матерей, выздоравливаютъ безъ всякихъ лекарствъ, какъ только ихъ пищу начинаютъ разнообразить прибавленіемъ растительныхъ веществъ. Въ связи съ послѣдними лучше усваивается и животный бѣлокъ, пріобрѣтая такимъ образомъ дѣйствительно высокую степень питательности. Характерное для растительной пищи богатство углеводами вовсе не обусловливаетъ какой-нибудь особенной склонности къ золотухѣ, вопреки мнѣнію, очень распространенному въ неврачебныхъ и даже въ нѣкоторыхъ врачебныхъ кругахъ. Если бы послѣднее мнѣніе было справедливо, то въ достаточныхъ слояхъ населенія, гдѣ дѣтей перекармливаютъ животными бѣлками, золотуха давно должна бы была исчезнуть или по крайней мѣрѣ стать большой рѣдкостью. На самомъ же дѣлѣ приходится видѣть обратное. Безусловно вѣрно, что и дѣти пролетаріата, воспитанныя на картофелѣ и хлѣбѣ, не избавлены отъ золотухи, но болѣзнь является здѣсь, конечно, помимо плохого питанія, также слѣдствіемъ цѣлаго ряда другихъ гигіеническихъ неустройствъ въ жизни бѣдныхъ людей.

Въ интересахъ у м ѣ р е н н о с т и, къ которой ребенка надо пріучать съ самыхъ раннихъ лѣтъ и изъ педагогическихъ соображеній, обѣдъ его не долженъ содержать больше двухъ блюдъ. Не надо заставлять ребенка ѣсть при отсутствіи аппетита, такъ какъ это указываетъ на какое-нибудь нездоровье, противъ котораго надо принять тѣ или иныя мѣры, и тогда охота къ ѣдѣ вернется сама собой. Бояться, какъ бы ребенокъ не сталъ добровольно голодать, нѣтъ никакихъ основаній; при томъ условіи, конечно, что употреблены всѣ старанія сдѣлать пищу пріятной ему, т. е. разнообразной, вкусно и хорошо приготовленной, и между отдѣльными пріемами пищи дѣлаются достаточные промежутки времени; разъ ему не хочется ѣсть, значитъ онъ сытъ. Дѣти, отличающіяся большой живостью характера, очень неохотно отрываются для ѣды отъ того, что ихъ въ данный моментъ занимаетъ, и при этомъ съ большимъ трудомъ сохраняютъ за столомъ спокойствіе; такихъ дѣтей надо пріучать оставлять свои занятія за нѣсколько времени до ѣды и предварительно успокоиться, немного посидѣвъ смирно въ столовой.

Въ интересахъ той же умѣренности нельзя давать дѣтямъ молока для утоленія жажды, какъ во время обѣда и ужина, такъ и внѣ ихъ. Молоко не напитокъ, а жидкая пища, которая, попадая въ желудокъ, теряетъ свою жидкую консистенцію и образуетъ плотный сгустокъ. Кромѣ того, въ молокѣ очень много бѣлковыхъ веществъ, которыя, какъ только что выяснено, не должны быть вводимы въ неумѣренныхъ количествахъ. Исключеніе можетъ быть, разумѣется, сдѣлано при различныхъ заболѣваніяхъ, когда врачъ на извѣстный срокъ назначаетъ, для возстановленія силъ, усиленное питаніе молокомъ. При подобныхъ же условіяхъ возможно и временное назначеніе различныхъ искусственныхъ питательныхъ препаратовъ; въ качествѣ же постояннаго пищевого средства для здороваго ребенка препараты эти по меньшей мѣрѣ излишни.

Что касается самаго п р о ц е с с а ѣ д ы, то онъ имѣетъ

двѣ стороны—эстетическую и гигіеническую. Первой мы коснемся въ слѣдующей главѣ, на послѣдней же должны остановиться сейчасъ, говоря о физическомъ воспитаніи. Начнемъ съ величины порцій. Ребенокъ самъ регулируетъ количество пищи, которое необходимо его организму, надо слѣдить только, чтобы не отдавалось особеннаго предпочтенія любимымъ, но менѣе питательнымъ блюдамъ въ ущербъ остальнымъ. Если бы ребенку какое-нибудь кушанье даже и не нравилось, мы должны все-таки изъ педагогическихъ соображеній настаивать, чтобы онъ хоть понемногу отвѣдывалъ его каждый разъ, когда оно подается. Мы можемъ убѣдиться при всякомъ подходящемъ случаѣ, что такимъ образомъ не трудно мало-по-малу пріучить ребенка къ любому новому блюду; дѣти встрѣчаютъ послѣднее, какъ и все незнакомое, по большей части съ недовѣріемъ, рѣшительно отказываясь испробовать; но привычка дѣлаетъ свое дѣло, и въ концѣ концовъ непріятное кушанье можетъ превратиться даже въ любимое.—Надо, далѣе, внимательно слѣдить, чтобы пища, подаваемая ребенку, была только тепла, а ни въ коемъ случаѣ не горяча, такъ какъ нѣжныя десны ребенка, часто къ тому же раздраженныя вслѣдствіе прорѣзыванія зубовъ, а также и языкъ, еще мало закаленный привычкой, очень воспріимчивы ко всякому внѣшнему раздраженію. Горячая пища вредна для желудка въ виду того, что желудочное пищевареніе сильно затрудняется, если пища недостаточно измельчена и смочена слюной. Надо слѣдить, чтобы ребенокъ не торопился за ѣдой и хорошенько пережевывалъ твердые куски; помимо соотвѣтствующей предварительной обработки пищи слюной, при этомъ также укрѣпляются десны и зубы. Такимъ образомъ, если ребенокъ жуетъ что нибудь твердое, напримѣръ, хлѣбную корочку, то это только полезно для него, и совершенно не надо лишать его возможности дѣлать это.

Вполнѣ правильное по отношенію къ взрослымъ требованіе тотчасъ послѣ ѣды не ложиться спать и не принимать ванны, въ приложеніи къ дѣтямъ является излишнимъ. Кровеносные сосуды въ дѣтскомъ возрастѣ настолько эластичны, что нѣтъ ни малѣйшихъ данныхъ опасаться у нихъ при упомянутыхъ условіяхъ апоплексическаго удара.

Наоборотъ, можно даже посовѣтовать, чтобы послѣ ѣды ребенокъ нѣкоторое время оставался въ покоѣ. Послѣ-обѣденный сонъ вполнѣ безнаказанно можетъ слѣдовать не-посредственно за ѣдой, точно такъ же, какъ и ванну можно безъ всякихъ опасеній сдѣлать тотчасъ послѣ ужина.

Къ гигіенѣ пищеваренія относится между про-чимъ обезпеченіе правильности отправленій кишечника. Необходимо съ раннихъ поръ пріучать ребенка садиться на горшокъ ежедневно въ одно и то же опредѣленное время, удобнѣе всего по-утру; при своевременномъ опо-рожненіи кишечника потомъ, въ теченіе всего дня, пра-вильнѣе совершается пищевареніе и улучшается аппетитъ. Если въ обычное время у ребенка даже и нѣтъ выражен-наго позыва на-низъ, все-таки нельзя ему позволять отсту-пать отъ установленнаго порядка; при достаточной настой-чивости опорожненіе кишечника обыкновенно все-таки въ концѣ концовъ происходитъ. Нерѣдко имѣетъ мѣсто и противоположный случай; ребенокъ испытываетъ по-зывъ на-низъ, но отвлеченный другими занятіями остав-ляетъ его безъ удовлетворенія; вскорѣ позывъ исче-заетъ, а оставшіяся въ кишечникѣ каловыя массы отвердѣ-ваютъ и служатъ причиной запора или же, наоборотъ, поноса. У маленькихъ дѣтей мать или няня должны вни-мательно слѣдить за стуломъ, замѣчая—оформленный онъ или кашицеобразный, жидкій или слизистый, не содер-жится ли въ немъ кишечныхъ паразитовъ, наконецъ, на-сколько онъ обиленъ, и какой окраски.

При чрезвычайной подвижности ребенка и относи-тельно очень напряженной душевной жизни его, ребенокъ, разумѣется, нуждается въ продолжительномъ снѣ. Въ теченіе первой половины второго года жизни дѣти спятъ одиннадцать, двѣнадцать часовъ ночью и еще два раза въ теченіе дня по часу или по два, въ общемъ слѣдовательно отъ тринадцати до пятнадцати часовъ въ сутки; во вто-рую половину того же года потребность въ снѣ нѣсколько меньше: днемъ ребенокъ спитъ только разъ. То же про-должается и въ теченіе слѣдующаго третьяго года; на четвертомъ году или позже днемъ дѣти обыкновенно уже не спятъ. Но если потребность спать днемъ исчезаетъ и въ болѣе раннемъ возрастѣ, или же, если дневной сонъ начнетъ мѣшать ребенку засыпать во-время вечеромъ, то надо прекратить укладывать ребенка днемъ въ постельку. На третьемъ году общая продолжительность сна должна составлять по тринадцати часовъ въ сутки, на четвертомъ— двѣнадцать, тринадцать часовъ; съ пятаго до шестого года—по одиннадцать, двѣнадцать часовъ. По отношенію къ затемнѣнію свѣта, тишинѣ и температурѣ воздуха въ спальнѣ остаются въ силѣ правила, приведенныя выше, на стр. 57 и 58. Съ шестого года дѣтскую кроватку замѣняютъ уже обыкновенной деревянной или металлической кроватью. Не слѣдуетъ употреблять перинъ, которыя чрезмѣрно разогрѣваютъ тѣло; лучше всего пользоваться матрасами, набитыми морской травой или конскимъ волосомъ; подушка можетъ быть изъ перьевъ. Одѣяло, сообразно съ температурой въ дѣтской, употребляется легкое или болѣе теплое; у тѣхъ дѣтей, которыя безпокойны во снѣ и постоянно сбрасываютъ одѣяло, оставаясь не покрытыми, нужно его по краямъ прикрѣплять къ матрасу. Можно, далѣе, посовѣтовать съ самаго ранняго возраста пріучать ребенка держать руки во время сна поверхъ одѣяла, а не подъ нимъ; если въ комнатѣ прохладно, то, во избѣжаніе простуды, ребенку надѣваютъ кофточку съ длинными рукавами. Маленькихъ дѣтей, черезъ три — четыре часа послѣ того, какъ они заснули, надо разбудить для опорожненія мочевого пузыря. Старинное мнѣніе, что лучше всего спится передъ полуночью, имѣетъ полное оправданіе. Каждому, конечно, приходилось испытать на самомъ себѣ, что подъ вечеръ пріятнѣе и легче вести бесѣды въ подходящемъ обществѣ; что вечеромъ лучше воспринимаются всякія умственныя и эстетическія развлеченія; что въ это же время чувствуется болѣе теплое отношеніе къ тѣмъ самымъ идеямъ, по которымъ въ теченіе всего дня разсудокъ холодно скользилъ съ полнымъ равнодушіемъ; словомъ, всякій могъ убѣдиться, что наша нервная система болѣе всего возбудима и впечатлительна по вечерамъ. Подобное физіологическое повышеніе нервной возбудимости къ вечеру можетъ легко повести къ переутомленію, если подолгу поддерживать или искусственно усиливать его. Въ особенности легко это происходитъ въ дѣтскомъ возрастѣ, когда нервная система обладаетъ еще столь малой сопротивляемостью. Перевозбужденіе прежде всего сказывается потерей сна. Черезчуръ возбужденный ребенокъ взволнованъ и слишкомъ оживленъ; онъ не испытываетъ ни малѣйшей потребности спать, такъ что его очень трудно даже уложить въ постель. Но и послѣ того, какъ его все-таки уложатъ, онъ долго вертится въ кроваткѣ, не находя покоя; наступающій же въ концѣ концовъ сонъ тоже очень неспокоенъ и мало подкрѣпляетъ ребенка: послѣдній просыпается неосвѣженнымъ, невеселымъ, съ отяжелѣвшей головкой, сонный и унылый. Поэтому передъ сномъ надо избѣгать всего, что могло бы подѣйствовать на ребенка возбуждающимъ образомъ, напримѣръ, очень оживленныхъ игръ, общества чужихъ, страшныхъ разсказовъ или сказокъ, возбуждающихъ напитковъ въ родѣ чая и т. д. Независимо отъ этого, ребенокъ вообще не долженъ знать періода вечерняго повышенія нервной возбудимости, а долженъ рано ложиться спать; только при этомъ условіи сонъ будетъ достигать своей цѣли. До пятаго года дѣтей надо укладывать спать въ семь часовъ, затѣмъ ежегодно срокъ этотъ можно отдалять на полчаса, такъ что къ восьмому году сонъ приходится уже на восемь часовъ. Къ сожалѣнію, въ отношеніи къ старшимъ дѣтямъ это правило очень часто нарушается благодаря неразумной уступчивости, когда они не хотятъ разстаться съ игрой или съ товарищами, или же когда упрашиваютъ позволить и имъ принять участіе въ какомъ-нибудь ожидающемся вечеромъ событіи. Иногда даже и маленькихъ дѣтей не кладутъ спать до возвращенія съ работы отца, который, будучи лишенъ возможности видѣть дѣтей цѣлый день, хочетъ доставить себѣ это удовольствіе хоть вечеромъ. Но, конечно, въ жертву удовольствію ни въ коемъ случаѣ нельзя приносить такую важную гигіеническую мѣру, какъ хорошій сонъ, играющій самую главную роль въ профилактикѣ нервныхъ разстройствъ у дѣтей. Тотчасъ послѣ ужина дѣти всѣхъ возрастовъ должны удаляться въ дѣтскую и уже больше ничѣмъ не развлекаться вплоть до сна.

До сихъ поръ мы говорили объ условіяхъ, благопріятствующихъ охраненію здоровья ребенка и способствующихъ улучшенію его физическаго развитія. Помимо этихъ задачъ, физическое воспитаніе преслѣдуетъ еще и другія оно должно повысить до возможныхъ предѣловъ работо-способность организма и настолько закалить его, чтобы онъ былъ въ состояніи противостоять тѣмъ разнообраз-нымъ вреднымъ вліяніямъ, которыя его окружаютъ въ повседневной жизни. Достигнуть этого можно самыми разнообразными путями, хотя въ настоящее время въ выборѣ способовъ укрѣпленія и закаливанія созда-лась извѣстная односторонность; именно, многіе родители склонны къ мнѣнію, что панацеей для дѣтскаго возраста являются гимнастика и водолѣченіе, которыя будто бы, укрѣпляя дѣтей, застраховываютъ ихъ отъ всевозможныхъ болѣзней. Но тѣ, кто глубоко въ этомъ были увѣрены, нерѣдко испытывали горькое разочарованіе. Несомнѣнно, водолѣ-ченіе, какъ и гимнастика, вообще обладаютъ большимъ гигіеническимъ значеніемъ, но въ до-школьные годы они могутъ имѣть лишь очень ограниченное примѣненіе, такъ какъ въ это время увлеченіе ими сопряжено съ значитель-нымъ рискомъ. Разсмотримъ подробнѣе, почему это такъ, и какія же существуютъ другія мѣропріятія, съ помощью которыхъ можетъ быть достигнуто укрѣпленіе и закалива-ніе ребенка.

Что касается закаливанія различными процеду-рами съ прохладной или холодной водой, то онѣ имѣютъ цѣлью сдѣлать тѣло настолько нечувстви-тельнымъ къ холоду, чтобы воздѣйствія послѣдняго, до-статочныя для заболѣванія незакаленнаго предваритель-ными мѣропріятіями организма, перестали оказывать на него свое вредное вліяніе. При этомъ, съ одной стороны, къ раздраженію холодомъ привыкаетъ кожа, а съ другой—мало-по-малу ослабляется дѣйствіе на весь организмъ вы-зываемаго холодомъ рефлекса. Однако если дѣйствовать при этомъ недостаточно осмотрительно, то въ организмѣ не достигается извѣстнаго стойкаго равновѣсія его силъ,—наоборотъ, благодаря чрезмѣрнымъ потрясеніямъ, равно-вѣсіе совершенно нарушается. Прежде всего страдаетъ наиболѣе раздражимая и поэтому легче всего разстраиваю-щаяся у ребенка нервная система. Итакъ, ожидаемой пользы можно достичь этимъ путемъ лишь при системати-ческомъ и очень осторожномъ образѣ дѣйствій. Всѣ про-цедуры,—будь то прохладныя ванны, холодныя обливанія

8*

или обтиранія, подлежатъ точной индивидуальной дози-
ровкѣ, которая колеблется даже у одного и того же ре-
бенка сообразно съ состояніемъ питанія и съ внѣшними
условіями жизни. Насколько все это трудно примѣнимо
на практикѣ, можно заключить хотя бы изъ того, что
между авторами, проповѣдующими закаливаніе дѣтей съ
помощью воды, существуетъ полное разногласіе во всѣхъ
частностяхъ, и каждый изъ нихъ даетъ свои совѣты,
часто совершенно отличные отъ даваемыхъ другими.
Лично мнѣ приходилось видѣть столько вреда для здо-
ровья дѣтей отъ водолѣченія вслѣдствіе болѣе чѣмъ смѣ-
лаго обращенія съ нимъ родителей, исходившихъ, конечно,
при этомъ изъ самыхъ благожелательныхъ намѣреній, что я
вообще не рекомендую „закаливанія" холодной водой для
дѣтей слабыхъ и допускаю его развѣ только для очень
крѣпкихъ дѣтей. Жертвамъ слишкомъ энергичнаго водо-
лѣченія свойственны частыя заболѣванія катаррами орга-
новъ дыханія и пищеваренія; или же вредное вліяніе вы-
ражается у нихъ похуданіемъ, повышенной раздражи-
мостью, плохимъ сномъ. Отдѣльно отъ водолѣченія въ
тѣсномъ смыслѣ надо разсмотрѣть еще, насколько допу-
стимы для дѣтей х о л о д н ы я   р ѣ ч н ы я   и л и   м о р с к і я
к у п а н ь я. Дѣйствіе купанія на открытомъ воздухѣ въ
природныхъ резервуарахъ сводится для ребенка, еще не
могущаго плавать, то есть приблизительно до семилѣтняго
возраста, къ комбинированному дѣйствію воздуха, свѣта, во-
ды и свободныхъ движеній; впослѣдствіи же, когда ребенокъ
выучится и плавать, сюда присоединяется еще вліяніе
этого превосходнаго гимнастическаго упражненія. Такимъ
образомъ, купанье на открытомъ воздухѣ можно рекомен-
довать для всѣхъ дѣтей, которыя только переносятъ хо-
лодную воду; чтобы выяснить послѣднее обстоятельство,
ребенка подвергаютъ „пробному" купанію при темпера-
турѣ воды не менѣе 17° R; если ребенокъ выходитъ че-
резъ двѣ минуты освѣженнымъ, порозовѣвшимъ, съ теп-
лыми ручками и ножками, то ему можно купаться еже-
дневно въ водѣ и болѣе низкой температуры, причемъ
продолжительность каждаго купанья можетъ быть посте-
пенно доведена до десяти минутъ; если же ребенокъ выскаки-
ваетъ изъ воды послѣ пробнаго купанья блѣдный, дрожащій,

съ посинѣвшими губами и похолодѣвшими конечностями, то ему не слѣдуетъ купаться въ холодной водѣ.

Обращаясь теперь къ гимнастикѣ, установимъ прежде всего, что, являясь хорошимъ средствомъ упражненія мускульной силы и тѣлесной ловкости, она вмѣстѣ съ тѣмъ можетъ оказать благотворное вліяніе и въ психическомъ отношеніи. Благодаря повышенной мускульной работѣ дается толчекъ къ усиленной дѣятельности сердца и легкихъ; обильно снабжаемая кислородомъ кровь быстрѣе совершаетъ свой круговоротъ по тѣлу, доставляя всѣмъ тканямъ свѣжій питательный матеріалъ; такъ какъ, вслѣдствіе усиленія сердечной дѣятельности, повышается давленіе крови на стѣнки сосудовъ, то ускоряется и фильтрація отработанныхъ веществъ черезъ почки, что способствуетъ скорѣйшему выведенію этихъ веществъ изъ тѣла; равнымъ образомъ и кожа принимаетъ свойственное ей участіе въ усиленіи дыхательнаго газообмѣна, и функціи ея также улучшаются; повышеніе питанія отдѣльныхъ тканей влечетъ за собой ускореніе тока лимфы, что, въ свою очередь, способствуетъ болѣе быстрому всасыванію питательныхъ веществъ изъ пищевой кашицы въ пищеварительномъ каналѣ; подъ вліяніемъ этого желудочныя и кишечныя железы выдѣляютъ въ болѣе обильномъ количествѣ соки, а это ведетъ къ возбужденію аппетита и жажды. Возникающее такимъ образомъ общее оживленіе обмѣна веществъ въ организмѣ освѣжаетъ, между прочимъ, мозгъ и нервы; въ результатѣ является повышенное ощущеніе благополучія. Сонъ при такихъ условіяхъ становится глубокимъ и освѣжающимъ. Какъ видно изъ вышесказаннаго, гимнастика ведетъ къ весьма желательному съ нашей точки зрѣнія эффекту. Однако, описанный эффектъ свойственъ не одной гимнастикѣ; онъ является въ результатѣ всякаго рода усиленныхъ движеній и живой мускульной работы, въ особенности, если они происходятъ на открытомъ воздухѣ. При такомъ условіи, подвижныя игры на воздухѣ или нѣкоторыя тѣлесныя упражненія, подходящія подъ понятіе спорта, представляютъ изъ себя дѣйствительно могущественный факторъ въ дѣлѣ укрѣпленія здоровья дѣтей во всѣхъ отношеніяхъ. Такія игры имѣютъ, между прочимъ, то преимущество, что въ нихъ ребенокъ участвуетъ и тѣломъ, и душой; гимнастическія же упражненія, нося менѣе непринужденный характеръ, своими, въ сущности, очень искусственными движеніями, большей частью мало могутъ дать пищи душѣ ребенка, и потому они легко становятся утомительными для него. Надо еще добавить, что до пяти-лѣтняго возраста обученіе гимнастикѣ дается лишь съ большимъ трудомъ. Но и позднѣе, когда ребенокъ уже въ состояніи принимать участіе въ систематическихъ гим-настическихъ упражненіяхъ, они мало его интересуютъ, не требуя ни большой ловкости, ни смѣлости, такъ что скоро ребенокъ теряетъ къ нимъ всякій вкусъ. Къ подоб-нымъ упражненіямъ можно прибѣгнуть развѣ только въ исключительномъ положеніи, когда нѣтъ никакой возмож-ности предоставить дѣтямъ участіе въ подвижныхъ играхъ или спортѣ. Изъ разныхъ видовъ гимнастики болѣе зани-мательны упражненія на приборахъ и гимнастическія игры, но и то и другое подходитъ только для дѣтей старшаго возраста.

Итакъ, мы приходимъ къ заключенію, что въ до-школь-номъ возрастѣ какъ воздѣйствіе холодной водой не является подходящимъ средствомъ для закаливанія, точно такъ же и гимнастика не вполнѣ годится въ этомъ возрастѣ для укрѣпленія силъ дѣтей. Закаливаніе водой мы съ гораздо большимъ успѣхомъ можемъ замѣнить, какъ можно боль-ше пріучая дѣтей къ наружному воздуху и къ колеба-ніямъ погоды, а упражненіе гимнастикой—несравненно болѣе полезными для дѣтей подвижными играми и спор-томъ.

Всѣмъ извѣстно относительно меньшее, по сравненію съ горожанами, предрасположеніе къ простудѣ деревен-скихъ жителей, крестьянъ, которые достигаютъ этого пре-имущества, конечно, не водолѣчебными пріемами, а только благодаря тому, что съ ранняго дѣтства привыкаютъ про-водить очень много времени на открытомъ воздухѣ, под-вергаясь самымъ разнообразнымъ воздѣйствіямъ погоды. Говоря о грудномъ младенцѣ, мы упоминали, что его ор-ганизмъ еще не способенъ оказывать достаточное проти-водѣйствіе вліянію холодной воды. Зато, если оставить младенца на нѣкоторое время полежать въ кроваткѣ непокрытымъ и подрыгать голыми ножками, то это не только не вредно для него, а даже полезно: воздухъ, будучи худшимъ проводникомъ тепла, чѣмъ вода, охлаждаетъ тѣло сравнительно въ меньшей степени. Дѣти постарше тоже охотно возятся въ комнатѣ босикомъ или даже совсѣмъ голыя, великолѣпно привыкая такимъ образомъ къ колебаніямъ температуры. Но особенно большое значеніе для ребенка имѣютъ движенія на открытомъ воздухѣ; не хватаетъ словъ, чтобы съ достаточной убѣдительностью доказать это родителямъ. Лѣтомъ можно посовѣтовать пускать дѣтей бѣгать босикомъ по песку или травѣ, при чемъ и мальчиковъ и дѣвочекъ лучше всего одѣвать въ купальный костюмъ, употребляемый обыкновенно на морскомъ берегу. О прогулкахъ, носящихъ характеръ обязательности, и о дѣтскихъ играхъ на воздухѣ мы говорили уже ранѣе.

При подвижныхъ играхъ на открытомъ воздухѣ, связанныхъ съ оживленной бѣготней и громкими возгласами, легкія дѣлаютъ глубокія вдыханія и наполняются до самыхъ верхушекъ свѣжимъ, богатымъ кислородомъ воздухомъ. Въ комнатѣ мы не дышимъ всѣми легкими цѣликомъ: при покойномъ положеніи тѣла въ воздухообмѣнѣ участвуетъ лишь седьмая часть содержащагося въ нихъ воздуха; между тѣмъ, при движеніи на открытомъ воздухѣ въ актъ дыханія легкія вовлекаются вполнѣ и цѣликомъ. Если къ этому присоединить всѣ прочія благопріятныя вліянія оживленной мускульной дѣятельности, которыя были разобраны выше, то подвижныя игры можно признать безусловно лучшимъ способомъ укрѣпленія тѣла. Самый выборъ игръ для разбираемаго возраста достаточно великъ. Подходящими являются всѣ игры, связанныя съ бѣганьемъ взапуски или вдогонку, съ лазаньемъ, прыганьемъ и танцами. При достаточномъ умственномъ развитіи ребенка видное мѣсто принадлежитъ прекраснымъ играмъ, связаннымъ съ попаданіемъ въ цѣль: дѣти обыкновенно съ большимъ одушевленіемъ принимаютъ участіе въ такихъ играхъ, такъ какъ для этого требуется живое напряженіе, какъ тѣлесныхъ, такъ и душевныхъ силъ; сюда относятся: различныя игры въ мячъ, въ воланъ, въ серсо, а съ семилѣтняго возраста также лаунъ-теннисъ и т. п. При всѣхъ подобныхъ играхъ необходимо слѣдить, чтобы въ движеніи участвовала не одна, а, поперемѣнно, обѣ половины тѣла: иначе не будетъ достигаться равномѣрное и симметрическое развитіе всѣхъ членовъ. Такъ, мячъ нужно бросать, поперемѣнно, то правой, то лѣвой рукой, прыгать тоже надо то на лѣвой, то на правой ногѣ и т. д. И для собственно дѣтскаго возраста, какъ и для болѣе старшаго періода, существуютъ игры, могущія считаться гимнастическими, вродѣ, напримѣръ упражненій въ скаканіи черезъ веревочку, которая способствуетъ развитію граціи и ловкости. Къ числу очень любимыхъ дѣтьми гимнастическихъ приборовъ принадлежатъ качели, но мы рѣшительно высказываемся противъ того, чтобы позволять дѣтямъ пользоваться ими. Качаніе-движеніе почти исключительно пассивное, отъ котораго нельзя ожидать ничего хорошаго, такъ какъ оно совершенно не ведетъ къ укрѣпленію организма, а, обусловливая неправильное распредѣленіе крови, можетъ лишь вызвать головокруженіе и тошноту, и уже не одинъ несчастный случай обязанъ своимъ происхожденіемъ именно этому, такъ любимому дѣтьми занятію.

Подъ дѣтскимъ „спортомъ" не надо понимать какого-нибудь одностороннаго увлеченія, сопровождающагося напряженіемъ до крайнихъ предѣловъ всѣхъ тѣлесныхъ и душевныхъ силъ, а такой видъ движеній на открытомъ воздухѣ, который помимо укрѣпленія тѣла и души ребенка, способенъ доставлять ему удовольствіе, становясь его любимымъ развлеченіемъ. Не всѣ виды движеній, которые подходятъ подъ понятіе спорта, могутъ быть пригодны для разсматриваемаго возраста; дѣти этого возраста еще малы, чтобы ѣздить верхомъ, путешествовать пѣшкомъ, совершать восхожденіе на горы, кататься на велосипедѣ, фехтовать, кататься на лодкѣ—на веслахъ или парусахъ; но кататься на конькахъ или лыжахъ дѣти могутъ начать уже съ конца пятаго года жизни,—а немного позднѣе — могутъ учиться и плавать. Зимой лучшимъ видомъ движеній на воздухѣ можно считать катанье на конькахъ, которое помимо развивающаго дѣйствія на мускулатуру и хорошаго вентилированія легкихъ, связано съ упражненіемъ ловкости и гибкости тѣла, а также и съ закаливаніемъ его противъ простуды. Можно только пожалѣть дѣтей тѣхъ не въ мѣру боязливыхъ родителей, которые запрещаютъ кататься на конькахъ изъ страха, какъ бы ихъ любимое чадо не упало и не ушиблось; правда, вначалѣ дѣти легко поскальзываются, но быстро опять становятся на ножки и послѣ нѣкоторыхъ попытокъ, наконецъ, вполнѣ научаются сохранять равновѣсіе на конькахъ. Такъ же мало основанія бояться при катаньи на конькахъ простуды, если только слѣдить, чтобы ребенокъ во время передышекъ находился въ тепломъ помѣщеніи и чтобы послѣ окончанія катанья онъ возвращался домой пѣшкомъ. Само собой разумѣется, всевозможныя спортивныя состязанія на продолжительность и скорость бѣга, ведущія только къ переутомленію, должны быть строго запрещены. Хожденіе на лыжахъ представляетъ изъ себя еще болѣе многостороннее тѣлесное упражненіе, такъ какъ въ этомъ случаѣ передвиженіе тѣла, помимо ногъ, совершается еще съ помощью вооруженныхъ палками рукъ. Для этого спорта не требуется никакой предварительной выучки, не надо для него и спеціально приспособленныхъ площадей для катанья. Но наиболѣе разностороннее упражненіе всей мускулатуры тѣла имѣетъ мѣсто при плаваніи; положеніе, въ которомъ находится при этомъ тѣло, весьма благопріятно для легочной и сердечной дѣятельности. Къ сожалѣнію этотъ видъ движеній, который лучше всякаго другого способствуетъ закаливанію и развитію у ребенка смѣлости и ловкости, не можетъ продолжаться подолгу, такъ какъ нельзя затягивать купанье. Каждый ребенокъ долженъ учиться плавать уже потому, что во многихъ случаяхъ жизни это умѣнье можетъ оказать ему впослѣдствіи большую услугу.

Относительно продолжительности подвижныхъ игръ или спорта точныхъ указаній, въ часахъ и минутахъ, дать нельзя. Единственно, чѣмъ мы можемъ руководиться—это признаками усталости ребенка. Надо подмѣтить моментъ, когда ребенокъ становится раздражителенъ и придирчивъ въ игрѣ или когда онъ сразу сильно обдается потомъ; если ребенокъ сталъ блѣднымъ, значитъ дѣло дошло уже до переутомленія, чего нельзя допускать ни въ коемъ случаѣ. Итакъ, и при этихъ условіяхъ мы видимъ,

что на ряду съ упражненіемъ функцій организма нельзя
забывать о бережномъ отношеніи къ нимъ!

Во внѣшнемъ обликѣ и во всемъ ходѣ физическаго
развитія дѣтей, выросшихъ въ деревнѣ и городѣ, почти
всегда существуетъ рѣзкое различіе. Первыя выглядятъ
большей частью крѣпкими и цвѣтущими, въ то время какъ
послѣднія нерѣдко остаются, не смотря на самый тщатель-
ный уходъ, слабенькими и блѣдными; въ особенности это
становится очевиднымъ весной, послѣ зимнихъ занятій,
связанныхъ съ продолжительнымъ пребываніемъ въ комна-
тахъ. Деревенскій ребенокъ поневолѣ остается все время
въ чистомъ, свободномъ отъ пыли, воздухѣ, такъ какъ всѣ
его игры и занятія связаны исключительно только съ пре-
бываніемъ на воздухѣ; наоборотъ, городской ребенокъ,
особенно, если онъ живетъ въ большомъ городѣ, вынуж-
жденъ проводить въ комнатахъ гораздо больше времени,
чѣмъ это было бы полезно для его здоровья, такъ какъ
часто для игръ на воздухѣ не имѣется подходящаго мѣста;
если же онъ покажется на улицѣ, то ему приходится вды-
хать воздухъ, насыщенный пылью, дымомъ и вредными ис-
пареніями, неустранимыми въ мѣстахъ со скученнымъ на-
селеніемъ [1]). Такимъ образомъ для здоровья дѣтей, посто-
янно живущихъ въ городѣ, пребываніе отъ времени до
времени въ деревнѣ является настоятельной необходи-
мостью, и надо всѣми силами стараться доставить ребенку
возможность провести въ деревнѣ хотя бы лѣто.
Вблизи городовъ всегда имѣются мѣстности, насящія въ
большей или меньшей степени деревенскій характеръ; боль-
шіе города обыкновенно окружены рядомъ такихъ дачныхъ
мѣстностей. Въ отношеніи къ маленькимъ дѣтямъ, пока
они еще не достигли трехлѣтняго возраста, главное вни-
маніе, при выборѣ лѣтняго мѣстопребыванія, надо обра-
щать на то, чтобы была возможность доставать хорошаго
качества молоко и воду. Для болѣе старшихъ дѣтей надо
искать прежде всего сухую мѣстность съ лѣсомъ, всего
лучше — сосновымъ, при чемъ весьма желательно, чтобы

---

[1]) Въ благоустроенныхъ городахъ, непремѣнно должны существо-
вать въ достаточномъ количествѣ особыя, такъ называемыя дѣтскія
площадки, на которыхъ ежедневно организуются спеціальными руко-
водителями подвижныя занятія для дѣтей.

было купанье на воздухѣ. При подобныхъ условіяхъ городскія дѣти поразительно хорошо поправляются, и всякіе слѣды бывшаго у нихъ малокровія быстро исчезаютъ. Многочисленныя изслѣдованія слабыхъ дѣтей, проведшихъ лѣто въ особыхъ спеціально организуемыхъ лѣтнихъ колоніяхъ, обнаружили у нихъ значительное возрастаніе къ осени количества красныхъ кровяныхъ шариковъ, повышеніе энергіи роста тѣла и увеличеніе объема груди.

Для укрѣпленія дѣтей, обладающихъ очень нѣжной организаціей или выздоравливающихъ послѣ изнурительныхъ болѣзней, приходится прибѣгать къ вліянію болѣе энергичныхъ климатическихъ факторовъ, каковы пребываніе на морскомъ берегу или въ гористой мѣстности. Состоятельные родители пользуются завиднымъ преимуществомъ окружать подобными условіями и здоровыхъ своихъ дѣтей. Взморье отличается умѣренновлажнымъ, насыщеннымъ солями, совершенно свободнымъ отъ пыли воздухомъ; благодаря умѣряющему дѣйствію моря, нѣтъ тѣхъ рѣзкихъ колебаній ночной и дневной температуры, которыя характеризуютъ континентальный климатъ. Взморье обладаетъ большей частью еще тѣмъ преимуществомъ, что дѣти могутъ бродить по песку и по морской водѣ босикомъ или даже совсѣмъ голыми, въ однихъ купальныхъ штанишкахъ; помимо громаднаго удовольствія, которое доставляетъ ребенку такое занятіе, оно является весьма благопріятнымъ и для его здоровья, представляя собой въ одно и то же время солнечную и воздушную ванну. Въ то время, какъ станціи Средиземнаго моря по французской и итальянской Ривьерѣ являются прекрасными зимними курортами, а морскія купанья въ Адріатическомъ и Черномъ моряхъ обладаютъ общепризнанными преимуществами для весны и осени, лучшія мѣста для пребыванія дѣтей лѣтомъ мы находимъ на берегахъ Нѣмецкаго и Балтійскаго морей съ Финскимъ заливомъ. При выборѣ лѣтняго мѣстопребыванія для ребенка надо имѣть въ виду, что морскія теченія и вѣтры въ Сѣверномъ морѣ сильнѣе, чѣмъ въ Балтійскомъ, и его заливѣ, и что, наоборотъ, въ послѣднихъ значительнѣе содержаніе солей. Благодаря болѣе слабымъ вѣтрамъ (меньше морскихъ вѣтровъ) и лѣсистости всего побережья, климатъ Балтійскаго взморья въ общемъ мягче климата побережья Нѣмецкаго моря; равнымъ образомъ и ландшафтъ на первомъ болѣе разнообразенъ. Въ то время, какъ на берегу Нѣмецкаго моря дѣтямъ приходится довольствоваться прогулками по дюнамъ, сѣверная часть Балтійскаго взморья обильно поросла сосновыми лѣсами, смолистый, богатый озономъ воздухъ которыхъ смѣшивается съ чистымъ морскимъ воздухомъ. Поэтому Нѣмецкое взморье является, главнымъ образомъ, курортомъ для дѣтей, страдающихъ нѣкоторыми опредѣленными болѣзнями; Балтійское же взморье является лѣтней климатической станціей въ собственномъ смыслѣ слова. Воздухъ горныхъ высотъ оказываетъ дѣйствіе, сходное съ тѣмъ, которое дѣти испытываютъ на взморьѣ. И здѣсь мы имѣемъ чистый, почти свободный отъ бактерій, находящійся въ постоянномъ движеніи воздухъ съ умѣренной температурой. Впрочемъ, пребываніе въ горныхъ мѣстностяхъ является подходящимъ главнымъ образомъ для дѣтей старше десятилѣтняго возраста, которыя въ состояніи уже принимать участіе въ небольшихъ прогулкахъ по горамъ.

Характеризуя вначалѣ заболѣваемость дѣтей разсматриваемаго сейчасъ нейтральнаго возраста мы обратили вниманіе на то, что здѣсь даютъ уже о себѣ знать острыя инфекціонныя болѣзни, именно коклюшъ и дифтерія. Но о профилактикѣ этой большой группы болѣзней рѣчь будетъ итти въ другомъ мѣстѣ. Здѣсь же мы вернемся къ страданію, которому также часто подвержены дѣти разбираемаго возраста — къ кишечнымъ паразитамъ. Не входя въ ближайшее разсмотрѣніе происхожденія отдѣльныхъ видовъ глистовъ и того цикла развитія, который они продѣлываютъ, чтобы въ концѣ концовъ достигнуть зрѣлой своей стадіи въ кишечникѣ человѣка, мы только перечислимъ здѣсь мѣры, могущія предупредить зараженіе глистами. Мѣры эти сводятся къ слѣдующему: 1) мясо—особенно свинина, говядина, а также рыба—щука, окунь и лещъ,—должно употребляться только въ хорошо проваренномъ или прожаренномъ видѣ; 2) плоды передъ употребленіемъ нужно тщательно обмывать; тоже не надо забывать дѣлать и съ салатомъ и прочими овощами, передъ ихъ приготовленіемъ къ столу; 3) какъ можно чаще надо мыть руки ребенку, потому что онѣ постоянно пачкаются у него землей, пылью и всякой грязью; въ особенности надо обращать вниманіе на грязь, забивающуюся подъ ногти; 4) не надо позволять дѣтямъ ласкать собакъ и кошекъ. Здѣсь умѣстно будетъ обратить вниманіе на то, что глисты оказываютъ гораздо болѣе глубокое вліяніе на здоровье ребенка, чѣмъ это думали раньше; помимо обусловливаемыхъ ими пораженій важныхъ органовъ, они дѣйствуютъ подавляющимъ образомъ на общее питаніе еще и тѣмъ, что съ одной стороны, поглощаютъ бѣлки тѣла, а съ другой,—выдѣляютъ яды, далеко небезразличные для кровеносной и нервной системъ.

Интересно то, что одинъ видъ ленточной глисты, именно собачій или кошачій солитеръ, встрѣчается только у дѣтей, а не у взрослыхъ. Тамъ гдѣ есть дѣти, вообще лучше не имѣть ни собакъ, ни кошекъ, или, по крайней мѣрѣ, не держать ихъ въ комнатахъ. Если ребенокъ находился въ близкомъ соприкосновеніи съ этими домашними животными, то надо тотчасъ хорошенько вымыть ему руки, такъ какъ собаки и кошки, помимо глистовъ, распространяютъ и различныя кожныя болѣзни; именно—отъ кошекъ можно заразиться паршей, отъ собакъ—собачьей чесоткой, отъ тѣхъ и другихъ — различными лишаями.

Такъ какъ предохранительное дѣйствіе прививки оспенной вакцины сохраняетъ силу лишь въ теченіе семи, десяти лѣтъ, то по истеченіи семилѣтняго возраста ребенка, оспа должна быть ему привита врачемъ во второй разъ (ревакцинація).

# 4. Душевное воспитаніе въ нейтральномъ возрастѣ.

Многіе родители ошибочно думаютъ, что воспитаніе ребенка должно начинаться лишь со школьнаго возраста; на самомъ же дѣлѣ къ этому времени оно должно быть уже почти закончено. Мы могли убѣдиться, что даже для грудного младенца оказываются дѣйствительными нѣкоторые воспитательные пріемы. Наиболѣе же подходящимъ для воспитанія является нейтральный возрастъ, такъ какъ благодаря особой впечатлительности, ребенокъ усваиваетъ въ это время больше знаній и воззрѣній, чѣмъ во всякомъ другомъ возрастѣ. Пріобрѣтаемыя имъ въ этомъ періодъ представленія образуютъ основу, опредѣляющую остающіяся на всю жизнь свойства ума, чувства и характера. Вотъ почему душевное воспитаніе ребенка въ нейтральномъ возрастѣ заслуживаетъ нашего особеннаго вниманія.

Ранѣе мы отмѣтили, что младенецъ, въ періодъ перехода изъ грудного въ нейтральный возрастъ, понимаетъ уже нѣкоторыя слова человѣческой рѣчи, но говорить самому ему еще надо учиться. Пока не развился путемъ упражненія, рѣчевой механизмъ у ребенка ему удается подражать звукамъ голоса только въ очень несовершенной формѣ. Онъ лепечетъ, коверкая на свой ладъ тѣ звуки, которые произнести особенно трудно. Такъ—Р замѣняется обыкновенно звуками Ій или Ль, Ш—звукомъ С, вмѣсто К у него выходитъ Т и т. д. Періодъ такого лепетанія по продолжительности различенъ для разныхъ дѣтей, въ общемъ, однако, нужно считать, что только къ пятилѣтнему возрасту мускулатура, принимающая участіе въ рѣчи, достигаетъ такой степени совершенства, что ребенокъ въ состояніи чисто воспроизвести любой звукъ рѣчи. Упомянутой неясностью рѣчи объясняется тотъ характерный дѣтскій говоръ, который многимъ кажется очень забавнымъ, такъ что нѣкоторые взрослые, бесѣдуя съ ребенкомъ, стараются придать тотъ же характеръ и собственной рѣчи. Это, конечно, только затрудняетъ ребенку возможность выучиться правильно говорить и иногда ведетъ къ тому, что онъ такъ и не научается правильно выговаривать тотъ или иной звукъ, такъ что на всю жизнь остается со смѣшной чертой. Мы должны говорить съ ребенкомъ, напротивъ, особенно ясно и не слишкомъ быстро; такимъ образомъ мы облегчаемъ для него точное наблюденіе съ помощью уха и глаза за звукообразованіемъ, что служитъ основой правильнаго воспроизведенія звуковъ рѣчи. Весьма распространеннымъ недостаткомъ рѣчи является шепелявость; ее не очень пріятно слышать и въ обыкновенной разговорной рѣчи, а при декламаціи или пѣніи она сказывается еще рѣзче. Причину этого

явленія надо искать не всегда только въ недостачѣ зубовъ
или въ неправильностяхъ челюсти; нерѣдко шепелявость
обусловливается просто привычкой не прикладывать при
произнесеніи звука С кончика языка къ поверхности верх-
нихъ боковыхъ рѣзцовъ, а помѣщать его между краями
зубовъ. Въ подобныхъ случаяхъ не трудно объяснить ре-
бенку его ошибку и отучить его шепелявить. Подобнымъ
же образомъ можно устранить и другой видъ против-
ной шепелявости, которая происходитъ отъ того, что
при произнесеніи буквы С языкъ ложится плашмя на всѣ
переднія зубы и заставляетъ струю воздуха выходить изъ
полости рта по бокамъ.

Другое значеніе имѣетъ з а и к а н і е. Въ нѣкоторыхъ
случаяхъ оно служитъ проявленіемъ извѣстной умствен-
ной распущенности, при чемъ у такого заики мысли бѣ-
гутъ настолько поспѣшно, что за ними не поспѣваютъ
слова; и въ этихъ случаяхъ нужно только обратить вни-
маніе на ошибку и пріучать говорить болѣе обдуманно. Но
по большей части заиканіе оказывается однимъ изъ пер-
выхъ проявленій нервности. Оно является выраженіемъ
нѣкотораго функціональнаго разстройства центра рѣчи въ
лобной части мозга и характеризуется судорожными пере-
рывами правильнаго теченія рѣчи. Поводомъ для проявле-
нія первыхъ признаковъ этого страданія, въ однихъ слу-
чаяхъ, можетъ послужить острое инфекціонное заболѣва-
ніе, въ другихъ — поврежденіе головы, испугъ или под-
ражаніе; часто нельзя отрицать несомнѣннаго вліянія
наслѣдственности; напримѣръ, въ такихъ случаяхъ, ког-
да ребенокъ рано лишился отца или матери и никогда
не слышалъ, какъ они заикались. При заиканіи согласные
произносятся съ особымъ напряженіемъ силъ, напримѣръ,
чтобы произнести звукъ Т, заика слишкомъ сильно при-
жимаетъ кончикъ языка зубами, при протяженіи звука Б
онъ съ излишней силой сжимаетъ зубы и т. п. Этотъ по-
рокъ рѣчи вначалѣ большей частью бываетъ выраженъ
лишь въ очень незначительной степени, обусловливая
лишь какъ бы легкое спотыканіе рѣчи; но подъ вліяніемъ
неправильнаго отношенія окружающихъ къ заикающимся
дѣтямъ порокъ этотъ можетъ принять иной видъ: рѣчь
становится невнятной, присоединяются непроизвольныя

подергиванія лицевыхъ мышцъ и немотивированныя дви-
женія головой, руками или ногами, такъ что заика весь
имѣетъ теперь ненормальный, нерѣдко болѣе или менѣе
комическій видъ. Упомянутое неправильное отношеніе
окружающихъ выражается въ томъ, что обращаютъ вни-
маніе ребенка, который началъ заикаться, на его недоста-
токъ и заставляютъ упражняться въ произнесеніи наибо-
лѣе трудныхъ словъ; другія же дѣти, а, къ сожалѣнію,
иногда даже неосмысленные взрослые, часто издѣваются
надъ заикающимся ребенкомъ и передразниваютъ его. Отъ
этого онъ утрачиваетъ всякое довѣріе къ себѣ, дѣлается
застѣнчивымъ, начинаетъ бояться говорить, и, если обсто-
ятельства вынуждаютъ его непремѣнно сказать что-нибудь,
отъ смущенія заикается еще сильнѣе. Когда заика нахо-
дится въ обществѣ хорошихъ товарищей, то ему удается
говорить совсѣмъ бѣгло, но передъ отцомъ или учителемъ,
которыхъ боится, онъ не можетъ произнести ни слова.
Изъ сказаннаго очевидно, что психическіе моменты играютъ
при заиканіи большую, иногда даже главную роль. Мы
можемъ отсюда извлечь предостереженіе не пытаться лѣ-
чить собственными средствами ребенка, который началъ
заикаться, и не заставлять его дѣлать упражненія въ пра-
вильномъ произношеніи; не надо вообще обращать вни-
маніе на его заиканіе: въ противномъ случаѣ мы заста-
вляемъ его только смущаться, пугаемъ его, и усиленныя
попытки ребенка справиться со своей судорожной арти-
куляціей лишь ухудшаютъ дѣло. Какъ для шепелявого,
такъ и для заикающагося субъекта весьма важно слы-
шать медленную и ясную рѣчь; надо слѣдить за тѣмъ,
чтобы и самъ онъ говорилъ не спѣша; такимъ образомъ
въ легкихъ случаяхъ судорога рѣчи исчезаетъ сама собой.
Еще разъ подчеркиваемъ, что заиканіе — это не дурная
привычка, а болѣзнь изъ области функціональныхъ раз-
стройствъ нервной системы и поэтому, въ тѣхъ случаяхъ,
когда оно не скоро проходитъ само собой, необходимо
обратиться къ врачу. Болѣзненныя измѣненія надо искать
и у тѣхъ дѣтей, которыя говорятъ въ носъ — гнусятъ; въ
основѣ этого явленія лежатъ обыкновенно ненормальности
въ полости рта, зѣва или неба, почему и въ этихъ слу-
чаяхъ ребенка надо сводить къ врачу.

Своеобразность рѣчи маленькихъ дѣтей не ограничивается однимъ искаженіемъ звуковъ, но заключается еще и въ цѣломъ рядѣ спеціальныхъ выраженій, дѣлающихъ рѣчь ребенка нерѣдко понятной только для самыхъ близкихъ изъ окружающихъ его людей. Выраженія эти отчасти представляютъ изъ себя искаженныя слова, отчасти же изобрѣтаются ребенкомъ самостоятельно. Нѣтъ никакого смысла поощрять подобную рѣчь и употреблять въ разговорѣ съ ребенкомъ тѣ же выраженія; отъ этого ему будетъ только труднѣе научиться говорить. Надо напротивъ приложить всѣ старанія къ тому, чтобы о б р а щ а т ь с я къ ребенку съ ясными короткими фразами и доступными его пониманію выраженіями; къ числу послѣднихъ относятся всѣ слова, усвоенныя ребенкомъ путемъ зрѣнія, собственнаго переживанія или собственныхъ поступковъ. Ребенокъ не можетъ составлять рѣчь изъ стилистическихъ закругленныхъ періодовъ; ему впору какъ-нибудь только обнаружить свою мысль, и для этого онъ довольствуется кое-какими намеками на главное, заключающееся въ ней понятіе, при помощи самыхъ коротенькихъ предложеній. Когда дѣти начинаютъ связно говорить, то рѣчь ихъ изобилуетъ ошибками, рѣжущими ухо взрослаго. Ошибки эти исчезаютъ изъ рѣчи мало-по-малу путемъ долголѣтняго упражненія лишь въ томъ случаѣ, если ребенокъ, всегда склонный къ подражанію, встрѣчаетъ у окружающихъ вполнѣ правильную рѣчь. Разъ рѣчь ребенка остается неправильной, то мы вправѣ сдѣлать обратное заключеніе о недостаткѣ образованія въ той средѣ, въ которой росъ ребенокъ.

Когда ребенокъ учится говорить, необходимо обратить вниманіе еще на одно обстоятельство: отдѣльныя слова и связныя фразы должны произноситься выразительно, то есть удареніями должны быть разставлены логически правильно. Къ сожалѣнію, рѣчь многихъ взрослыхъ не отличается въ этомъ отношеніи правильностью, и по своей монотонности не можетъ служить для дѣтей хорошимъ образцомъ. Бесѣдуя съ дѣтьми или разсказывая имъ что-нибудь, надо прилагать всѣ усилія для возможно болѣе выразительной интонаціи, а если ребенокъ заучиваетъ какіе-нибудь стишки, то надо слѣдить, чтобы они декламировались правильно, сообразно съ ихъ внутреннимъ смысломъ.

Въ годы, предшествующіе школьному возрасту, у каждаго ребенка устанавливается опредѣленная манера говорить, имѣющая большое значеніе какъ для его успѣховъ въ школѣ, такъ и съ точки зрѣнія отношенія его къ учителямъ и товарищамъ.

Въ странахъ, гдѣ господствующими являются два языка, дѣти обыкновенно легко усваиваютъ оба, при чемъ основательность знакомства ихъ съ роднымъ языкомъ нисколько не нарушается этимъ. Такое наблюденіе даетъ намъ право считать вполнѣ допустимымъ, чтобы воспитательницей совсѣмъ еще маленькаго ребенка была иностранка: ухо и языкъ тѣмъ легче и совершеннѣе пріобрѣтутъ привычку къ чуждымъ звукамъ, чѣмъ раньше и чаще будутъ слышать ихъ.

Изъ нашего обзора душевнаго развитія ребенка слѣдуетъ, что отдѣльныя психическія функціи не созрѣваютъ просто одна рядомъ съ другой, а, наоборотъ, всѣ онѣ до того переплетены другъ съ другомъ, что развитіе каждой изъ нихъ находится въ самой тѣсной зависимости отъ остальныхъ. Поэтому намъ и нельзя было разсматривать отдѣльно эволюцію разума, чувства и воли; только прослѣдивъ ихъ въ ихъ взаимной связи, мы могли попытаться извлечь изъ всей совокупности функцій души главныя отличительныя черты трехъ ея составныхъ элементовъ. Теперь, собираясь говорить о воспитаніи души ребенка, мы снова встрѣчаемся съ подобною же необходимостью: разумъ столь же мало возможно воспитывать независимо отъ чувства и воли, какъ, обратно, и каждую изъ послѣднихъ функцій — независимо отъ двухъ остальныхъ. Равнымъ образомъ, въ вопросахъ воспитанія съ особой очевидностью обнаруживается и то тѣсное взаимоотношеніе, которое существуетъ между физическимъ здоровьемъ и душевнымъ состояніемъ.

Въ первые годы жизни ребенка необходимо остерегаться отъ активнаго вмѣшательства въ ходъ его у м с т в е нн а г о развитія. Имѣя дѣло съ маленькими дѣтьми, нужно воздерживаться отъ слишкомъ многочисленныхъ поученій, разсказовъ, разспросовъ, демонстрацій и т. п. Ребенокъ, безпрерывно воспринимающій съ помощью органовъ чувствъ новыя впечатлѣнія, постоянно учится самъ. Онъ находитъ какъ въ родительскомъ домѣ, такъ и внѣ его, во всякомъ случаѣ слишкомъ достаточно матеріала, чтобы, путемъ самостоятельныхъ наблюденій и переживаній, обогащать свое духовное содержаніе. Итакъ, при данныхъ условіяхъ, упражненіе имѣетъ мѣсто въ достаточной степени само собою; на долю же воспитателя выпадаетъ только слѣдить за тѣмъ, чтобы не нарушался принципъ сбереженія силъ ребенка. Наша задача заключается, такимъ образомъ, въ томъ, чтобы позаботиться объ охраненіи здоровья ребенка въ цѣломъ и его нервной системы и органовъ чувствъ въ частности; умственный же ростъ происходитъ независимо отъ нашихъ усилій. Изъ дальнѣйшаго изложенія мы убѣдимся, насколько дѣйствительно важно всѣми силами стараться какъ-нибудь не нарушить правильность этого роста, при чемъ наша роль сводится въ сущности къ тому, чтобы неусыпнымъ наблюденіемъ сумѣть охранить его отъ вредныхъ воздѣйствій и развѣ еще временами регулировать обнаруживающіяся въ ту или иную сторону изли шества.

Предоставленный самому себѣ маленькій ребенокъ постоянно занятъ игрой или наблюденіемъ окружающаго. Онъ самымъ подробнымъ образомъ знакомится съ предметами, съ которыми приходитъ въ соприкосновеніе. Зрѣніе даетъ ему представленіе о цвѣтѣ и формѣ предметовъ, объ ихъ величинѣ и степени отдаленности; трогая ихъ руками, онъ, съ помощью осязанія, получаетъ представленіе о консистенціи и температурѣ или, пробуя на вѣсъ,— тяжести. Мало-по-малу ребенокъ начинаетъ отдавать себѣ отчетъ во всѣхъ этихъ свойствахъ предметовъ, а вмѣстѣ съ тѣмъ научается и называть ихъ. Вниманіе ребенка привлекаетъ каждый подмѣченный имъ звукъ или запахъ; онъ слѣдитъ за движеніями въ неодушевленной и одушевленной природѣ и создаетъ себѣ собственный маленькій, правда очень своеобразный вначалѣ, міръ идей. Внутреннія побужденія заставляютъ ребенка искать примѣненія собственнымъ физическимъ и душевнымъ силамъ, совершенствуя ихъ путемъ постояннаго упражненія. Лучше всего это дѣлается во время игръ, если только игры такого свойства, что даютъ возможность ребенку проявить самодѣятельность. Это послѣднее обстоятельство не надо

упускать изъ виду при выборѣ игрушекъ. Когда ре-
бенку даютъ дорогія игрушки въ собранномъ видѣ, то
ему нечего съ ними больше дѣлать, кромѣ какъ только
посмотрѣть на нихъ; надолго этого занятія, конечно, не хва-
таетъ, и онъ скоро обращается къ чему-нибудь другому.
Живой интересъ въ ребенкѣ возбуждаютъ только такія
игрушки, къ которымъ онъ можетъ приложить свои твор-
ческія способности, а не только смотрѣть на нихъ. Такъ,
напримѣръ, дѣтей очень занимаетъ складывать кирпичики
или составныя картинки, дѣлать фигурки изъ влажнаго
песку и т. п.; равнымъ образомъ, весьма занимательны и
такія игрушки, съ помощью которыхъ ребенокъ можетъ
копировать взрослыхъ, напримѣръ, возить на игрушечной
тележкѣ разный грузъ, изображать при помощи самыхъ
разнообразныхъ предметовъ верховую ѣзду, купать и одѣ-
вать куколъ, разгребать песокъ или снѣгъ и т. д. При
всякихъ подобныхъ занятіяхъ ребенокъ испытываетъ нѣ-
что вродѣ радости творчества, удовольствіе отъ представ-
ленія о продуктивности работы; а это создаетъ у него
такое же хорошее самочувствіе, какое бываетъ у взрос-
лыхъ при выполненіи какой-нибудь серьезной обязанно-
сти.[1] Нельзя рекомендовать различныхъ сложныхъ игру-
шекъ, устроенныхъ, несмотря на множество деталей,
такимъ образомъ, что онѣ совершенно исключаютъ воз-
можность проявленія творчества ребенка. Можно только
пожалѣть, что промышленность особенно успѣшно идетъ
по пути безукоризненной выдѣлки предметовъ, которые
скорѣе могутъ послужить въ качествѣ занятныхъ бездѣ-
лушекъ для взрослыхъ, но какъ дѣтскія игрушки не имѣ-
ютъ ровно никакой цѣны. Къ сожалѣнію, взрослымъ ча-
сто очень нравятся подобныя бездѣлушки и они покупа-
ютъ ихъ дѣтямъ, для которыхъ онѣ вовсе не годятся.
Игрушки должны отличаться простотой и облегчать для
дѣтей проявленіе самодѣятельности. Необходимо, наконецъ
предостеречь и противъ заваливанія ребенка игрушками,—
отъ этого онъ становится поверхностнымъ, слишкомъ раз-
брасывается и привыкаетъ не цѣнить свою собственность.

[1] Въ этомъ отношеніи у ребенка изъ бѣдной семьи имѣется рѣши-
тельное преимущество передъ богатымъ ребенкомъ, избалованнымъ и
пресыщеннымъ дорогими подарками и игрушками и рѣдко имѣющимъ
возможность забавляться на свой собственный ладъ.

Изъ того, что было сказано о самопроизвольномъ развитіи дѣтскаго ума, слѣдуетъ отвѣтъ на вопросъ, нерѣдко предлагаемый дѣтскому врачу: необходимо ли поручать ребенка въ первые годы его жизни постоянному надзору интеллигентнаго лица, или же можно ограничиться простой няней? Въ тѣхъ случаяхъ, когда мать не въ состояніи всецѣло посвятить себя ребенку, мы рекомендуемъ няню изъ простонародья. У такой няни нѣтъ стремленія форсировать умственное развитіе ребенка, къ чему такъ склонны болѣе интеллигентныя особы, конечно, всегда только къ вреду ребенка; да и вообще всякимъ указаніямъ воспитательнаго характера со стороны родителей простая няня скорѣе подчинится, — при чемъ совершенно достаточно, если ей удастся пріучить ребенка къ элементарнымъ требованіямъ чистоты и порядка; наконецъ, для ума человѣка интеллигентнаго постоянное общеніе съ неразвитымъ еще ребенкомъ, конечно, гораздо утомительнѣе, чѣмъ для простого человѣка, умственные запросы котораго сравнительно менѣе высоки и которому поэтому легче быть по отношенію къ своему питомцу ровнѣе и терпѣливѣе. Несомнѣнно, что для дѣтей постарше низкій уровень развитія простой няни можетъ уже повлечь за собой чувствительный ущербъ, такъ какъ человѣкъ некультурный во многихъ случаяхъ бываетъ грубъ, не умѣетъ себя какъ слѣдуетъ вести, и міровоззрѣніе его полно суевѣрій и предразсудковъ; но на маленькихъ дѣтяхъ все это не отражается. Въ няни нужно брать завѣдомо здоровую, чистоплотную и надежную женщину, которая во всемъ, касающемся ребенка, должна безпрекословно подчиняться родителямъ. За точнымъ выполненіемъ послѣдняго условія родители должны внимательно слѣдить сами; никогда нельзя безусловно довѣриться нянѣ, даже еслибы она и казалась вполнѣ заслуживающей такого довѣрія.[1])

---

[1]) Весьма цѣлесообразны такъ называемыя „школы нянь", существующія какъ за-границей, такъ и въ Россіи, при СПБ. Воспитательномъ домѣ и въ Царскомъ Селѣ. Изъ подобныхъ школъ выходятъ прекрасно обученныя и испытанныя няни, но, конечно, благодаря ихъ повышеннымъ запросамъ, (на которые онѣ, безъ сомнѣнія, имѣютъ полное право) ихъ услугами можетъ пользоваться далеко не всякая семья.

Обстоятельства измѣняются, когда ребенокъ перехо-
дитъ въ упоминавшійся уже нами „періодъ вопросовъ".
Множество этихъ вопросовъ требуютъ продуманныхъ и
приспособленныхъ къ дѣтскому пониманію отвѣтовъ. Ко-
личество ихъ нерѣдко прямо таки неисчислимо, при чемъ
ребенокъ очень серьезно относится къ своимъ вопросамъ;
чтобы удовлетворить его, надо быть по возможности во
всеоружіи, т. е. быть достаточно освѣдомленнымъ. Соот-
вѣтствующій отвѣтъ на тотъ или другой дѣтскій вопросъ
часто оказывается не подъ силу даже людямъ высокообра-
зованнымъ и ученымъ, и тѣмъ менѣе — обыкновенной,
неразвитой нянѣ. Здѣсь на своемъ мѣстѣ будетъ лишь
вполнѣ интеллигентное лицо, серьезно и любовно входя-
щее въ кругъ дѣтскихъ идей. Лучшей руководительницей
ребенка, конечно, могла бы быть сама мать, но на дѣлѣ
намъ приходится убѣждаться, что ея мѣсто гораздо чаще
заступаетъ кто-нибудь другой. Къ сожалѣнію, въ боль-
шинствѣ случаевъ на этомъ мѣстѣ оказываются бонны,
т. е. молодыя, или болѣе зрѣлаго возраста, дѣвушки, не
закончившія своего школьнаго образованія и потому не
имѣющія права итти въ чужіе дома въ качествѣ учитель-
ницъ или гувернантокъ. Въ общемъ боннъ надо признать
за элементъ маложелательный. Вслѣдствіе ихъ ограниченна-
го образованія къ нимъ въ семьѣ и въ обществѣ создается
какое-то половинчатое отношеніе, и онѣ занимаютъ поло-
женіе среднее между господами и прислугой, но, конечно,
сами себя склонны причислять къ первымъ. Плохо главное
то, что дѣти инстинктивно чувствуютъ фальшь этого по-
ложенія и, разумѣется, воспитательница теряетъ въ ихъ
глазахъ свой авторитетъ. Съ другой стороны, бонны обык-
новенно мало способны понять дѣтскую душу, и если бон-
на попадается молодая, то гораздо чаще ее воодушевляютъ
интересы, имѣющіе ужъ, конечно, очень мало общаго съ
задачами воспитанія довѣреннаго ея попеченію ребенка.
Разъ мать, благодаря повседневнымъ хозяйственнымъ обя-
занностямъ или общественному положенію, совершенно
лишена возможности удѣлить достаточное вниманіе ребен-
ку, когда онъ находится въ періодѣ вопросовъ, то ей
нужно искать себѣ замѣстительницу непремѣнно среди
лицъ интеллигентнаго круга. Здѣсь открывается плодо-

творное поле дѣятельности для ищущихъ себѣ подходя- щихъ занятій не вышедшихъ замужъ дѣвушекъ, вдовъ изъ числа родственницъ, или для молодыхъ, получившихъ полное школьное образованіе. За границею уже и въ на- стоящее время молодыя дѣвушки готовятся къ своему при- званію, какъ воспитательницы, путемъ лекцій и практиче- скихъ занятій въ дѣтскихъ пріютахъ и тому подобныхъ учрежденіяхъ (сюда относятся, напримѣръ, „Фрёбелевскія семинаріи"); несомнѣнно, такая подготовка оказывается очень умѣстной также и на случай замужества. Надо на- дѣяться, что какъ число подобныхъ учрежденій, такъ и кругъ ихъ дѣятельности будетъ съ теченіемъ времени все возрастать, и что они привьются и у насъ.

Ребенокъ, какъ мы уже сказали, серьезно относится къ своимъ вопросамъ. Этому, конечно, можно только ра- доваться. Съ неменьшей серьезностью относится ребенокъ и къ играмъ, цѣликомъ уходя въ нихъ; при этомъ онъ учится и совершаетъ какъ физическую, такъ и умствен- ную работу. Учится онъ, однако, и внѣ игръ; объясненія многихъ непонятныхъ вещей, которыя ему приходится видѣть и переживать, онъ ищетъ у умудренныхъ опытомъ и, въ глазахъ ребенка, всезнающихъ взрослыхъ. Послѣдніе, съ своей стороны, не должны относиться къ дѣтскимъ во- просамъ поверхностно, а, обративъ самое серьезное вниманіе на душевную жизнь ребенка, принять въ ней заботливое и возможно близкое участіе. Часто пробуютъ отъ какого- нибудь показавшагося смѣшнымъ вопроса ребенка отдѣ- латься шутливымъ отвѣтомъ. Но съ воспитательной точки зрѣнія — это ошибка, такъ какъ маленькій ребенокъ еще плохо умѣетъ отличать шутку отъ серьезнаго, почему при- нимаетъ всякій отвѣтъ за чистую монету и строитъ на немъ совершенно ложное представленіе объ объектѣ сво- его вопроса. Еще хуже — острить надъ вопросомъ ребенка. Присутствующіе, понявъ остроту, смѣются, ребенокъ же остается въ полномъ недоумѣніи; не разобравъ, что именно происходитъ, онъ обижается и теряетъ увѣренность въ себѣ, а, между тѣмъ, это свойство имѣетъ очень большое значеніе для развитія личности. Давая отвѣтъ на дѣтскіе вопросы, надо говорить ближе къ дѣлу, выражаться по- нятно для ребенка и прежде всего — быть правдивымъ,

Престижъ отвѣчающаго ничуть не пострадаетъ, если онъ иногда будетъ вынужденъ сознаться ребенку, что не умѣетъ отвѣтить на его вопросъ. Наоборотъ, такимъ образомъ ребенокъ пойметъ правдивость отвѣчающаго, и довѣріе къ послѣднему только возрастетъ. Надо также поменьше говорить въ отвѣтъ: „ты еще слишкомъ малъ, чтобы понять это“. На многіе трудные вопросы можно отвѣтить ребенку въ той или иной, доступной его пониманію, формѣ, если только дать себѣ трудъ приспособиться къ ходу его мыслей. Обдуманными и правдивыми отвѣтами на дѣтскіе вопросы и должно ограничиваться до трехъ-четырехлѣтняго возраста все вмѣшательство родителей въ умственное развитіе ребенка. Охотно соглашаемся, что часто очень трудно сохранять такой пассивный образъ дѣйствій въ отношеніи къ нѣкоторымъ, особенно интереснымъ и одареннымъ живымъ умомъ дѣтямъ; очень соблазнительно бываетъ научить ихъ той или другой занятной штучкѣ и затѣмъ наблюдать, какъ мило они исполняютъ ее. И все-таки приходится самымъ рѣшительнымъ образомъ предостеречь отъ всевозможныхъ попытокъ „развивать“ ребенка, когда онъ еще не вышелъ изъ самаго нѣжнаго ранняго возраста. Опытъ учитъ насъ, что многія дѣти въ упомянутомъ возрастѣ обнаруживаютъ яркую жизнедѣятельность и кажутся очень одаренными умственно и многообѣщающими, а затѣмъ, въ школѣ и самостоятельной жизни, нерѣдко плохо подвигаются впередъ, если съ слишкомъ ранняго возраста отъ нихъ требовалось значительное умственное напряженіе. По мнѣнію нѣкоторыхъ врачей, мы даже не въ правѣ говорить о школьномъ переутомленіи дѣтей, всѣ же болѣзненныя явленія, обычно относимыя на его счетъ, на самомъ дѣлѣ обусловливаются только чрезмѣрнымъ умственнымъ напряженіемъ въ раннемъ дѣтствѣ. Надо еще добавить, что отъ слишкомъ большихъ умственныхъ требованій, предъявляемыхъ маленькимъ дѣтямъ страдаетъ и развитіе ихъ характера. Благодаря легкой утомляемости дѣтей, очень скоро достигается предѣлъ ихъ способности воспринимать что-нибудь, и они начинаютъ противиться всякому активному вмѣшательству въ свою интеллектуальную жизнь, становясь скучными, непослушными и упрямыми. Преждевременное развитіе умственныхъ способностей довольно скоро сказывается вредно и въ отношеніи физическаго здоровья, отражаясь на нервной системѣ, еще плохо приспособившейся къ сопротивляемости. Какъ въ дѣтскомъ возрастѣ проявляются первые признаки нервности, объ этомъ мы будемъ говорить подробнѣе нѣсколько позднѣе. Здѣсь же еще разъ подчеркнемъ, что умственное воспитаніе маленькаго ребенка сводится главнымъ образомъ къ тщательной профилактикѣ, къ предохраненію отъ умственнаго переутомленія.

Чтобы точнѣе ознакомиться со способомъ практическаго приложенія этой профилактики и съ предѣлами активнаго вмѣшательства въ ходъ умственнаго развитія ребенка, представляется цѣлесообразнымъ выяснить образъ дѣйствій по отношенію къ отдѣльнымъ главнѣйшимъ функціямъ разума; мы остановимся здѣсь на вниманіи, памяти, воображеніи и мыслительной способности ребенка.

Обратимся прежде всего къ в н и м а н і ю. Какъ долго можно напрягать его въ различныхъ возрастныхъ періодахъ? Тутъ нельзя установить какого-нибудь шаблона, такъ какъ дѣти одарены въ различной мѣрѣ и даже у одного и того же ребенка въ различные моменты, соотвѣтственно съ состояніемъ его физическихъ и умственныхъ силъ, мы встрѣчаемся съ неодинаковой степенью вниманія. Все сводится къ тому, чтобы ребенокъ былъ достаточно свѣжъ и впечатлителенъ.

Въ виду этого намъ нужно прежде всего ознакомиться съ явленіями, характеризующими умственное утомленіе дѣтей, тѣмъ болѣе, что незнаніе этихъ явленій часто, между прочимъ, служитъ причиной неправильнаго сужденія объ имѣющихся у даннаго ребенка задаткахъ характера.

Мы знаемъ, что способность мозга и нервовъ къ дѣятельности истощается у ребенка несравненно легче, чѣмъ у взрослаго. Различіе это до того значительно, что нерѣдко побуждаетъ взрослаго человѣка предъявлять ребенку требованія, которыя послѣднему еще не по плечу. Стоитъ позаняться чѣмъ-нибудь съ маленькимъ ребенкомъ только нѣсколько минутъ подрядъ, и уже можно замѣтить, что его способность къ воспріятію новыхъ впечатлѣній уменьшилась; интересъ къ вещи, только что живѣйшимъ образомъ занимавшей его, быстро падаетъ и ребенокъ становится апатичнымъ и вялымъ. Если сдѣлать попытку все же продолжать прежнее занятіе, то умственное утомленіе возрастаетъ; ближайшимъ послѣдствіемъ оказывается невнимательность и разсѣянность, а затѣмъ постоянно нароостающее утомленіе превращается въ тягостное и даже мучительное состояніе. Ребенокъ инстинктивно противится этому непріятному чувству, становясь при этомъ непослушнымъ и упрямымъ. Конечно, было бы грубой педагогической ошибкой задаться цѣлью „отучить отъ капризовъ" такого переутомленнаго и истощеннаго ребенка, не останавливаясь при этомъ даже передъ наказаніями. Переутомленный ребенокъ, будь онъ даже самымъ тихимъ и покорнымъ отъ природы, не можетъ вести себя иначе. Итакъ мы можемъ считать установленнымъ, что признакомъ умственнаго утомленія у дѣтей оказывается проявленіе ими безучастія, разсѣянности, непослушанія и своенравія. Уже признаки первой степени утомленія, то есть апатія и невнимательность ребенка, должно заставить тотчасъ прекратить данное занятіе и перейти къ какому-нибудь другому, могущему дать новое направленіе вниманію. Всего цѣлесообразнѣе чередовать умственную дѣятельность съ физической, благодаря чему мозговымъ клѣткамъ, прежде чѣмъ предъявлять къ нимъ новыя требованія, дается время для возстановленія затраченной энергіи.

Память у маленькихъ дѣтей, какъ мы знаемъ, первоначально носитъ исключительно пассивный характеръ; при повтореніи однородныхъ непроизвольныхъ чувственныхъ впечатлѣній въ клѣточкахъ нервной системы остается опредѣленный слѣдъ, благодаря которому, при новомъ подобномъ же воспріятіи, воскресаетъ воспоминаніе о впечатлѣніяхъ, полученныхъ ранѣе. Активною память дѣлается лишь позднѣе, приблизительно около того времени, когда ребенокъ учится говорить. Тогда память можетъ быть уже продуктомъ самостоятельной умственной дѣятельности, такъ какъ она основывается на активномъ вниманіи и на желаніи усвоить умомъ что-нибудь новое. Активное же вниманіе, какъ мы видимъ, вначалѣ весьма нестойко и легко утомляется. Отсюда понятно, почему столь слабая первоначально дѣтская память крѣпнетъ лишь медленно, по мѣрѣ пріобрѣтенія ребенкомъ все большей способности сосредоточиваться. Для того чтобъ укрѣпить память, надо упражнять вниманіе. Слѣдовательно, все сказанное по отношенію къ воспитанію вниманія, остается въ силѣ и для памяти, представляющей изъ себя первое условіе какой-бы то ни было умственной дѣятельности: память тоже нельзя напрягать каждый разъ больше того, сколько это возможно вынести ребенку безъ утомленія. Итакъ, мы опять встрѣчаемся съ лежащимъ въ основѣ всякой разумной профилактики принципомъ бережнаго упражненія функцій организма.

Говоря вообще, дѣтскій мозгъ, не обремененный большимъ количествомъ представленій и физіологически свѣжій, легко доступенъ для новыхъ впечатлѣній и можетъ ихъ прочно удерживать; однако, память дѣтей подвержена значительнымъ индивидуальнымъ различіямъ какъ по своей силѣ, такъ и по своему характеру. Сила, или прочность памяти находится въ зависимости прежде всего отъ чисто физическаго общаго состоянія и отъ болѣе или менѣе законченнаго строенія мозга; направленіе же, или характеръ памяти стоитъ въ связи съ тѣмъ, доставляетъ ли ребенку наибольшее количество впечатлѣній его органъ зрѣнія, слуха или какого-либо изъ прочихъ чувствъ. Не остается безъ вліянія здѣсь и кругъ интересовъ ребенка; можно, напримѣръ, въ общемъ отмѣтить, что у мальчиковъ преобладаетъ память на вещи, а у дѣвочекъ—память на лица. Смотря по спеціальнымъ своимъ способностямъ, нѣкоторыя дѣти особенно хорошо запоминаютъ имена или числа, другія стихотворенія, третьи, наконецъ, обладаютъ хорошей музыкальной памятью и т. д. Такъ какъ всякое подобное дарованіе обыкновенно все равно остается на всю жизнь, то въ интересахъ ребенка не слѣдуетъ упражнять его память слишкомъ односторонне; не надо, напримѣръ, заставлять дѣтей съ хорошей числовой памятью запоминать изумительныя количества хронологическихъ данныхъ, или же другихъ дѣтей съ особенной памятью къ риѳмованной рѣчи—заучивать множество стихотвореній. Для гармоническаго развитія ребенка надо совершенствовать память, наоборотъ, какъ разъ въ тѣхъ направленіяхъ, въ которыхъ она слабѣе.

Слѣдуетъ ли въ это время начать серьезно учить маленькаго ребенка, заставляя его запоминать что-нибудь съ напряженіемъ умственныхъ способностей?—Разумѣется, ни въ коемъ случаѣ, нѣтъ! Надо предоставить ребенку иг- рать на свободѣ и самому создавать свое духовное содер- жаніе путемъ собственныхъ наблюденій и переживаній; такимъ образомъ мы достигнемъ, въ смыслѣ умственнаго воспитанія, наилучшихъ результатовъ. Активная наша по- мощь при этомъ можетъ заключаться въ томъ, чтобы за- нимать вниманіе ребенка подходящими съ нашей, воспи- тательной, точки зрѣнія предметами и явленіями, давать ему возможность дѣлиться впечатлѣніями, наконецъ, гдѣ это необходимо, вносить извѣстныя поправки въ непра- вильное пониманіе ребенкомъ нѣкоторыхъ вещей. Все это должно выполняться исподволь и безъ насилія, совершен- но незамѣтно для самого ребенка, такъ какъ ничто не дѣй- ствуетъ на его умственное развитіе болѣе подавляющимъ образомъ, какъ постоянное постороннее вмѣшательство въ душевную жизнь. Стремленіе насильственно направить те- ченіе мыслей ребенка по несвойственному ему пути рав- носильно лишенію умственной свободы и ведетъ къ эффек- ту, сходному съ послѣдствіями умственнаго переутомленія, т. е. ребенокъ становится скучнымъ, упрямымъ и свое- нравнымъ.

Въ сущности, все дѣлается само собой. Сначала ребе- нокъ знакомится дома съ различными вещами и предме- тами обихода и пріобрѣтаетъ свѣдѣнія объ ихъ употребленіи; понемногу онъ начинаетъ наблюдать и нѣкоторыя физиче- скія явленія, напримѣръ, огонь лампы или печи, дымъ папи- росы, паръ самовара, тѣни предметовъ; онъ улавливаетъ смыслъ звонка, телефона и т. п. Въ очень значительной степени умственный горизонтъ ребенка расширяется при его пребываніи на открытомъ воздухѣ. Если ребенокъ уже ходитъ и немного умѣетъ говорить, то онъ засыпаетъ сво- его спутника вопросами о самыхъ разнообразныхъ, попа- дающихся ему здѣсь, вещахъ и явленіяхъ. Можно посовѣ- товать избирать для первыхъ прогулокъ одну и ту же дорогу: повтореніе однородныхъ впечатлѣній даетъ пищу для упражненія памяти, при чемъ, не бываетъ недостатка каждый разъ и въ новыхъ воспріятіяхъ. Затѣмъ по-немногу можно предпринимать все болѣе дальнія прогулки, избирая и новыя направленія. Бродя всюду, дѣти пріобрѣта-ютъ близкое знакомство со всѣмъ разнообразіемъ садовъ, полей, луговъ, лѣсовъ, горъ, рѣкъ, прудовъ и т. д. До тѣхъ поръ, пока ребенку не удастся познакомиться со всѣмъ этимъ въ натурѣ, у него могутъ существовать лишь основанныя на разсказахъ взрослыхъ или почерпнутыя изъ книжекъ съ картинками представленія, подъ-часъ мало соотвѣтствующія дѣйствительности; конечно, только пу-темъ личнаго наблюденія въ памяти создаются конкрет-ные образы картинъ природы. Лишь такимъ образомъ ре-бенокъ можетъ познакомиться, напримѣръ, съ различными способами передвиженія. Тутъ же—широкое поле для на-копленія наблюденій, касающихся многихъ сторонъ вза-имоотношеній людей между собой; ребенокъ видитъ лавки, булочныя, сапожныя мастерскія, работающихъ плотниковъ, газетныхъ разнощиковъ, полицейскихъ, богачей въ ихъ экипажахъ, нищихъ въ отрепьяхъ, калѣкъ и т. п., и т. п.; все это даетъ пищу для созданія опредѣленныхъ представ-леній о существующихъ въ человѣческомъ обществѣ отно-шеніяхъ.

Разумѣется, во всемъ описанномъ процессѣ принима-ютъ участіе не одно вниманіе и память, но также и вооб-раженіе и логическое мышленіе. Два первыхъ умственныхъ фактора только подготовляютъ почву для двухъ послѣд-нихъ, которые, съ своей стороны постоянно незамѣтнымъ образомъ переходятъ одинъ въ другое.

Въ другомъ мѣстѣ мы уже назвали собственно дѣтскій возрастъ періодомъ господства въ человѣческой душѣ воображенія. Мы видѣли, что воображеніе у малень-кихъ дѣтей преобладаетъ надъ логическимъ мышленіемъ, и лишь позднѣе понемногу отступаетъ передъ послѣднимъ на задній планъ; было бы весьма печально, если бы это заканчивалось полнымъ подавленіемъ воображенія, такъ какъ именно оно и черпаетъ изъ душевныхъ запасовъ че-ловѣка матеріалъ для новыхъ идей и представленій. Не будь воображенія, — не была бы возможна ни продуктив-ная научная работа, ни художественное творчество. Къ счастью, обыкновенно наблюдаемое къ концу дѣтскаго воз-роста ослабленіе воображенія—только кажущееся: благо-даря развитію и постепенному выступленію на первый планъ другихъ душевныхъ функцій, воображеніе какъ бы заслоняется и оттѣсняется въ глубину, почему и бросается меньше въ глаза. На самомъ же дѣлѣ, развитіе воображенія неудержимо продолжаетъ итти впередъ. Обладая высокимъ значеніемъ, какъ главнѣйшій факторъ умственной продуктивности, и играя крайне важную роль для охраненія умственнаго, нравственнаго и физическаго здоровья ребенка, воображеніе требуетъ особенно внимательнаго къ себѣ отношенія.

Помимо индивидуально-большей или меньшей силы воображенія, т. е. помимо количественнаго различія, существуютъ также индивидуальныя различія и качественнаго характера; именно, когда воображеніе является преимущественно пассивнымъ, ребенокъ помимо желанія отдается игрѣ собственной фантазіи; при активномъ же воображеніи въ памяти вызываются представленія произвольно, по извѣстному плану и въ опредѣленномъ порядкѣ. Послѣдній видъ воображенія именно и является творческимъ, продуктивнымъ; пассивное же воображеніе ведетъ лишь къ мечтательности и отчуждаетъ отъ интересовъ практической жизни. Качественныя различія представленій, оживляемыхъ воображеніемъ, обусловливаются также и различіемъ типовъ памяти; такъ, напримѣръ, въ одномъ случаѣ представленія эти относятся къ зрительной области, въ другомъ—къ слуховой, въ зависимости отъ того, съ помощью какого именно изъ органовъ чувствъ ребенокъ преимущественно получаетъ и накопляетъ въ памяти впечатлѣнія. При ближайшемъ ознакомленіи съ указанными разновидностями дѣтскаго воображенія оказывается, что въ отдѣльныхъ случаяхъ возможны самыя разнообразныя сочетанія ихъ, но во всякомъ случаѣ, каждый изъ этихъ видовъ имѣетъ большое значеніе какъ для душевной жизни, такъ и для воспитанія ребенка.

Бѣдность воображенія служитъ помѣхой не только для развитія способностей ребенка къ ученію или тому или иному искусству, но тормазитъ и этическое его развитіе. Ребенокъ, обладающій скуднымъ воображеніемъ, не въ состояніи достаточно ярко представить себя на мѣстѣ другого, слѣдовательно не можетъ внутренне раздѣлить чужой радости или печали. Недостатокъ воображенія, точнѣе — связанной съ нимъ способности къ иллюзіямъ, обнаруживается уже у самыхъ маленькихъ дѣтей на характерѣ любимыхъ ими игръ: такія дѣти охотно принимаютъ участіе въ подвижныхъ играхъ; къ такимъ же играмъ, въ которыхъ главная роль принадлежитъ воображенію, ихъ тянетъ очень мало. Позднѣе обнаруживается не по годамъ ранняя трезвость взглядовъ, сильно мѣшающая установленію между дѣтьми связей, основанныхъ на взаимной симпатіи. Если у ребенка, наряду съ бѣднымъ воображеніемъ имѣетъ мѣсто преждевременное развитіе интеллекта, то это сказывается въ предпочтеніи, отдаваемомъ играмъ, которыя основаны на сообразительности.

Воспитаніе въ подобныхъ случаяхъ большей частью безсильно помочь дѣлу. Задача его по отношенію къ дѣтямъ съ бѣднымъ воображеніемъ заключается въ побужденіи ихъ къ проявленію возможно большей иниціативы. На стр. 132 мы уже коснулись выбора игрушекъ. Здѣсь особенно важно, чтобы онѣ въ достаточной степени способствовали проявленію со стороны ребенка самодѣятельности и самостоятельной работы мысли. Къ сравнительно благопріятнымъ результатамъ приводятъ приспособленные къ дѣтскимъ интересамъ разсказы, а въ нѣсколько болѣе позднемъ возрастѣ — упражненія въ различныхъ поддѣлкахъ, напримѣръ, устройство небольшихъ предметовъ изъ картона вылѣпливаніе фигурокъ изъ глины или воска и т. п. Часто у дѣтей малокровныхъ или только что перенесшихъ изнурительную болѣзнь, воображеніе временно слабѣетъ, но затѣмъ, на ряду съ улучшеніемъ общаго состоянія, оно достигаетъ своей прежней силы.

Большого вниманія заслуживаетъ и ч р е з м ѣ р н а я р а б о т а в о о б р а ж е н і я. Она бросается въ глаза только къ концу дѣтскаго возраста, такъ какъ у очень маленькихъ дѣтей, у которыхъ надъ всѣми умственными функціями вообще преобладаетъ воображеніе, чрезмѣрность послѣдняго почти ничѣмъ не сказывается. Если такое богатое воображеніе носитъ активный характеръ, то положительнымъ результатомъ его можетъ оказаться поэтическое или художественное творчество, при томъ въ одныхъ случаяхъ уже съ самаго ранняго возраста, въ другихъ же — только позднѣе, по мѣрѣ того какъ воображеніе незамѣтно создаетъ образы, которые затѣмъ постепенно созрѣваютъ. Наоборотъ, пассивное воображеніе, при чрезмѣрной его живости, большей частью проявляется въ томъ, что можетъ быть названо грезами на яву; ребенокъ при этомъ до нѣкоторой степени теряетъ даже интересъ къ дѣйствительности. Если это сопровождается особымъ стремленіемъ къ уединенію, то недалека опасность, что воображеніе приметъ уже прямо болѣзненное направленіе и поведетъ къ ослабленію воли. Пышный расцвѣтъ воображенія, развивающійся въ уединеніи, выражается въ чрезвычайной склонности къ иллюзіямъ, которая сильно отражается и на всѣхъ сужденіяхъ и поступкахъ дѣтей, расположенныхъ къ тайнымъ мечтаніямъ. Надо еще имѣть въ виду, что въ подобныхъ случаяхъ имѣется дѣло не всегда съ богатымъ отъ природы воображеніемъ, съ одаренной натурой; часто мечтательность вызывается и поддерживается чисто внѣшними обстоятельствами. Ребенка иногда окружаетъ безотрадная обстановка, ему приходится переносить тѣ или иныя тѣлесныя и духовныя лишенія; между тѣмъ онъ желаетъ пользоваться благами, доступными, по его наблюденію, другимъ, но для него являющимися запретнымъ плодомъ; онъ ищетъ любви, если къ нему относятся сурово, стремится къ свободѣ, если во всемъ подчиненъ строгой дисциплинѣ. Во всѣхъ подобныхъ случаяхъ дѣти охотно ищутъ уединенія, гдѣ они безъ помѣхъ могутъ отдаваться мечтамъ, и строятъ здѣсь изъ различныхъ фантастическихъ представленій свою особую душевную жизнь, вымышленный, прекрасный міръ, въ которомъ находятъ возмѣщеніе своихъ лишеній. На всемъ существѣ такихъ, склонныхъ къ уединенію, дѣтей обыкновенно лежитъ какая-то печать запуганности; они застѣнчивы и замкнуты въ себѣ, такъ какъ остерегаются, какъ бы не выдать своихъ сладкихъ душевныхъ грезъ на судъ трезвой критики насмѣшливыхъ товарищей. Предпочитая уединеніе, такія дѣти, далѣе, начинаютъ сосредоточивать все большее вниманіе на собственной особѣ, а въ концѣ концовъ, часто переходятъ и къ манипуляціямъ съ своимъ тѣломъ, что даетъ первый толчокъ къ мастурбаціи (онанизму). Къ послѣднему особенно склонными оказываются дѣти, отягчённыя врожденнымъ нейро- или психо-патическимъ предрасположеніемъ. За подобными дѣтьми требуется особенно внимательный надзоръ.

Итакъ, съ ненормальной склонностью къ уединенію нужно бороться всѣми силами. Лучшее средство для того, чтобы вырвать ребенка изъ міра грёзъ, это — не оставлять его безъ какого-нибудь дѣла или безъ игръ въ обществѣ товарищей. Во время того или иного занятія ребенка необходимо слѣдить, чтобы онъ былъ въ немъ заинтересованъ, а не оставался вялымъ и безучастнымъ. Въ особенности можно для этой цѣли рекомендовать всякаго рода физическую дѣятельность — въ видѣ той или иной ручной работы, подвижныхъ игръ, дѣтскаго спорта. Что касается собственно ручныхъ работъ, то слѣдуетъ избѣгать тѣхъ изъ нихъ, которыя носятъ чисто механическій характеръ; если умъ остается не занятымъ, какъ, напримѣръ, при механическомъ вязаніи или вышиваніи тамбуромъ, то воображеніе ребенка уносится далеко отъ работы и нерѣдко принимаетъ нежелательное направленіе. Надо, чтобы день ребенка, у котораго обнаруживается мечтательная и склонная къ уединенію натура, былъ правильно расположенъ, совершенно не оставляя незанятаго времени, при чемъ ложиться спать дѣти должны нѣсколько утомленными, чтобы сразу крѣпко заснуть. Не надо также позволять дѣтямъ, проснувшись поутру, валяться въ кроваткѣ, такъ какъ это дѣйствуетъ возбуждающимъ образомъ на игру воображенія.

Не слѣдуетъ еще упускать изъ виду и то, что дѣятельность воображенія маленькихъ дѣтей мало сдерживается логическимъ мышленіемъ и въ нѣкоторыхъ случаяхъ дѣтская фантазія работаетъ совершенно безъ удержу. Когда ребенку, принимающему все безъ всякой критики, на-вѣру, разсказываютъ о привидѣніяхъ или когда въ его присутствіи говорятъ объ убійствахъ, нападеніяхъ и тому подобныхъ волнующихъ происшествіяхъ, то въ дѣтскомъ воображеніи все слышанное перевоплощается въ фантастическія, сверхъестественныя формы; ребенокъ, благодаря своей склонности создавать иллюзіи, становится боязливымъ, живетъ въ постоянно возбужденномъ состояніи, дѣлается нервнымъ. Разъ съ ребенкомъ это случилось, то надо попытаться понемногу убѣдить его въ неосновательной боязливости; только такимъ именно образомъ, а отнюдь не насмѣшками надъ трусостью или строгими требованіями во что бы то ни стало, сразу преодолѣвать всѣ свои страхи, удается мало-по-малу, нерѣдко только въ теченіе ряда лѣтъ, возвратить дѣтской душѣ утраченное равновѣсіе. Нельзя, напримѣръ, насильно заставить запуганнаго ребенка, которому страшно пройти одному черезъ комнату, во что бы то ни стало сдѣлать это; какая-нибудь случайность можетъ поднять до степени ужаса владѣющее ребенкомъ жуткое чувство, и такимъ образомъ дѣло, конечно, только ухудшается. Съ теченіемъ же времени, если ребенокъ имѣлъ возможность неоднократно въ сопровожденіи кого-нибудь проходить черезъ темныя пространства и убѣждаться собственнымъ опытомъ, что въ темнотѣ не происходитъ ничего необыкновеннаго, онъ самостоятельно пріобрѣтаетъ достаточно присутствія духа и храбрости, чтобы преодолѣть свой неосновательный страхъ. Такимъ же образомъ надо понемногу и систематически пріучать дѣтей къ животнымъ, которыя внушаютъ къ себѣ, вслѣдствіе разныхъ фантастическихъ представленій, ужасъ, а также и къ разнымъ необычнымъ, вызывающимъ страхъ, явленіямъ. — Не слѣдуетъ, далѣе, безъ всякой мѣры возбуждать дѣтское воображеніе сказками и разсказами о разныхъ приключеніяхъ. Какая-нибудь чудесная сказка можетъ своимъ поэтическимъ колоритомъ произвести глубоко умиротворяющее дѣйствіе на чувство ребенка. Именно къ этому и надо стремиться, избѣгая съ особенной тщательностью всего возбуждающаго, раздражающаго, а подчасъ и предосудительнаго съ моральной точки зрѣнія, чего, къ сожалѣнію, не лишены нѣкоторыя изъ сказокъ; онѣ рисуютъ передъ умственнымъ взоромъ ребенка устрашающія картины, въ которыхъ краски еще болѣе сгущаются воображеніемъ, надолго вселяя въ душу ребенка страхъ и ужасъ. Истинная же дѣтская сказка безъ искусственна и эпически спокойна; очарованіе ея поэзіи заключается въ волшебныхъ свойствахъ тѣхъ происшествій, о которыхъ въ ней говорится, въ кристаллической чистотѣ содержанія, съ его радужнымъ, свѣтлымъ міросо-

зерцаніемъ. Сказка дожна освѣжать и оживлять вообра-
женіе ребенка, ничѣмъ не омрачая при этомъ его чувства.
Въ другомъ мѣстѣ мы уже имѣли случай отмѣтить, что не
нужно разсказывать сказки ребенку поздно вечеромъ,
такъ какъ въ это время, благодаря повышенной нервной
возбудимости, всѣ впечатлѣнія настолько живы, что мѣ-
шаютъ наступленію спокойнаго сна.

Насколько значительно участіе воображенія въ играхъ
ребенка, объ этомъ мы также уже упомянули ранѣе. Нуж-
но имѣть это въ виду и не огорчать ребенка, разрушая
иллюзіи, создаваемыя имъ въ играхъ. Если, напримѣръ,
онъ въ данный моментъ кучеръ, то намъ остается только
поддержать его въ этой роли; если онъ играетъ со стуль-
ями въ желѣзную дорогу, то и намъ надо признать стулья
за вагоны и т. д.

Что касается развитія мыслительной способ-
ности въ до-школьный періодъ, то оно такъ же, какъ и
развитіе прочихъ умственныхъ факторовъ, подвигается
впередъ самостоятельно, и можно вполнѣ обойтись самымъ
ограниченнымъ числомъ практическихъ указаній, кото-
рыя должны помочь воспитателю въ той или иной степе-
ни содѣйствовать скорѣйшему завершенію естественнаго
процесса.

Уже грудной младенецъ располагаетъ способностью
къ сужденію и умозаключеніямъ. Но сужденія его еще
неглубоки, — они ведутъ его къ знакомству съ пред-
метами, но не къ познаванію ихъ. Для того, чтобы пред-
ставленія могли развиваться въ понятія, требуется логи-
ческая обработка первыхъ, что, въ свою очередь, дѣлается
въ достаточной степени возможнымъ лишь тогда, когда ребе-
нокъ уже умѣетъ говорить; путемъ разспросовъ онъ ближе
подходитъ къ пониманію сущности вещей, при чемъ, по
возможности старается уяснить себѣ причину и цѣль ихъ.
Съ другой стороны, съ помощью рѣчи же создаются и всѣ
отвлеченныя понятія. Говоря самъ, ребенокъ выражаетъ
свои мысли и чувства или же разсказываетъ что-нибудь
пережитое имъ, слѣдовательно, пріучается сравнивать явле-
нія, отмѣчать различія между ними; прислушиваясь же къ
тому, что говорятъ другіе, онъ усваиваетъ новыя пред-
ставленія. Не надо ни на минуту забывать, что все, раз-

10*

сказываемое нами ребенку, является его умственной пищей, которая должна способствовать развитію логическаго мышленія и послужить, такимъ образомъ, подходящимъ матеріаломъ для возводящагося зданія дѣтской души. Но такъ дѣло можетъ обстоять только при томъ условіи, если представленія и понятія, передаваемыя посредствомъ словъ, не остаются „висѣть въ воздухѣ“, а вступаютъ въ прочную непосредственную связь съ тѣмъ, что уже ранѣе было усвоено умомъ ребенка.

Уже самый процессъ пріобрѣтенія способности говорить связанъ, какъ мы выяснили выше, съ развитіемъ логическаго мышленія; стараясь же пріучить ребенка къ правильной рѣчи, мы еще болѣе содѣйствуемъ упражненію и гибкости его умственныхъ способностей.

Образованіе первыхъ понятій о ч и с л о в ы х ъ в е л и ч и н а х ъ происходитъ самостоятельно и безъ всякаго труда, если почаще обращать вниманіе ребенка на такіе факты, какъ то, что у человѣка одинъ ротъ или носъ, двѣ руки, у животныхъ — четыре ноги, на конечностяхъ — по пять пальцевъ и т. п. Медленнѣе идетъ дѣло съ уясненіемъ п о н я т і я в р е м е н и. Ранѣе всего ребенокъ усваиваетъ по особенно очевиднымъ для него внѣшнимъ признакамъ дѣленіе сутокъ на до—и послѣ—обѣда, утро и вечеръ, день и ночь. Но чтобы достичь пониманія различія между „вчера“, „сегодня“, „завтра“ и т. д., требуется уже больше опыта и болѣе высокій умственный уровень.

Дѣти старше трехлѣтняго возраста, т. е. когда они уже до извѣстной степени способны къ связной рѣчи, находятъ удовольствіе въ стихотворномъ ритмѣ. Признаки этого, обнаруживающіеся въ стремленіи запоминать риѳмы, показываютъ, что пора давать ребенку заучивать наизусть одинъ—два стишка, а затѣмъ и цѣлыя небольшія стихотворенія. Заучиваніе дается ему поразительно легко, но если мы преслѣдуемъ цѣль упражненія памяти ребенка, то должны позаботиться, чтобы онъ хорошенько понималъ смыслъ того, что заучиваетъ, а не дѣлалъ этого чисто механически. Если мы допустимъ, чтобы смыслъ хотя бы въ самой незначительной степени остался неяснымъ для ребенка, то этимъ даемъ поводъ къ возникновенію у него поверхностности, безразсудности и недодумыванія. Надо слѣдить, чтобы ребенку стало вполнѣ понятнымъ каждое слово содержанія; лучше всего изложить его своими словами, прежде чѣмъ произнести или прочесть въ подлинникѣ. При произнесеніи стихотворенія надо какъ самому придерживаться, такъ и съ самаго начала требовать отъ ребенка психологической правильности оттѣнковъ голоса, выразительности чтенія, что тоже, между прочимъ, въ значительной степени облегчаетъ точное пониманіе смысла.

Своими бесѣдами съ ребенкомъ мы можемъ упражнять его наблюдательность, обращая вниманіе на тѣ изъ окружающихъ предметовъ, которые онъ самъ почему-нибудь не замѣтилъ; наводящими вопросами мы побуждаемъ его кое-надъ чѣмъ призадуматься. Разумѣется не надо въ этомъ отношеніи быть слишкомъ назойливыми и преступать извѣстную мѣру, такъ какъ въ противномъ случаѣ могутъ сказаться уже упомянутые нами выше признаки утомленія и проистекающіе изъ него сопротивленіе ребенка и непониманіе имъ дѣла.

Цѣлямъ упражненія памяти, воображенія и мыслительной способности могутъ служить также к н и ж к и с ъ и л л ю с т р а ц і я м и. Но при этомъ обязательно должно быть соблюдено условіе, чтобы въ книжкахъ этихъ содержалось изображеніе только такихъ вещей и явленій, которыя уже знакомы дѣтямъ по виду или по крайней мѣрѣ легко доступны ихъ пониманію на основаніи видѣннаго или пережитаго ими въ дѣйствительности. Подобныя изображенія вызываютъ въ ребенкѣ живѣйшій интересъ и въ значительной степени расширяютъ его умственный горизонтъ.

Наблюдательность и память упражняются также р исованіемъ. Едва ребенокъ научится водить карандашемъ, ему доставляютъ громаднѣйшее удовольствіе попытки воспроизводить съ помощью этого видѣнное. Бросается въ глаза то, что дѣти никогда не срисовываютъ съ натуры, а только стараются воспроизвести тотъ или иной образъ изъ памяти; какъ и съ помощью рѣчи, ребенку хочется карандашемъ подѣлиться видѣннымъ и пережитымъ. Какъ бы ни были эти первоначальныя попытки несовершенны, не надо подвергать ихъ строгой критикѣ, а тѣмъ болѣе—вышучиванію; предметы представляются ребенку приблизительно именно въ томъ видѣ, какъ онъ ихъ вос-

производитъ своими неумѣлыми ручками; онъ ихъ узнаетъ
въ своихъ рисункахъ, и это служитъ для него источни-
комъ громаднаго удовольствія. Равнымъ образомъ, не слѣ-
дуетъ стараться помочь поверхностнымъ и поэтому, конеч-
но, не лишеннымъ ошибокъ наблюденіямъ ребенка, докан-
чивая цѣликомъ весь неудающійся ему рисунокъ того или
иного объекта; для маленькаго ребенка не полагается ни-
какихъ уроковъ рисованія и ему не зачѣмъ показывать,
что рисовать надо именно такъ, а не этакъ. Но, конечно,
не мѣшаетъ поправлять въ его рисункахъ особенно гру-
быя искаженія дѣйствительности, напримѣръ, неправиль-
ное число ногъ у нарисованной имъ лошади съ пятью
или шестью ногами, или недостачу четвертаго колеса у
повозки и т. п. Дѣтскія попытки рисовать служатъ пре-
краснымъ упражненіемъ для рукъ, глазъ, для вниманія,
наблюдательности, памяти и воображенія. Мало-по-малу
при этомъ можетъ усовершенствоваться способность вы-
ражать свои мысли съ помощью рисунка.

Нѣсколько разъ уже мы имѣли случай говорить объ
и г р а х ъ, р а з с ч и т а н н ы х ъ н а с о о б р а з и т е л ь н о с т ь
играющихъ. Онѣ тоже возбуждаютъ мыслительную дѣятель-
ность, но, требуя извѣстной степени умственнаго развитія,
подходятъ только для дѣтей, приближающихся къ школь-
ному возрасту. То же можно сказать и про разныя лег-
кія загадки или шуточныя задачи; онѣ оказываются весь-
ма занимательными для дѣтскаго ума и, оставаясь въ сущ-
ности тою же игрой, заставляютъ ребенка логически
мыслить.

Иначе надо отнестить къ стремленію нѣкоторыхъ
родителей, чтобы дѣти ихъ для подготовки къ школѣ
у ч и л и с ь и г р а я. Изъ подобной затѣи обыкновенно
ничего не выходитъ: или занятія по своей сущности
становятся просто игрой, то есть предоставляютъ полную
свободу теченію мысли ребенка и дѣятельности его вооб-
раженія, а не пріучаютъ, подобно школьному ученію, со-
средоточивать мысли и вниманіе и вообще совершать на-
пряженную умственную работу; или же подобныя занятія,
утрачивая, наоборотъ, характеръ игры, превращаются въ
форменное ученіе. Поэтому и получается со стороны
еще недостаточно умственно созрѣвшаго ребенка реакція

въ видѣ сильнѣйшей неохоты заниматься такимъ ученіемъ, которое хотятъ соединить съ игрой; въ результатѣ отвращеніе къ учебнымъ занятіямъ сохраняется и на будущее время, когда начинается серьезное ученіе. Принципъ упражненія умственныхъ функцій наряду съ бережнымъ отношеніемъ ихъ нарушается при подобныхъ экспериментахъ самымъ безжалостнымъ образомъ.

Выдающимся подготовительнымъ для школы средствомъ являются такъ называемые дѣтскіе сады, идея которыхъ принадлежитъ геніальному педагогу Фридриху Фребелю. Конечно, они прежде всего должны обязательно удовлетворять его системѣ, должны вестись по правильному плану, именно ребенокъ долженъ находить здѣсь надлежащую умственную пищу, которую ему было бы подъ силу перерабатывать добровольно и самостоятельно, повинуясь только своему естественному стремленію къ дѣятельности. Здѣсь не наставляютъ ребенка, а создаютъ такія условія, чтобы онъ самъ накоплялъ знанія путемъ опыта; это связано съ упражненіемъ его здраваго смысла, всѣхъ вообще душевныхъ свойствъ и тѣлесной ловкости. И ребенокъ приноситъ съ собой въ школу въ качествѣ моральнаго пріобрѣтенія привычку къ обществу другихъ дѣтей, къ выдержкѣ въ работѣ и къ нѣкоторой дисциплинѣ, приближающейся къ дисциплинѣ школьной.

Разсматривая процессъ душевнаго развитія, мы исходили изъ того, что ребенокъ не рождается ни добрымъ, ни злымъ. Мы указали тогда же, что переданныя ему по наслѣдству отъ родителей или предковъ хорошія или дурныя наклонности, подъ воздѣйствіемъ внѣшнихъ вліяній воспитанія, могутъ или развиваться далѣе, или же, наоборотъ, подвергнуться задерживающему воздѣйствію и даже совершенно заглохнуть. Воспитатель сдѣлаетъ уже много, если ему удастся съ успѣхомъ бороться съ дурными свойствами своего воспитанника; но это еще, конечно, не создаетъ послѣднему ни благороднаго образа мыслей, ни хорошаго характера. Если позволено воспользоваться лишній разъ ходячимъ сравненіемъ воспитателя съ садовникомъ, то надо считать, что при упомянутыхъ обстоятельствахъ выпололи сорную траву, но не успѣли засѣять сѣмянъ, которыя должны принести прекрасные плоды; ра-

зумѣется, посѣвъ долженъ быть сдѣланъ въ самомъ нѣж-
номъ, раннемъ дѣтскомъ возрастѣ, когда въ свѣжей и
рыхлой еще почвѣ сѣмена легко принимаются и дадутъ
ростки.

Юная дѣтская душа дѣйствительно представляетъ изъ
себя почву чрезвычайно благопріятную для моральнаго
посѣва. Сѣмена же для этого посѣва безпрерывно доста-
вляются изъ внѣшняго міра, въ формѣ представленій и по-
нятій, образующихся благодаря всему тому, что говорится
и дѣлается въ окружающей средѣ. Происходитъ это черезъ
посредство простого психологическаго процесса, именно —
в н у ш е н і я, которое, въ самомъ широкомъ смыслѣ слова,
обозначаетъ явленіе проведенія представленій въ мозгъ и
усвоеніе ихъ послѣднимъ. Чѣмъ выше степень вниманія и
сила сужденія субъекта, чѣмъ болѣе критически встрѣчаетъ
онъ каждое новое представленіе, тѣмъ съ большимъ тру-
домъ оно имъ усваивается. Ребенокъ, по существу своему
относящійся ко всему довѣрчиво и безъ критики, осо-
бенно легко перенимаетъ простыя идеи и представленія,
то есть очень легко поддается внушенію. Этимъ обстоятель-
ствомъ и объясняется его крайне рѣзко выраженная на-
к л о н н о с т ь к ъ п о д р а ж а н і ю.

Оба эти присущія дѣтямъ свойства — способность легко
поддаваться внушенію и наклонность къ подражанію — пред-
ставляютъ громадную цѣнность въ воспитательномъ отно-
шеніи. Намъ теперь ясно, какое важное значеніе имѣетъ
примѣръ окружающаго какъ-разъ въ этомъ раннемъ дѣт-
скомъ возрастѣ. Ребенокъ безъ всякой критики заимству-
етъ изъ окружающаго представленія и изъ этого строитъ
все свое душевное содержаніе; онъ подражаетъ поступ-
камъ, которые ему служатъ примѣромъ, и такимъ обра-
зомъ создается основа всего его нравственнаго облика.
Чѣмъ чаще ему приходится воспроизводить хорошіе по-
ступки, тѣмъ легче, привычнѣе и, наконецъ, само собой
понятнѣе становится ему поступать хорошо. Такая при-
вычка съ своей стороны способствуетъ, какъ мы видѣли,
укрѣпленію нравственности и лучшихъ принциповъ [1]. На-

---

[1] Такъ, напримѣръ, для развитія религіознаго чувства очень много
значитъ, если мать каждый вечеръ молится вмѣстѣ съ ребенкомъ и
пріучитъ его молиться съ раннихъ лѣтъ.

оборотъ, поступать дурно ребенку тѣмъ труднѣе и непривычнѣе, чѣмъ меньше приходится ему видѣть и перенимать дурные поступки; такимъ образомъ онъ лучше всего защищенъ отъ проявленія заложенныхъ въ его душѣ дурныхъ задатковъ. Естественно, что дурной примѣръ и неблагородный образъ мыслей окружающихъ можетъ дѣйствовать только губительно на нравственное развитіе ребенка. Изъ сказаннаго видно, сколь велико вліяніе нравственной атмосферы, въ которой живетъ ребенокъ. Согласная жизнь родителей, послушаніе и хорошее поведеніе братьевъ и сестеръ, религіозный духъ семьи, царящее въ домѣ сознаніе чувства долга и стремленіе къ порядку, атмосфера любви и счастья, корректности и правдивости, на все это живо реагируетъ дѣтское чувство и благодаря именно этому главнымъ образомъ и создается нравственность ребенка. Тамъ, гдѣ въ окружающей средѣ нѣтъ того или иного изъ перечисленныхъ элементовъ добра, возникаютъ извѣстные дефекты характера, которые впослѣдствіи очень трудно, а иногда и вовсе невозможно, поправить. Великій знатокъ людей Гёте, сказалъ слѣдующія слова предостереженія: „никто не можетъ мечтать, что ему удастся освободиться отъ впечатлѣній юности!"

Уже чисто внѣшніе признаки, отличающіе нравственно высоко стоящую семью, ведутъ къ воспитанію нравственности ребенка. Въ каждомъ хорошемъ домѣ господствуетъ порядокъ; это внушаетъ ребенку стремленіе къ порядку, онъ привыкаетъ видѣть каждую вещь на своемъ мѣстѣ и безалаберность оскорбляетъ его эстетическое чувство. Развитію этой привычки къ порядку нужно содѣйствовать, пріучая ребенка съ самыхъ раннихъ поръ прибирать игрушки на свое мѣсто, аккуратно складывать собственными руками, ложась спать, снятое платье и бѣлье и т. п. Гдѣ всюду кругомъ царитъ порядокъ, тамъ безъ труда поддерживается и порядокъ во времени. Ребенокъ невольно привыкаетъ регулировать въ теченіе дня свои занятія и дѣлать все въ свое время. Само собой разумѣется, что при подобныхъ обстоятельствахъ создается благопріятная почва и для возникновенія нравственной уравновѣшенности и самодисциплины; наоборотъ, въ безпорядочной средѣ несравненно труднѣе достичь этого внутренняго порядка.

Подобное же вліяніе оказываетъ и ч и с т о п л о т н о с т ь, которая также является отличительнымъ аттрибутомъ каждаго порядочнаго дома. Если до сихъ поръ намъ приходилось говорить о томъ большомъ гигіеническомъ значеніи, которое принадлежитъ чистоплотности при уходѣ за тѣломъ, то здѣсь намъ представляется случай оттѣнить и значеніе ея для нравственной жизни. Человѣкъ нечистоплотный, т. е. равнодушный къ грязи на собственномъ тѣлѣ или платьѣ или въ окружающей обстановкѣ, не пріучается съ раннихъ поръ въ достаточной степени слѣдить за собой; это грозитъ большой опасностью опуститься и нравственно. Къ противоположному результату ведетъ ранняя привычка ребенка держать въ чистотѣ свое тѣло, свои вещи и комнату; дитя пріучается вмѣстѣ съ этимъ обращать вниманіе и на себя самаго, на свое поведеніе и тогда уже безъ труда удается оградить его и отъ моральной безпорядочности.

Здѣсь надо удѣлить нѣкоторое особое вниманіе нерѣдко наблюдающемуся у дѣтей явленію—н о ч н о м у н е д е р ж а н і ю м о ч и. Оно можетъ быть устранено частью съ помощью чисто воспитательныхъ, частью — медицинскихъ мѣръ: въ однихъ случаяхъ въ основѣ упомянутаго недостатка лежитъ простая распущенность и на него можно смотрѣть, какъ на дурную привычку; въ другихъ случаяхъ дѣло касается ненормально глубокаго сна ребенка, слишкомъ теплаго и мягкаго ложа, привычки ложиться спать съ переполненнымъ пузыремъ; наконецъ, въ нѣкоторыхъ случаяхъ ночное недержаніе вызывается болѣзненнымъ состояніемъ ребенка, вродѣ слабоумія, эпилептическаго предрасположенія, истеріи, нейрастеніи, мастурбаціи, заклеиванія крайней плоти, зуда, вызываемаго астрицами, слабости замыкательной мышцы пузыря, аденоидныхъ разрастаній въ носоглоткѣ и т. д.

Поэтому въ тѣхъ случаяхъ, когда ребенокъ до трехлѣтняго возраста все еще продолжаетъ мочиться въ кроваткѣ, лучше не сразу останавливаться на рѣшеніи, что тутъ имѣется дѣло съ дурной привычкой, а сначала испробовать примѣненіе нѣкоторыхъ несложныхъ гигіеническихъ мѣръ, могущихъ устранить недостатокъ. Такъ какъ нельзя допускать, чтобы пузырь оставался переполнен-

нымъ, то дѣтямъ съ ночнымъ недержаніемъ мочи не слѣ-
дуетъ давать на ночь никакой жидкости; непремѣнно пе-
редъ самымъ сномъ, а затѣмъ еще во второй разъ нѣ-
сколько часовъ спустя, необходимо такихъ дѣтей сажать
на горшокъ. Если ребенокъ слишкомъ крѣпко спитъ, то
его будятъ сначала три раза за ночь, позднѣе—два раза,
наконецъ—разъ, при чемъ надо стараться, чтобы ребенокъ
дѣйствительно вполнѣ просыпался; это надо продолжать
дѣлать до тѣхъ поръ, пока онъ не привыкнетъ самъ за-
мѣчать ночью, когда наступитъ позывъ къ мочеиспуска-
нію. Когда моча больше собирается въ широкой части
пузыря и меньше давитъ на его шейку, то можно при-
дать меньшую интенсивность позывамъ; для этого по-
лезно, подкладывая подъ ножной конецъ кровати какія-
нибудь подставки, приподнимать этотъ конецъ; тогда и
тазъ лежащаго въ кровати ребенка приметъ соотвѣтству-
ющее положеніе, способствующее оттеку мочи отъ шейки
пузыря. Ложе ребенка недержащаго мочу не должно
быть слишкимъ мягкимъ и теплымъ, но съ другой сторо-
ны надо слѣдить, чтобы ребенокъ и не охлаждался, сбра-
сывая во снѣ одѣяло, такъ какъ и чрезмѣрное охлажденіе
кожи можетъ обусловить усиленіе позыва. Во многихъ
случаяхъ перечисленныхъ гигіеническихъ мѣръ оказыва-
ется достаточно для устраненія описываемаго недостатка.
Если онѣ остаются безуспѣшными, то надо переговорить
съ врачемъ,—при чемъ слѣдуетъ выяснить, нужно-ли въ
данномъ случаѣ прибѣгнуть къ педагогическимъ мѣрамъ
строгости или же къ лѣчебному вмѣшательству.

Въ приличныхъ домахъ требуется соблюденіе хо-
рошихъ манеръ. Эти послѣднія также не лишены вос-
питательнаго значенія, такъ какъ между внѣшнимъ поведе-
ніемъ и внутреннимъ существомъ человѣка всегда оста-
ется несомнѣнная взаимная связь. Пріучая ребенка при-
лично ѣсть, мы способствуемъ развитію его эстетическаго
чувства. Если онъ всегда видитъ вокругъ себя вѣжливость
во взаимныхъ отношеніяхъ, если самому ему постоянно напо-
минаютъ о необходимости быть ко всѣмъ вѣжливымъ и пред-
упредительнымъ, то онъ понемногу привыкаетъ и внутренне
сохранять привѣтливый образъ мыслей. Нѣкоторые роди-
тели считаютъ излишней вѣжливость по отношенію какъ

къ самимъ дѣтямъ, такъ и къ подчиненнымъ, въ особенности же къ прислугѣ. Но такимъ образомъ они обнаруживаютъ свою внутреннюю грубость и у дѣтей добьются внѣшней, но не истинной вѣжливости. Истинная вѣжливость это—сдѣлавшаяся какъ бы второй натурой—привычка къ каждому относиться искренне привѣтливо и доброжелательно, и внушить такую вѣжливость дѣтямъ можно только въ томъ случаѣ, если самому проявлять ее въ равной степени рѣшительно ко всѣмъ окружающимъ. Съ только что упомянутой истинной вѣжливостью идутъ рука объ руку и прочія драгоцѣнныя этическія свойства, какъ скромность, самообладаніе и тактичность поведенія.

Къ числу внѣшнихъ достоинствъ тѣхъ домовъ, въ которыхъ необходимость соблюденія порядка, чистоплотности и приличныхъ манеръ считается само собой понятной, относится также и аккуратность въ одеждѣ. Послѣдняя безусловно сказывается во всей привычкѣ держать себя. Если платье сидитъ плохо и поминутно приходится устранять въ немъ ту или иную неловкость, то развивается неуклюжесть, такъ какъ движенія при этомъ не могутъ быть такъ же свободны и непринужденны, какъ у человѣка хорошо одѣтаго, которому сознаніе аккуратности въ одеждѣ придаетъ особое чувство самоувѣренности. Въ этомъ-то смыслѣ одежда имѣетъ вліянія на развитіе характера ребенка. Нечего, конечно, говорить, что быть хорошо одѣтымъ не значитъ непремѣнно—быть одѣтымъ по модѣ и дорого, а только—цѣлесообразно и къ лицу.

Равнымъ образомъ не требуется какихъ-либо богатствъ для того, чтобы ребенка окружала красота, достаточная для развитія его эстетическаго чувства по отношенію къ формамъ и краскамъ. Простая, но уютная обстановка квартиры, въ которой со вкусомъ подобраны цвѣта, привлекаетъ взоръ ребенка и пріучаетъ его не оставаться равнодушнымъ къ эстетическимъ впечатлѣніямъ.

Если, какъ мы могли убѣдиться, даже внѣшнія стороны домашней жизни, окружающей ребенка, дѣйствуютъ столь замѣтно воспитывающимъ образомъ на душу ребенка, то моральное вліяніе внутреннихъ, господствующихъ въ домѣ отношеній, должно, конечно, быть еще больше.

Эта внутренняя сторона домашней жизни и есть именно то, что обозначается именемъ о б щ а г о д у х а с е м ь и.

Духъ этотъ, по нашему личному мнѣнію, долженъ быть прежде всего р е л и г і о з н ы м ъ, независимо отъ того или иного вѣроисповѣданія. Конечно, мы здѣсь не имѣемъ въ виду бездушнаго ханжества, которое можетъ свидѣтельствовать лишь о нравственномъ убожествѣ; мы говоримъ о проникновеніи той высокой истиной, которой обладаетъ каждая религія. Великія религіозныя ученія всѣхъ временъ увлекали цѣлыя народности и въ теченіе тысячелѣтій оставались моральной опорой; поэтому предначертаніями ихъ мы должны руководствоваться въ воспитаніи какъ своемъ собственномъ, такъ и нашихъ дѣтей. Если семья живетъ по завѣту своей религіи, дружно, трудолюбиво и честно; если въ ней царитъ любовь какъ къ отдѣльнымъ своимъ членамъ, такъ и къ другимъ людямъ, если каждый въ домѣ подаетъ примѣръ правдивости и искренности, то это служитъ неизсякаемымъ источникомъ, откуда юная душа ребенка черпаетъ сѣмена, изъ которыхъ произрастаетъ поистинѣ высоко-нравственное богатство души.

Духъ семьи бываетъ особенно силенъ, если семья не слишкомъ мала и не состоитъ, напримѣръ, лишь изъ родителей и одного ребенка, а если, наоборотъ, границы его проявленія шире, захватываютъ не только взаимныя отношенія родителей и дѣтей, но и послѣднихъ другъ къ другу, господъ и слугъ и т. д. Въ такихъ случаяхъ вліяніе этого духа на ребенка, благодаря обществу братьевъ и сестеръ, особенно велико.

Воспитательное дѣйствіе дѣтей другъ на друга всегда сильнѣе, чѣмъ вліяніе взрослыхъ, такъ какъ дѣти по своимъ понятіямъ стоятъ ближе другъ къ другу, чѣмъ можетъ стать къ нимъ взрослый, какъ бы онъ онъ ни старался всѣми силами проникнуть въ душу ребенка. Поэтому ребенокъ ребенку особенно легко можетъ внушить новыя представленія, вполнѣ подходящія къ существующему уже душевному содержанію.

Этотъ фактъ приводитъ насъ къ двумъ заключеніямъ немаловажнаго значенія.

Во-первыхъ, надо стараться въ дѣтскомъ обществѣ

вести себя, какъ дѣти. Это не значитъ, конечно, что нуж-
но всецѣло входить въ эту роль и дѣлаться на время по-
дѣтски неразумнымъ; слѣдуетъ только всецѣло раздѣлить
безпечно-веселое дѣтское настроеніе. Дитя не знаетъ за-
ботъ, ему пока чуждо серьезное настроеніе, внушаемое
знакомствомъ съ суровой жизненной дѣйствительностью;
поэтому на впечатлительную дѣтскую душу всегда серьез-
ное и строгое поведеніе воспитателя дѣйствуетъ отталки-
вающимъ, отчуждающимъ образомъ. Между тѣмъ, парал-
лельно съ той симпатіей, которую ребенокъ испытываетъ
къ личности воспитателя, возрастаетъ и дѣйствіе внуше-
нія послѣдняго на душу своего воспитанника.

Второй выводъ, который мы можетъ сдѣлать изъ выше-
сказаннаго, это то, что получившее за послѣднее время
столь широкое распространеніе стремленіе, чтобы въ семьѣ
было не болѣе одного ребенка („Einkindersystem")
не выдерживаетъ критики не только съ соціальной, но и
съ педагогической точки зрѣнія. Единственный ребенокъ
въ семьѣ находится въ исключительно неблагопріятныхъ
условіяхъ. Стоитъ только припомнить, что мы говорили
на стр. 82-ой относительно воспитательнаго вліянія игръ
на развитіе характера ребенка, и станетъ ясно, насколько
тяжело должно сказываться отсутствіе у ребенка братьевъ
и сестеръ. Но и помимо этого, опытъ учитъ, что единствен-
ный ребенокъ служитъ въ черезчуръ ужъ сильной сте-
пени предметомъ всяческаго вниманія и заботъ; оберегае-
мый и охраняемый съ чрезмѣрнымъ усердіемъ, онъ большей
частью бываетъ сильно стѣсненъ въ своей естественной
потребности къ подвижности и въ своей дѣтской пред-
пріимчивости и теряетъ, такимъ образомъ, всякую спо-
собность къ самодѣятельности. Такъ какъ, изъ излишней
услужливости, за ребенка исполняютъ рѣшительно все, то
вскорѣ онъ становится совершенно безпомощнымъ въ
практической жизни. Чувствуя себя центромъ, на кото-
ромъ сосредоточиваются интересы и вниманіе не только
всей семьи, но также и родственниковъ и знакомыхъ, ре-
бенокъ создаетъ себѣ преувеличенное мнѣніе о собствен-
ной особѣ, дѣлается тщеславнымъ и неестественнымъ.
Постоянное общество взрослыхъ и прислушиваніе къ ихъ
разговорамъ кладетъ свой особый отпечатокъ на ребенка,

такъ какъ онъ поневолѣ усваиваетъ рядъ понятій, совер-
шенно несоотвѣтствующихъ его возрасту и общему ум-
ственному уровню. Благодаря этому онъ кажется не по
лѣтамъ серіознымъ и „разумнымъ“ и часто проявляетъ
полнѣйшее равнодушіе къ другимъ дѣтямъ и ихъ играмъ.
Не способенъ единственный ребенокъ ни быть хорошимъ
товарищемъ, ни подѣлиться съ другими своими вещами,
вслѣдствіе чего другія дѣти обыкновенно избѣгаютъ его.
При этомъ, конечно, страдаетъ его самолюбіе, и онъ замы-
кается въ самомъ себѣ, становится застѣнчивымъ и нелю-
димымъ. Но такая застѣнчивость не является выраженіемъ
чрезмѣрной скрытности: ребенокъ просто боится, что въ
обществѣ чужихъ къ нему отнесутся съ меньшимъ вни-
маніемъ, и онъ вызоветъ къ себѣ меньше обожанія, чѣмъ
среди своихъ. Изъ всего сказаннаго легко понять, что, по-
мимо моральнаго, и физическое здоровье единственнаго
ребенка изнѣживается и слабѣетъ. Въ нѣкоторыхъ слу-
чаяхъ преувеличенная заботливость родителей о своемъ
единственномъ ударяется въ другую крайность: отдается
слишкомъ большое предпочтеніе прогулкамъ, гимнастикѣ,
различнымъ суровымъ методамъ закаливанія и т. п. Но и
въ подобныхъ случаяхъ физическому здоровью наносится
лишь ущербъ. Нельзя въ достаточной мѣрѣ предостеречь
родителей единственнаго ребенка отъ увлеченій въ ихъ
воспитательномъ рвеніи. Имъ слѣдуетъ стараться, по край-
ней мѣрѣ, чтобы ребенокъ ихъ возможно больше нахо-
дился въ обществѣ другихъ дѣтей, а если позволяютъ
средства, то лучше всего взять въ семью пріемыша и за-
тѣмъ побольше предоставлять дѣтей самимъ себѣ. Все ска-
занное здѣсь объ единственномъ ребенкѣ относится и къ
дѣтямъ, появляющимся на свѣтъ, когда ихъ братьямъ и
сестрамъ уже по десяти — двадцати лѣтъ. Имъ тоже въ
домѣ не хватаетъ сверстниковъ и вообще растутъ они
почти въ тѣхъ же условіяхъ, что и единственный ребенокъ
въ семьѣ.

Но даже въ такой обстановкѣ, которая, казалось бы,
обезпечиваетъ самое прекрасное этическое развитіе ребен-
ка, черезчуръ легко проявляются нѣкоторые элементы,
дѣйствующіе, разумѣется помимо воли и даже сознанія
родителей, подчасъ во вредъ моральному преуспѣянію

ребенка. Исходитъ это отъ нѣкоторыхъ бабушекъ и дѣду-
шекъ, испытывающихъ нѣжныя чувства къ своимъ вну-
чатамъ и старающихся найти себѣ мѣстечко въ ихъ сердцѣ,
почему они не только ведутъ себя по отношенію къ нимъ
съ чрезмѣрной снисходительностью, но нерѣдко склонны
даже всячески прикрыть и замять разные дѣтскіе грѣшки.
Такую же роль играютъ и нѣкоторыя любящія тетушки,
изъ подобныхъ же побужденій льстящія дѣтямъ, тайно су-
ющія имъ лакомства, съ удовольствіемъ исполняющія вся-
кую дѣтскую прихоть, не обращая вниманіе на то, что
она, быть можетъ, была ранѣе кѣмъ-нибудь запрещена. Не-
мало вреда, наконецъ, исходитъ и отъ прислуги, готовой
удовлетворить любой капризъ барскаго дитяти и вноса-
щей въ его юную душу разныя суевѣрныя предста-
вленія и т. д. и т. д. Словомъ, значительной помѣхой въ
воспитаніи является непрошенное участіе различныхъ по-
бочныхъ воспитателей, и надо зорко слѣдить, что-
бы они своимъ вмѣшательствомъ потихоньку не разрушали
всего дѣла воспитанія. Какимъ именно образомъ изба-
вится отъ такихъ нежелательныхъ вліяній, — это зависитъ
только отъ индивидуальныхъ условій, существующихъ
въ каждомъ отдѣльномъ случаѣ и отъ личнаго такта ро-
дителей.

Какъ мы отмѣтили, важнѣйшій факторъ этическаго
воспитанія ребенка заключается не въ нравственныхъ по-
ученіяхъ, а въ томъ примѣрѣ, который ребенокъ находитъ
въ окружающей средѣ. Не надо забывать вмѣстѣ съ тѣмъ
и объ его индивидуальныхъ хорошихъ и дурныхъ наклон-
ностяхъ, о которыхъ мы тоже уже упоминали, и которыя,
сообразно ихъ свойствамъ, должны быть воспитаніемъ или
доведены до возможно болѣе высокой степени развитія
или же, наоборотъ, сведены на-нѣтъ. Достижимо это только
тогда уже, когда ребенка пріучили слушаться; при
отсутствіи этого условія въ указанномъ отношеніи мало
или ровно ничего не подѣлаешь.

Съ зачатками послушанія мы встрѣчаемся и у неумѣю-
щаго еще говорить младенца. Но только въ нейтральномъ
дѣтскомъ возрастѣ, когда мы можемъ уже объясняться съ
ребенкомъ словами, надо настойчиво и послѣдовательно
требовать отъ него дѣлать только позволенное и не дѣ-

лать запрещеннаго. Большей частью, послушанія удается добиться просто путемъ соотвѣтствующаго внушенія, иногда при этомъ приходится нѣсколько усилить эффектъ своихъ указаній строгостью тона и повышеніемъ голоса. Бываютъ также дѣти, которыя неохотно слушаются и капризны, хотя къ этому не имѣются какой-либо опредѣленной побудительной причины въ родѣ заболѣванія или утомленія. Чтобы достичь послушанія въ подобныхъ случаяхъ, иногда не удается обойтись безъ примѣненія наказанія. Выраженіе „сломить волю ребенка“, когда его заставляютъ повиноваться, собственно говоря, неправильно; воля его при этомъ не ослабляется, а, наоборотъ, крѣпнетъ, такъ какъ, чтобы быть послушнымъ, ребенокъ долженъ научиться въ нужныхъ случаяхъ подавлять собственныя желанія и сознательно направлять свою волевую дѣятельность къ выполненію требуемаго. Такимъ образомъ, послушаніе пріучаетъ ребенка къ господству надъ самимъ собой, къ самообладанію. Громаднаго нравственнаго значенія послушанія мы уже коснулись выше, на стр. 79. Если нѣкоторые родители, благодаря чрезмѣрной снисходительности и мягкосердечію, не наказываютъ своего непослушнаго ребенка, а думаютъ добиться тѣхъ же результатовъ, только поощряя его, когда онъ случайно послушается, то это безусловно большая ошибка; послушаніе должно представляться ребенку, пока онъ еще не достигъ нравственной самостоятельности, какъ нѣчто такое, что понятно само собой и вовсе не заслуживаетъ какихъ-нибудь особыхъ похвалъ. Можно ли вести воспитаніе ребенка, который не способенъ еще руководствоваться какими-нибудь логически-разумными основаніями, если при этомъ еще не пріучить его безусловно подчинять свою волю разумной волѣ другихъ?

Не менѣе непослушанія, когда ребенокъ завѣдомо преступаетъ запрещенное, необходимо строго порицать и даже наказывать всякую ложь: привычка не всегда говорить правду легко можетъ повести и къ лживости во всемъ поведеніи, иначе говоря, сдѣлать ребенка нечестнымъ. На нашъ взглядъ правдивость и честность является безусловно важнѣйшими этическими свойствами, и недостатокъ ихъ сводитъ на нѣтъ всякую цѣнность остальныхъ достоинствъ

человѣка. И въ этомъ направленіи, въ соблюденіи безус-
ловной правдивости, примѣръ окружающихъ долженъ бли-
стать въ глазахъ ребенка съ особенной яркостью. Ребе-
нокъ скоро усваиваетъ также понятіе той необходимой
въ условіяхъ общественныхъ отношеній лжи, которая под-
сказывается вѣжливостью, и научается отличать ее отъ
лжи, заслуживающей наказанія; помимо же упомянутыхъ,
коренящихся въ условіяхъ соціальной жизни, исключеній,
окружающіе ребенка никогда не должны говорить неправду.

Но, положимъ, ребенокъ уличенъ въ томъ, что онъ
сказалъ неправду. Долженъ ли онъ безъ всякихъ разсу-
жденій нести за это наказаніе? Нѣтъ: нерѣдко, быть мо-
метъ — въ большинствѣ случаевъ, это было бы несправе-
ливостью, могущей причинить дѣтской душѣ тяжелую
рану. Чтобы сохранять справедливость, не надо смѣши-
вать понятія „неправды“ и „лжи“. Первое обозначаетъ
любое утвержденіе, почему-либо не соотвѣтствующее истин-
ному положенію вещей; напротивъ, ложь — это завѣдомо
невѣрное заявленіе, сдѣланное съ опредѣленной цѣлью
ввести въ заблужденіе. Не трудно понять, что ребенокъ
очень легко можетъ представить что-нибудь видѣнное или
пережитое имъ на свой ладъ, подчасъ совершенно несо-
отвѣтственно дѣйствительности, только благодаря прису-
щей дѣтямъ недостаточной наблюдательности, слабости
памяти, неточности представленій о времени и простран-
ствѣ, повышенной впечатлительности, наконецъ, благодаря
почти полной безграничности дѣтскаго воображенія. Въ по-
добномъ случаѣ рѣчь идетъ, конечно, не о лжи, а о неправ-
дѣ; ребенокъ еще не лжецъ и онъ не заслуживаетъ нака-
занія. Бываетъ и такъ, что ребенокъ увлечется полетомъ
своей фантазіи и дойдетъ до того, что станетъ хвастливо
выдавать за истину вещи, созданныя его собственнымъ
воображеніемъ и не выдерживающія критики въ смыслѣ
соотвѣтствія съ дѣйствительностью. На настоящую, дѣй-
ствительно заслуживающую наказанія, ложь ребенка на-
талкиваетъ обыкновенно страхъ отвѣтственности за какой-
нибудь нехорошій поступокъ или за нарушеніе какого-
нибудь запрещенія. Въ подобныхъ случаяхъ надо строже
наказывать за ложь, чѣмъ за самый проступокъ, о кото-
ромъ ребенокъ солгалъ. Съ другой стороны, нужно при

этомъ подумать и о томъ, не способствуетъ ли лжи чрез-
мѣрная строгость, проявляемая по отношенію къ ребенку.

Изъ всего сказаннаго до сихъ поръ можно
вывести заключеніе, что нравственное воспи-
таніе ребенка обусловлено вліяніемъ окру-
жающей среды; въ качествѣ необходимаго
вспомогательнаго средства для активнаго
воспитанія нужно прежде всего добиваться
безпрекословнаго послушанія. Основнымъ нрав-
ственнымъ качествомъ мы считаемъ правдивость; при
ея отсутствіи теряется почва для какой бы то ни бы-
ло нравственности. Кромѣ этого, мы должны содѣй-
ствовать еще только развитію самостоятельности ре-
бенка, такъ какъ она пріучаетъ его имѣть собственныя
желанія и формируетъ его характеръ. Къ этой цѣли уже
можно стремиться, имѣя дѣло и съ совсѣмъ еще малень-
кимъ ребенкомъ; приблизительно съ трехлѣтняго возраста
удается пріучить дѣтей дѣлать кое-что самимъ, конечно,
приноравливаясь при этомъ къ уровню ихъ пониманія.
Имъ даютъ маленькія порученія, въ родѣ того, напримѣръ,
какъ позвать кого-нибудь, что-нибудь подержать или под-
нять и т. п. Пріятно наблюдать при этомъ, съ какимъ рве-
ніемъ малышъ выполняетъ подобное порученіе и какъ онъ
гордится довѣріемъ, оказаннымъ его самостоятельности.
Чѣмъ больше представляется возможнымъ избѣгать руко-
водительства, тѣмъ лучше для ребенка. Съ шестилѣтняго
возраста каждый ребенокъ долженъ начать самостоятель-
но одѣваться и раздѣваться. Не слѣдуетъ, безъ нужды ни
въ чемъ подавлять стремленіе ребенка къ дѣятельности и,
по возможности, сокращать область запрещаемаго: съ рас-
ширеніемъ сферы проявленія самодѣятельности ребенка,
свободнѣе развертываются всѣ его умственныя и мораль-
ныя силы. Но съ другой стороны, не надо искусственно за-
ставлять дѣтей дѣлать слишкомъ много; надо требовать
отъ нихъ только то, что вполнѣ для нихъ выполнимо и что
вызывается прямой необходимостью, иначе дѣло можетъ
кончиться печально; благодаря неудачѣ, душевныя силы
ослабѣютъ, если ихъ только упражнять, забывая о бе-
режномъ отношеніи къ нимъ.

Какъ для того, чтобы воспитать сильное и здоровое

тѣло является цѣлесообразнымъ физическое закаливаніе, такъ и для укрѣпленія и развитія душевныхъ силъ человѣка безусловно необходимо п с и х и ч е с к о е  з а к а л и в а н і е. Уже въ различныхъ способахъ физическаго закаливанія, о которыхъ мы говорили на стр. 117—120, замѣчаются весьма дѣйствительные элементы и закаливанія психическаго; укажемъ, напримѣръ, на необходимость побороть свои ощущенія, привыкая къ холодному воздуху или водѣ, на проявленія отваги и рѣшимости при занятіяхъ дѣтскимъ спортомъ и т. п. Далѣе, въ жизни ребенка ежедневно встрѣчаются нѣкоторыя обстоятельства, вызывающія его неудовольствіе. Не слѣдуетъ совершенно избавлять его отъ подобныхъ положеній. Ребенокъ долженъ учиться переносить боль и другія случайныя непріятности безъ плача и жалобъ; онъ долженъ привыкать безропотно отказываться отъ невыполнимыхъ или неумѣстныхъ, по мнѣнію родителей, желаній; болѣе того, дѣти должны пріучаться переносить и дѣйствительныя лишенія. Это даетъ имъ въ руки лучшее оружіе для борьбы съ тѣми невзгодами, которыя встрѣтятся на ихъ жизненномъ пути. Мы никоимъ образомъ не желаемъ изобразить дѣло такъ, будто дѣтство должно быть суровымъ и безрадостнымъ; напротивъ того, оно непремѣнно должно быть озарено свѣтомъ счастья, радости и веселья. Но въ интересахъ психическаго здоровья и лучшаго развитія душевныхъ силъ мы считаемъ нужнымъ предостеречь отъ изнѣживающаго дѣтскую душу крайне нецѣлесообразнаго поведенія нѣкоторыхъ родителей, хотя бы то и диктовалось исключительно полнотою ихъ любви, когда они стараются всѣми силами устранить съ жизненнаго пути ребенка малѣйшее затрудненіе или всякій поводъ для его неудовольствія.

Вопросы воспитанія остальныхъ моральныхъ свойствъ слишкомъ мало касаются нашей непосредственной задачи, поэтому они не могутъ быть затронуты здѣсь хоть сколько-нибудь подробно. Мы должны только обратить вниманіе на то, что въ тѣхъ случаяхъ, когда, несмотря на самое тщательное воспитаніе, не удается достигнуть никакихъ результатовъ и уже въ дѣтскіе годы все яснѣе сказываются тяжелые дефекты характера, надо помнить, что въ основѣ этого часто лежитъ болѣзненное состояніе души, психическая отсталость. Въ подобныхъ случаяхъ необходимо обратиться къ врачу.

Весьма нерѣдко на пути моральнаго развитія становятся тѣлесные недостатки, и тогда особенно успѣхъ воспитанія находится въ непосредственной зависимости отъ лѣчебнаго вмѣшательства. Повседневное наблюденіе надъ дѣтьми, у которыхъ имѣются бросающіеся въ глаза тѣлесные пороки развитія или роста, напримѣръ, надъ калѣками и т. п., съ наглядностью можетъ убѣдить, насколько сознаніе физической ненормальности дѣйствуетъ подавляющимъ образомъ на этическое развитіе ребенка и въ какой степени оно сказывается различными непріятными чертами его характера. Такія дѣти, конечно, не могутъ не испытывать зависти къ здоровымъ; безсознательно стараются они по возможности скрыть свое уродство и вслѣдствіе этого утрачиваютъ дѣтскую непосредственность и откровенность; всякій разъ, когда имъ приходится убѣждаться, какихъ огромныхъ усилій стоитъ имъ выполненіе многаго такого, что другимъ дается безъ всякаго труда, заставляетъ ихъ, конечно, испытывать горечь; нерѣдки и незаслуженныя огорченія отъ насмѣшекъ надъ ихъ уродствомъ со стороны здоровыхъ людей, которымъ они такъ завидуютъ. Нечего, конечно, ожидать при подобныхъ обстоятельствахъ нормальнаго моральнаго развитія: вотъ еще лишній поводъ поспѣшить съ устраненіемъ излѣчимыхъ тѣлесныхъ недостатковъ, въ родѣ, напримѣръ, волчьей пасти, хромоты, искривленій позвоночника, косоглазія, заиканія и т. п. Съ какой осторожностью надо приступать къ дѣлу этическаго воспитанія дѣтей, страдающихъ подобными тѣлесными недостатками, при чемъ приходится считаться съ ихъ подчасъ совершенно своеобразной душевной жизнью,— это понятно само собой.

Въ нашемъ дальнѣйшемъ изложеніи мы ограничимся тѣми вопросами душевнаго воспитанія, съ которыми практически неминуемо приходитъ въ соприкосновеніе дѣтскій врачъ, могущій здѣсь оказаться полезнымъ своимъ совѣтомъ.

Врачъ, котораго обыкновенно призываютъ къ постели больного ребенка, видитъ его въ необычной обстановкѣ. Но все же ему нетрудно убѣдиться, насколько хорошо вос-

питанъ его маленькій паціентъ, такъ какъ во время бо-
лѣзни ребенокъ меньше въ состояніи слѣдить за собой и
результаты его воспитанія могутъ проявляться такимъ
образомъ въ наиболѣе чистомъ, ничѣмъ незатушованномъ
видѣ. Такъ, одни дѣти и во время болѣзни, если только у
нихъ не помрачено сознаніе, обнаруживаютъ большое са-
мообладаніе; не смотря на свои страданія, они привѣтливы
съ врачомъ и точно отвѣчаютъ на его вопросы. Зато дру-
гія дѣти, напротивъ, какъ только заболѣютъ, становятся
крайне непривѣтливыми, упрямыми, не отвѣчаютъ, когда
съ ними заговариваютъ, или же безъ мѣры жалуются на
боль и почти не позволяютъ себя изслѣдовать.

Можно ли оправдать такое капризное поведеніе дѣтей
во время болѣзни? Большинство родителей отвѣчаютъ на
этотъ вопросъ утвердительно: „ребенокъ боленъ, говорятъ
они, и его нельзя въ такомъ состояніи воспитывать". Мы
же отвѣтимъ: „нѣтъ, дурного поведенія дѣтей нельзя оправ-
дать и во время болѣзни; оно просто слѣдствіе извѣст-
ныхъ недостатковъ воспитанія, и недостатки эти нужно
безотлогательно исправить". Уже говоря о физическомъ
воспитаніи, мы обратимъ вниманіе, насколько неправиль-
но было бы прерывать во время болѣзни ребенка требова-
ніе соблюденія чистоты, напримѣръ, — временно прекращать
чистить зубы. Такъ же мало основаній и для того, чтобы
заболѣваніе ребенка нарушало безпрерывность его мораль-
наго воспитанія. Послѣднее на время болѣзни только болѣе
или менѣе видоизмѣняется. Если, напримѣръ, больной
ребенокъ не желаетъ открыть ротъ и не позволяетъ та-
кимъ образомъ осмотрѣть его зѣвъ, то надо различать, мѣ-
шаетъ ли ему послушаться боль, или онъ поступаетъ такъ,
будучи боязливымъ или же своенравнымъ. Въ первомъ
случаѣ врачъ, для достиженія своей цѣли, будетъ дѣйство-
вать съ особенной осторожностью, во второмъ случаѣ онъ
постарается ободрить и успокоить ребенка, въ третьемъ
же случаѣ — ребенокъ долженъ быть наказанъ. Если окру-
жающіе слишкомъ балуютъ ребенка и не умѣютъ обезпе-
чить себѣ во время его болѣзни достаточный покой, такъ
какъ утратили всякій авторитетъ, то можно посовѣтовать
только довѣрить уходъ, а слѣдовательно и воспитаніе
больного ребенка постороннимъ лицамъ. При этомъ обык-

новенно картина сразу мѣняется: маленькій паціентъ, только что передъ тѣмъ такой непослушный и необузданный, сразу становится самымъ покорнымъ и терпѣливымъ. Естественно, разъ дѣло касается какой-нибудь тяжелой безнадежной болѣзни ребенка, то ни о какомъ воспитаніи не можетъ быть и рѣчи; при своихъ разсужденіяхъ здѣсь мы имѣемъ въ виду лишь болѣе легкія заболѣванія, затянувшійся періодъ выздоровленія, наконецъ, различныя хроническія страданія. Психика больного ребенка, разумѣется, не та, что у здороваго: пріятныя впечатлѣнія, безъ сомнѣнія, его не затрагиваютъ, а мрачныя вслѣдствіе повышенной утомляемости и слабости — сильно подавляютъ его; въ концѣ концовъ преобладаютъ непріятныя ощущенія, и поэтому у больного ребенка всегда серіозный и удрученный видъ. Въ такомъ состояніи отъ силы воли нельзя ожидать слишкомъ многаго, и нужно его щадить. Но какъ скоро появленіе болѣе веселаго, бодраго настроенія обнаруживаетъ, что отношеніе ребенка къ внѣшнему міру становится нормальнымъ, не только вполнѣ возможно, но и необходимо требовать отъ него, чтобы онъ держалъ себя по отношенію къ воспитателю такъ же, какъ и въ здоровомъ состояніи, укрѣпляя и закаливая силу воли. Само собой разумѣется, въ подобныхъ случаяхъ, упражняя силы и способности организма, въ то же время надо и беречь его. Надо еще не упускать изъ виду, что привычка стойко переносить боль и страданія является весьма дѣйствительнымъ факторомъ психическаго закаливанія.

Съ поведеніемъ маленькаго паціента для врача въ значительной степени связанъ успѣхъ его лѣчебныхъ мѣропріятій, такъ какъ послѣдующій правильный образъ дѣйствій обезпечиваетъ только возможность тщательно изслѣдовать больного. Разъ ребенокъ въ страхѣ и возбужденіи кричитъ и ожесточенно отбивается отъ всякихъ попытокъ изслѣдовать его, то изслѣдованіе сердца и легкихъ крайне затрудняется, а перкуссія (выстукиваніе) внутреннихъ органовъ иногда оказывается и совершенно невозможной. Очень полезно въ виду всего этого съ раннихъ поръ пріучать ребенка къ нѣкоторымъ медицинскимъ манипуляціямъ, какъ, напримѣръ, къ осмотру горла (см. стр. 95), обтираніямъ, клизмамъ, измѣренію температуры и т. д.; кромѣ того, никогда не слѣдуетъ злоупотреблять напоминаніемъ о „докторѣ" для запугиванія ребенка, наоборотъ, нужно пріучать его къ дружественному отношенію къ врачу.

Къ настоящей главѣ относится, между прочимъ, разсмотрѣніе одного состоянія, наличность котораго у дѣтей нейтральнаго возраста прежде или совсѣмъ отрицалась или же признавалась только въ видѣ рѣдкаго исключенія, въ дѣйствительности же состояніе это, именно н е р в- ность ребенка представляется явленіемъ, весьма распространеннымъ въ разбираемомъ возрастѣ и имѣющимъ въ виду этого большое значеніе съ педагогической точки зрѣнія. Вопросъ о нервности дѣтей заслуживаетъ болѣе подробнаго разсмотрѣнія, такъ какъ это состояніе легко ускользаетъ отъ вниманія родителей, а между тѣмъ оно не всегда является результатомъ исключительно одного только врожденнаго невропатическаго предрасположенія: не- рѣдко развитіе и даже самое возникновеніе нервности въ большей или меньшей степени обусловливается уродли- вымъ воспитаніемъ, какъ физическимъ, такъ и психиче- скимъ. Въ виду этого мы прежде всего разсмотримъ здѣсь проявленія врожденной нервности; затѣмъ постараемся освѣтить тѣ дефекты воспитанія, которые способны сдѣлать ребенка нервнымъ, и въ заключеніе вкратцѣ изобразимъ режимъ, необходимый въ интересахъ тѣлесной и душевной гигіены нервныхъ дѣтей.

Нерѣдко уже у грудного младенца можно констатиро- вать извѣстные признаки врожденной нервности (стр. 61). Также проявляется легкая степень ея и въ нейтральномъ возрастѣ: и теперь мы встрѣчаемся съ повышенной тѣлес- ной и душевной подвижностью, съ чрезмѣрной живостью ребенка, съ безпокойнымъ сномъ, пугливостью и часто — съ чрезмѣрной боязнью всякаго незнакомаго явленія. Съ теченіемъ времени картина осложняется: нервныя дѣти легко то краснѣютъ, то блѣднѣютъ; часто страдаютъ го- ловными болями, просто отъ усталости или въ формѣ ти- пичныхъ мигреней, сердцебіеніями и другими нарушеніями правильной сердечной дѣятельности; становятся крайне чувствительными къ теплу и холоду. Большею частью имъ свойственно непостоянство аппетита и наклонность къ разстройствамъ пищеваренія, проявляющимся въ формѣ отрыжки, рвоты, чрезмѣрнаго образованія въ кишечникѣ газовъ, упорныхъ запоровъ; у дѣтей, особенно чувствительныхъ, при этомъ послѣ болѣе или менѣе продолжительнаго запора легко появляется вдругъ поносъ. Равнымъ образомъ наблюдается и разстройство мочеотдѣленія, какъ, напримѣръ, чрезвычайное обиліе мочи, ночное недержаніе ея и т. п. Вслѣдствіе повышенной душевной впечатлительности, нервный ребенокъ утомляется легче другихъ дѣтей: самаго незначительнаго душевнаго напряженія уже достаточно, чтобы вниманіе его притупилось, и чтобы онъ сдѣлался вялымъ, сталъ болѣзненно позѣвывать, жаловаться на головную боль и т. д. Несмотря на утомленіе, нервный ребенокъ безпокоенъ во снѣ; онъ постоянно ворочается съ бока на бокъ, потому что, вслѣдствіе чрезмѣрной возбудимости, малѣйшее раздраженіе со стороны внутреннихъ органовъ (кишечные газы, глисты) или со стороны кожи (зудъ) вызываетъ повышенный рефлексъ. Нерѣдко бываютъ внезапные ночные испуги: ребенокъ, безъ всякой видимой причины, вдругъ просыпается отъ своего крѣпкаго, перваго сна, съ ужасомъ оглядывается вокругъ себя, воображаетъ, что его преслѣдуютъ, не узнаетъ окружающаго, и его еще очень долго никакъ не удается успокоить; заснувши, наконецъ, послѣ этого, онъ къ утру не сохраняетъ никакого воспоминанія о ночной сценѣ. Затѣмъ, характернымъ является существующій иногда у нервныхъ дѣтей неосновательный страхъ передъ опредѣленными животными (мышами, пауками, лягушками, гусеницами и т. д.). Если ребенка не удается отучить отъ какихъ-нибудь дурныхъ привычекъ, напримѣръ, грызть ногти, жевать волосы, сосать пальцы, щипать кожу, то и на нихъ надо смотрѣть какъ на болѣзненныя нервныя, такъ называемая стереотипныя, явленія.

Помимо того страха, который является до извѣстной степени обоснованнымъ и свойственнымъ, часто даже вполнѣ нормальнымъ дѣтямъ, въ родѣ, напримѣръ, боязни оставаться одному или боязни грозы и т. п., у нервнаго ребенка иногда проявляется еще болѣзненная боязнь обширныхъ пространствъ, обрывовъ, блестящихъ или острыхъ предметовъ и т. п., часто онъ и просто вообще трусливъ. Въ другихъ случаяхъ наблюдается преувеличенная чисто-

плотность, особенная любовь поминутно умываться, пре-
увеличенная любовь къ порядку или доходящая до болѣз-
ненности стыдливость; относительно подобныхъ свойствъ —
трудно рѣшить, являются ли они утрированными чертами
характера или же вызваны болѣзненнымъ состояніемъ.

Къ числу вынужденныхъ движеній относятся различ-
ные виды тика: морганіе, судорожное подергиванье бровей,
рта, всей головы, плечъ, судорожныя гримасы и т. п.; движе-
нія эти особенно часто считаются за дурную привычку
ребенка, тѣмъ болѣе, что послѣдній по большей части и
самъ склоненъ объяснять ихъ наличностью у него какой-
нибудь физической неловкости; то, напримѣръ, у него че-
шется глазъ или носъ, то неловко сидитъ воротникъ и т. д.
Не надо упускать изъ виду, что тикъ есть болѣзненное
явленіе нервнаго характера и что, если какая-нибудь „при-
вычка" или шалость ребенка не уступаетъ никакимъ за-
претамъ, слѣдуетъ обратиться къ врачу. Точно такъ же къ
дурнымъ привычкамъ или неловкости ребенка часто отно-
сятъ и начинающуюся пляску св. Витта, которая вначалѣ
сказывается только несоразмѣренностью произвольныхъ
движеній; обратиться за врачебнымъ совѣтомъ побуждаетъ
родителей обыкновенно лишь дальнѣйшее развитіе бо-
лѣзненныхъ явленій. Что и заиканіе относится къ числу
нервныхъ страданій, въ этомъ мы уже выше убѣдились.
Вообще рѣчь нервнаго ребенка суетлива и сбивчива.
Изъ опредѣленно выраженныхъ нервныхъ болѣзней въ
нейтральномъ періодѣ можетъ обнаружиться еще истерія,
однако же не ранѣе трехлѣтняго возраста; но проявленія ея
такъ многообразны, что распознаваніе доступно только
врачу.

Въ чемъ же заключаются тѣ дефекты воспита-
нія, которые могутъ расшатать нервную систему? — Го-
воря вообще — во всякомъ нарушеніи предписаній физи-
ческой и психической гигіены, въ пренебреженіи принци-
памъ бережнаго упражненія тѣлесныхъ и душевныхъ силъ,
наконецъ, въ недостаточномъ закаливаніи души и тѣла.
Нервная система ребенка не можетъ окрѣпнуть и прі-
обрѣсть достаточной стойкости противъ вредныхъ вліяній,
напротивъ того, она должна безусловно притти въ полное
разстройство; ребенокъ спитъ безпорядочно и недоста-

точно, если его систематически перекармливаютъ, даютъ ему наркотическіе напитки и слишкомъ много мяса, если тѣло его изнѣжено и не выноситъ непогоды или напряженной работы, а душа не пріучена къ самообладанію и не закалена; если, наконецъ, преждевременно и неразумно напрягаются и истощаются умственныя силы. Разумѣется, губительное вліяніе различныхъ дефектовъ воспитанія на нервную систему возрастаетъ, если послѣдняя ужъ ослаблена извращеннымъ ли воспитаніемъ въ предшествующее время, или невропатическимъ предрасположеніемъ или же болѣзнью; два послѣднихъ обстоятельства имѣютъ особенно важное значеніе.

Изъ сказаннаго выше сами собой выясняются исходные пункты для воспитанія нервныхъ дѣтей.

Въ отношеніи тѣлеснаго режима надо позаботиться о томъ, чтобы ребенокъ хорошо и въ достаточномъ количествѣ спалъ. Все, что сказано о снѣ въ отношеніи къ дѣтямъ нейтральнаго возраста вообще (стр. 112—115), пріобрѣтаетъ особенное значеніе для нервно-больного ребенка и должно соблюдаться очень тщательно. Нервный ребенокъ затрачиваетъ большое количество нервной ткани и нуждается въ обновленіи ея во время сна; опредѣляя необходимое время сна, лучше, поэтому, даже еще превышать приведенныя нами выше нормы. Такъ какъ у нервнаго, живого ребенка, при его большой подвижности, быстро истощаются запасы усваиваемаго имъ питательнаго матеріала, то, въ предупрежденіе этого, полезно иногда своевременно, въ промежуткѣ между двумя очередными пріемами пищи, дать лишній стаканъ молока съ кускомъ хлѣба. Преобладаніе мясной пищи, пряности, кофе, чай, вино и пиво возбуждающе дѣйствуютъ на нервную систему и поэтому должны строжайшимъ образомъ избѣгаться. Наоборотъ, подходящую пищу для нервныхъ дѣтей составляютъ: овощи, каша, плоды, хлѣбъ и молоко. Огромную пользу приноситъ пребываніе въ деревнѣ, въ тѣсномъ соприкосновеніи съ природой. Здѣсь ребенокъ встрѣчаетъ не только благопріятныя условія для своего физическаго здоровья, но та спокойная, созерцательная жизнь, которую онъ ведетъ въ деревнѣ, вдали отъ нервной городской атмосферы, умиротворяюще дѣйствуетъ и на его

душу. Благодаря возможности по-долгу играть на свѣжемъ
воздухѣ, здѣсь лучше, чѣмъ въ условіяхъ городской жиз-
ни, достигается столь необходимое для нормальнаго раз-
витія и для сохраненія здоровья тѣлесное закаливаніе и
укрѣпленіе мышечной силы. Отъ закаливанія нервной си-
стемы холодной водой мы должны, на основаніи сказан-
наго на стр. 116, особенно предостеречь, если имѣть въ
виду нервнаго ребенка, такъ какъ въ этомъ случаѣ осо-
бенно легко добиться обратнаго эффекта — потрясенія нерв-
ной системы. Обиліемъ различныхъ медицинскихъ мѣро-
пріятій въ отношеніи къ подобнымъ дѣтямъ вообще не на-
до злоупотреблять изъ педагогическихъ соображеній: въ
противномъ случаѣ они легко привыкаютъ видѣть себя
больными и нуждающимися въ особомъ уходѣ и начи-
наютъ требовать къ себѣ совершенно исключительнаго
отношенія.

Значительныя трудности представляетъ д у ш е в н о е
в о с п и т а н і е дѣтей съ рано обнаружившимися призна-
ками нервности. По большей части они отягчены пато-
логической наслѣдственностью, имѣютъ нервныхъ родите-
лей и осуждены расти въ „нервной атмосферѣ". Родители,
которые сами обладаютъ неустойчивостью душевнаго равно-
вѣсія, которые раздражительны, вспыльчивы, склонны къ
взаимнымъ разногласіямъ, лишены вмѣстѣ съ тѣмъ и не-
обходимой для воспитанія дѣтей уравновѣшенности. По-
добнымъ родителямъ не достаетъ важнѣйшихъ, свойствен-
ныхъ хорошему воспитателю, качествъ: строгой послѣдо-
вательности и справедливости, спокойной, ровной любви
и привѣтливости въ отношеніяхъ къ ребенку. Духъ семьи
въ подобныхъ случаяхъ не проникнутъ любовью, добромъ,
счастьемъ и миромъ, которые были бы такъ необходимы
для сохраненія дѣтской души въ состояніи равновѣсія.
Ребенокъ, до высокой степени впечатлительный, легко
поддающійся внушенію, является постояннымъ свидѣте-
лемъ слабостей своихъ родителей, перенимаетъ ихъ и
вскорѣ у него обнаруживаются, помимо врожденной нерв-
ности, еще и вновь пріобрѣтенные ненормальные признаки.
При малѣйшей возможности, нервные родители, не спо-
собные сами правильно воспитывать своихъ дѣтей, долж-
ны бы были довѣрять воспитаніе своихъ наслѣдственно

нервныхъ дѣтей постороннимъ лицамъ. Къ сожалѣнію, на дѣлѣ это выполняется только въ исключительно рѣдкихъ случаяхъ и съ большой неохотой, потому что для нервныхъ людей именно и характерно, что они сами себя считаютъ какъ-разъ наиболѣе подходящими для своихъ дѣтей воспитателями, другимъ же — совершенно не довѣряютъ.

Такъ какъ мы знаемъ, насколько глубоко влияніе, оказываемое дѣтьми другъ на друга, то мы должны удѣлять особое вниманіе выбору общества для нервнаго ребенка. Товарищи его игръ должны быть здоровыя и спокойныя дѣти, по возрасту и развитію — ему равныя и во всякомъ случаѣ — не превосходящія его, такъ какъ рѣчь идетъ о томъ, чтобы сохранить въ его натурѣ дѣтскія черты, а часто даже впервые ихъ ей привить.

Нервныя дѣти, часто очень одаренныя и быстро созрѣвающія, дѣйствительно легко подвергаются опасности утратить свою дѣтскую природу. Часто ихъ интересы совершенно тождественны съ интересами взрослыхъ, и поэтому ихъ занимаетъ и забавляетъ то, что можетъ только усилить ихъ нервность. Къ сожалѣнію, именно этихъ дѣтей встрѣчаешь обыкновенно въ обществѣ взрослыхъ по концертамъ, музеямъ и театрамъ, — само собой разумѣется, исключительно къ величайшему вреду для ихъ развитія. Точно такъ же и циркъ или дѣтскіе балы, служатъ для ребенка болѣе возбуждающимъ его нервы развлеченіемъ, чѣмъ спокойныя дѣтскія игры, и способны лишь усилить нервность. При воспитаніи нервныхъ дѣтей болѣе, чѣмъ при какихъ бы то ни было другихъ обстоятельствахъ, умѣстно проведеніе самой строгой простоты и непритязательности; удовольствія въ подобныхъ случаяхъ должны точно соотвѣтствовать возрасту*).

Весьма важно, чтобы нервный ребенокъ не оставался безъ дѣла; такъ какъ это, съ одной стороны, располагаетъ къ мечтательности и къ мучительной наклонности къ самоанализу, которые способны повести къ

---

*) Вредныя возбужденія могутъ быть и тѣлеснаго характера. Упомяну, напримѣръ, о недопустимомъ ни въ коемъ случаѣ щекотаніи, которымъ дѣти иногда забавляютъ другъ друга и къ которому прибѣгаютъ нѣкоторыя неразумныя няньки, желая „позабавить" маленькаго ребенка и заставить его смѣяться.

различнымъ психопатическимъ послѣдствіямъ; съ другой же стороны, удовлетвореніе, доставляемое занятіемъ, работой, вѣрнѣе всего ведетъ къ оздоровленію разслабленной нервной системы. Воспитателю необходимо усвоить правило пріучать своего воспитанника уже со времени нейтральнаго возраста къ выдержкѣ при работѣ, такъ какъ частый переходъ отъ одного занятія къ другому ведетъ только къ лишнему безцѣльному нервному возбужденію; вмѣстѣ съ тѣмъ, выдержка есть цѣнное свойство съ педагогической точки зрѣнія, такъ какъ безъ нея не достигается работоспособность.

Въ виду пониженной способности къ подавленію психическихъ аффектовъ, характеризующей нервныхъ дѣтей, особенно важнымъ является далѣе, воспитаніе у нихъ привычки къ самообладанію. Лучшій путь къ этому, какъ мы уже отмѣтили выше, заключается въ томъ, чтобы пріучить ребенка къ послушанію. Нужно, затѣмъ, обращать вниманіе на то, чтобы ребенокъ не выражалъ при каждомъ малѣйшемъ поводѣ, при всякой ничтожной боли, слишкомъ много жалобъ и не плакалъ при этомъ; чтобы онъ оставался вполнѣ спокойнымъ, если получитъ отказъ въ какомъ-нибудь самомъ горячемъ своемъ желаніи. Многіе родители боятся предъявлять подобныя требованія къ своимъ „деликатнымъ" дѣтямъ; они по возможности стараются оградить ихъ отъ всякаго непріятнаго положенія, и такимъ образомъ только изнѣживаютъ ихъ морально. Вѣдь именно, мужественно перенося боль и лишенія, и можно достигнуть столь существеннаго въ жизни психическаго закаливанія, которое сообщаетъ слабой нервной системѣ болѣе значительную сопротивляемость.

Изъ приведенной выше оцѣнки явленій, которыми обнаруживается нервность ребенка, сами собой вытекаютъ нѣкоторыя практическія правила, пригодныя для облегченія состоянія такихъ дѣтей. Такъ, напримѣръ, для улучшенія сна надо поддерживать въ комнатѣ прохладную температуру, обратить вниманіе на быть можетъ мѣшающихъ сну ребенка кишечныхъ паразитовъ или на кишечные газы, успокоить кожный зудъ и т. д. Неосновательную боязнь различныхъ животныхъ лучше всего устранить, доказавъ на собственномъ примѣрѣ, что бояться, въ сущности, нечего. Если нервный ребенокъ слишкомъ боязливъ, то надо внушить его товарищамъ, что даже въ игрѣ или въ шутку не слѣдуетъ его пугать.

Если испугъ подѣйствуетъ на ребенка настолько потрясающимъ образомъ, что въ результатѣ явится блѣдность, холодный потъ, дрожь, сердцебіеніе, то надо быстро отвлечь его вниманіе на что-нибудь другое. Это лучше всего удается если дать ребенку напиться холодной воды: благодаря процессу питья и внезапному охлажденію желудка измѣняется какъ психическое, такъ и физическое состояніе, въ которыхъ находится ребенокъ. Вмѣстѣ съ тѣмъ, однако, холодное питье еще усиливаетъ тотъ позывъ къ удовлетворенію естественныхъ потребностей, который обусловливается испугомъ. Давая ребенку возможность удовлетворить такому позыву, мы ставимъ его въ положеніе, совершенно отличное отъ того, которое его столь сильно испугало, и онъ успокаивается благодаря тому, что его вниманіе всецѣло поглощается этимъ новымъ положеніемъ.

Очень неблагоразумно обсуждать въ присутствіи ребенка различные медицинскіе вопросы. Даже жалобы взрослыхъ на ихъ страданія и многорѣчивые разсказы о собственныхъ болѣзненныхъ ощущеніяхъ могутъ уже дать ребенку поводъ слишкомъ присматриваться къ самому себѣ и внушить ему различныя воображаемыя болѣзни. Еще большую ошибку сдѣлалъ бы врачъ, если бы онъ въ присутствіи ребенка констатировалъ тѣ или иныя его нервныя разстройства и сталъ бы давать относящіеся къ нимъ совѣты. Дѣти при этомъ немедленно начинаютъ считать себя въ исключительномъ положеніи и требуютъ, чтобы имъ удѣляли особое вниманіе. Чѣмъ меньше ребенокъ привыкъ прислушиваться къ всевозможнымъ тѣлеснымъ ощущеніямъ, тѣмъ онъ оказывается менѣе больнымъ и тѣмъ болѣе нормальный ходъ обезпечивается его этическому развитію.

Оставляемъ столь важную въ педагогическомъ смыслѣ область взаимоотношенія нервности и воспитанія, и переходимъ къ другимъ вопросомъ, съ которыми врачу приходится считаться въ дѣтской практикѣ.

Часто приходится рѣшать, наступило ли уже время начать систематическое обученіе ребенка, долженъ ли онъ учиться дома или же его нужно отдать въ школу и т. п. Однако, подобные вопросы относятся скорѣе къ главѣ о школьномъ возрастѣ. Въ нѣкоторыхъ случаяхъ дѣтскому врачу задается вопросъ, можетъ ли ребенокъ уже въ нейтральномъ возрастѣ з а н и м а т ь с я м у з ы к о й, при чемъ подъ этимъ большей частью разумѣется уроки фортепіано. Отвѣтъ долженъ быть данъ соотвѣтственно существующему у ребенка дарованію: если уже съ самыхъ раннихъ поръ, лѣтъ съ трехъ, у ребенка обнаруживается хорошій музыкальный слухъ, при чемъ онъ любитъ пѣть и слушать музыку, то, удовлетворяя дѣйствительно живому желанію самого ребенка учиться музыкѣ, можно начать его музыкальное образованіе уже приблизительно на седьмомъ году жизни. Ознакомленіе съ музыкой можетъ пойти безъ особыхъ затрудненій, разъ существуютъ спеціальныя способности, и степень умственнаго развитія ребенка достигла къ упомянутому возрасту достаточнаго уровня; благодаря живому участію самого ребенка, когда онъ занимается по собственной охотѣ, можно избѣжать вреднаго вліянія на его нервную систему. Если же у ребенка выдающагося музыкальнаго дарованія не существуетъ, а имѣется съ наличностью слуха и желаніе играть, то нормальнымъ возрастомъ для начала обученія музыкѣ надо считать восьмой годъ: раньше этого трудно требовать усидчивости, нужной менѣе одареннымъ дѣтямъ, для преодолѣнія тѣхъ трудностей, которыя связаны съ первыми сухими ступенями обученія музыкѣ; такимъ образомъ, можно только быстро утомить ребенка, внушивъ ему крайнее чувство неудовольствія, могущее на всегда отвратить его отъ желанія играть. Если же, наконецъ, нѣтъ даже ни слуха, ни собственной охоты, то можно только посовѣтовать оставить всякую мысль о какомъ-бы то ни было обученіи ребенка музыкѣ; въ подобныхъ случаяхъ, во-первыхъ, собственно говоря, нѣтъ объекта, то-есть соотвѣтствующей способности, которую можно надѣяться развить, а кромѣ того, при неохотѣ и недостаточной понятливости ребенка, нельзя уже разсчитывать что удастся избѣжать вреднаго вліянія на нервную систему.

Для того, чтобы выучиться инструментальной музыкѣ, требуется довольно высокая степень умственной зрѣлости. Соотвѣтствующее музыкальному ритму дѣленіе на такты различной длительности требуетъ знакомства со счетомъ и дробями, для чтенія нотъ нужно большое вниманіе, для выполненія техническихъ упражненій — значительная выдержка. Ясно отсюда, что для рѣшенія вопроса о времени обученія музыкѣ, намъ приходится устанавливать различныя въ каждомъ отдѣльномъ случаѣ нормы. Иначе обстоятъ дѣло съ пѣніемъ. Пѣть нужно учить каждаго ребенка, какъ скоро онъ научится говорить и станетъ хоть до извѣстной степени способнымъ соблюдать музыкальный ритмъ. Почти у всѣхъ людей имѣется музыкальный слухъ, разумѣется, въ самой различной степени. Упражненіемъ можно развить самые незначительные рудименты его; нужно только начать возможно раньше, чтобы не дать совершенно заглохнуть этимъ слабымъ задаткамъ. Для начала ребенокъ можетъ подтягивать взрослымъ, „какъ Богъ на душу положитъ“, или выучить первую пѣсенку подъ наигрываніе матери на рояли. Если ребенокъ поетъ нехорошо или даже совсѣмъ фальшиво, онъ все-таки испытываетъ при этомъ не меньше удовольствія и радости, чѣмъ и вполнѣ правильно поющія дѣти. Со временемъ онъ начинаетъ пѣть лучше или, смотря по своему дарованію, даже и совсѣмъ хорошо. Пѣніе является здоровымъ удовольствіемъ, освѣжающимъ и оживляющимъ чувство ребенка. Достаточно продолжительное, регулярное пѣніе расширяетъ грудную клѣтку, укрѣпляетъ легкія, улучшаетъ кровообращеніе. Итакъ, мы находимъ въ пѣніи прекрасное средство, драгоцѣнное для гигіены тѣла и души, развивающее слухъ и пробуждающее любовь къ музыкѣ. Оно можетъ быть лучшей начальной ступенью для дальнѣйшаго музыкальнаго образованія. Пѣнію принадлежитъ большое воспитательное значеніе и еще въ одномъ направленіи: простыя пѣсенки родного народа, такъ же какъ и пѣсни патріотическаго и духовнаго содержанія, распѣваемыя дѣтьми, возвышаютъ душу и укрѣпляютъ любовь къ Богу, родинѣ и домашнему очагу.

Къ удовольствіямъ, разнообразящимъ жизнь ребенка, относятся, на ряду съ пѣніемъ, и танцы. Послѣдніе для ребенка имѣютъ совершенно не тотъ смыслъ, что для взрослыхъ, которые въ танцахъ находятъ средство для сближенія половъ. Для дѣтей нейтральнаго возраста танцы являются невиннымъ проявленіемъ хорошаго настроенія, совершенно независимо отъ того, принимаютъ ли въ нихъ участіе мальчики или дѣвочки или же тѣ и другіе вмѣстѣ. Во всякомъ случаѣ, такъ должно быть. При танцахъ развивается ловкость и грація тѣла. Кромѣ того, нѣтъ средства, могущаго лучше развить у ребенка эстетическое понятіе красоты, чѣмъ наблюдать пластически прекрасныя позы и гармоничныя, строго ритмическія движенія, и самому принимать въ нихъ ближайшее участіе, при хорошемъ обученіи танцамъ. Современные способы обученія танцамъ, повидимому, несутъ съ собой коренной переворотъ и облагораживаніе всѣхъ излюбленныхъ до сихъ поръ танцевъ. Способы эти предназначаются для усовершенствованія эстетически воспитательнаго значенія танцевъ, при соблюденіи слѣдующихъ двухъ условій: во-первыхъ, обученіе танцамъ должно начинаться съ возможно болѣе ранняго возраста, и во-вторыхъ — оно должно вестись правильно: смѣхотворное обезьяничанье, подражаніе взрослымъ, поза и ухаживаніе не должны имѣть болѣе мѣста. Наиболѣе подходящимъ для обученія танцамъ возрастомъ является конецъ нейтральнаго періода, когда ребенокъ въ состояніи уже усвоить и воспроизвести то, что отъ него требуется.

Въ разсмотрѣніе такихъ спеціально-педагогическихъ вопросовъ, какъ поощренія и предостереженія, обѣщанія и угрозы, награды и наказанія, мы можемъ войти здѣсь лишь постольку, поскольку они соприкасаются съ господствующими въ медицинѣ взглядами. Первое мѣсто слѣдуетъ отвести при этомъ вопросу о наказаніяхъ.

Допустимы ли, напримѣръ, тѣлесныя наказанія? На этотъ вопросъ надо отвѣтить утвердительно, хотя и съ большими оговорками. Такъ какъ для всякаго мыслящаго и сознательнаго субъекта, все равно — взрослаго или ребенка, тѣлесное наказаніе представляется въ высшей степени позорнымъ и унизительнымъ, то допустить примѣненіе его можно только въ отношеніи къ совсѣмъ еще маленькимъ дѣтямъ, индивидуальность души которыхъ еще не сформировалась и которыя поэтому въ такомъ видѣ

наказанія воспринимаютъ одно только ощущеніе физиче-
ской боли. Логическія соображенія, увѣщанія и поученія
въ этомъ возрастѣ еще недоступны; напротивъ, тѣлесное
наказаніе заставляетъ его признать авторитетъ своего вос-
питателя; если наказаніе слѣдуетъ непосредственно за
проступкомъ, то оно приводитъ ребенка къ сознанію своей
неправоты, онъ испытываетъ раскаяніе въ совершеніи
такого неправильнаго дѣйствія и удерживаетъ себя отъ
его повторенія; подобное предостереженіе поддерживается
тѣмъ глубокимъ и длительнымъ впечатлѣніемъ, которое
производитъ на ребенка причиненная ему боль. Для обез-
печенія болѣе вѣрныхъ результатовъ, тѣлесное наказаніе
должно быть совершено тутъ же, при наличности уликъ
проступка. Оно не должно заключаться въ грубомъ битьѣ,
дерганьи за ухо, пощечинахъ, щипаньи и т. п., а только
въ короткихъ, но сильныхъ и болѣзненныхъ ударахъ по
ручкѣ или же въ сѣченіи розгой или тростью по мягкой
части тѣла. Для быстраго возтановленія душевнаго равно-
вѣсія ребенка и для того, чтобы совершенное надъ нимъ
не показалось ему злобнымъ актомъ мести, тотчасъ по
окончаніи наказанія воспитатель долженъ обнаружить рас-
положеніе и вполнѣ мирное чувство къ ребенку. Высшій
возрастъ, въ которомъ допустимо тѣлесное наказаніе, ко-
леблется въ зависимости отъ развитія и задатковъ харак-
тера ребенка между четвертымъ и шестымъ годами жизни *).

Но можно ли наказывать ребенка уже на первомъ
году жизни? И на этотъ вопросъ мы отвѣчаемъ утверди-
тельно, такъ какъ мы знаемъ, что и въ этомъ возрастѣ
ребенокъ нерѣдко бываетъ упрямъ, а съ другой стороны
такъ рано его невозможно еще пріучить къ послушанію.
Такъ какъ на первомъ году жизни дѣти обыкновенно
находятся на полномъ попеченіи няни, то и послѣдней
приходится удѣлить право наказанія. Это соображеніе

*) Такъ какъ для каждаго наказанія требуется полная обоснован-
ность и твердое убѣжденіе въ его необходимости и выполненіемъ
его должно руководить исключительно только благожелательное отно-
шеніе къ ребенку, то воспитатель не долженъ быть вспыльчивымъ.
Люди нервные должны тѣмъ болѣе осторожно относиться къ тѣлес-
ному наказанію, что нанесеніе ударовъ дѣйствуетъ возбуждающе на
нихъ самихъ и легко вызываетъ у нихъ вспышку гнѣва.

снова свидѣтельствуетъ намъ, насколько важно имѣть для ребенка хорошую няню и какъ осторожно нужно дѣлать выборъ ея.

Изъ другихъ видовъ наказанія слѣдуетъ упомянуть невыполненіе какого-нибудь желанія ребенка и лишеніе его любимаго блюда. Оба эти вида безусловно допустимы, при чемъ еще имѣютъ то преимущество, что способствуютъ психическому закаливанію, составляющему одну изъ важнѣйшихъ задачъ воспитанія. Надо, наоборотъ, рѣшительно высказаться противъ запиранія провинившагося ребенка въ темной комнатѣ. Такимъ образомъ совершенно не достигается преслѣдуемая при этомъ цѣль навести ребенка на размышленія о совершенномъ проступкѣ: страшное мѣсто наказанія дѣйствуетъ возбуждающе на воображеніе и можетъ довести его до дикихъ эксцессовъ.

Вообще наказанія подлежатъ самымъ разнообразнымъ видоизмѣненіямъ въ зависимости отъ обстоятельствъ. У необузданныхъ дѣтей, напримѣръ, случаются такіе припадки бѣшенства, которые вынуждаютъ обратиться къ совѣту врача. Дѣти бросаются на полъ, бьютъ, ничего не видя, во всѣ стороны, кричатъ и неистовствуютъ, не обращая никакого вниманія на уговоры, успокаиваніе или угрозы окружающихъ. Своимъ поведеніемъ они напоминаютъ лошадь, которая „понесла“, ничего не видя и не слыша. Наказаніе въ такія минуты недѣйствительно и можетъ скорѣе ухудшить дѣло. Лучше всего уложить неистовствующаго ребенка въ постель: новая обстановка, измѣненіе того положенія тѣла, которое оно приняло подъ вліяніемъ возбужденія, спокойствіе и тишина спальной комнаты, все это скоро приводитъ ребенка въ себя. Его оставляютъ въ постели до тѣхъ поръ, пока улягутся всѣ его страсти и онъ будетъ въ состояніи убѣдиться въ неблаговидности своего поведенія и раскаяться.

Каждое наказаніе понижаетъ самолюбіе ребенка, и должно поэтому разсматриваться какъ зло, хотя бы и какъ зло неизбѣжное. Поэтому, прибѣгать къ наказанію слѣдуетъ по возможности рѣже и только въ случаѣ крайней необходимости. Часто для того, чтобы ребенокъ исправился, достаточно выговора. Послѣдній всегда долженъ быть коротокъ и внушителенъ, соразмѣренъ съ вызвавшимъ его поводомъ и ни въ коемъ случаѣ не долженъ растягиваться въ длинную нравственную проповѣдь. Ребенокъ съ трудомъ можетъ услѣдить за растянутыми фразами, въ особенности въ моментъ возбужденія: его быстро утомляютъ неинтересныя для него разсужденія и ближайшимъ результатомъ является только непріятное чувство усталости, а къ добру, къ которому хотѣлъ его расположить морализирующій воспитатель, врядъ-ли создастся у него болѣе благопріятное, чѣмъ прежде, отношеніе.

Съ наградами надо скупиться еще болѣе, чѣмъ съ наказаніями. Ребенокъ долженъ убѣдиться на опытѣ, что послушаніе и исполненіе обязанностей разумѣются сами собой и не нуждаются въ особыхъ поощреніяхъ. Награждать нужно только какое-нибудь выдающееся усердіе ребенка или особенно цѣнный съ моральной точки зрѣнія поступокъ. Это даетъ толчокъ къ благимъ побужденіямъ и способствуетъ формированію характера. Если же, напротивъ, похвалы и награды вызываются даже такими поступками, которые сами собой разумѣются, то это только нравственно изнѣживаетъ и извращаетъ характеръ, не говоря уже о томъ, что почти неминуемо влечетъ за собой развитіе крайне непріятныхъ качествъ, въ родѣ тщеславія и высокомѣрія.

# III. Отроческій возрастъ.

## 1. Физическое развитіе въ отроческомъ возрастѣ.

Ростъ тѣла весьма значителенъ у обоихъ половъ въ этомъ періодѣ, и въ особенности съ двѣнадцатаго года жизни; при этомъ у дѣвочекъ ростъ происходитъ интенсивнѣе, чѣмъ у мальчиковъ настолько, что съ четырнадцатаго года первыя въ общемъ перерастаютъ послѣднихъ. Въ то время какъ приростъ у мальчиковъ на двѣнадцатомъ и тринадцатомъ году составляетъ по пяти сентиметровъ, а на четырнадцатомъ году по шести сентиметровъ, — у дѣвочекъ въ соотвѣтствующіе годы онъ равенъ шести, семи и семи сентиметрамъ. И теперь, какъ въ нейтральномъ возрастѣ, наблюдается особенно сильный ростъ конечностей, главнымъ образомъ — нижнихъ.

Еще значительнѣе въ эти годы, непосредственно предшествующіе наступленію половой зрѣлости, дѣвочки превосходятъ мальчиковъ по вѣсу. Въ то время, какъ въ предыдущіе годы ежегодная прибавка вѣса у дѣвочекъ меньше, чѣмъ у мальчиковъ, на двѣнадцатомъ, тринадцатомъ и четырнадцатомъ году, обратно, прибавка эта составляетъ у первыхъ въ среднемъ по три, пять и шесть кило въ годъ, а у послѣднихъ лишь два съ половиною, два съ половиною и три съ половиною кило.

Въ происхожденіи наблюдаемыхъ и теперь колебаній въ прибавкахъ роста и вѣса играютъ роль тѣ же самыя климатическія и гигіеническія причины, что и въ нейтральномъ возрастѣ; одинаково вліяніе и временъ года.

Что касается внутреннихъ органовъ, то особенно надо отмѣтить сильный ростъ мозга: онъ увеличивается въ вѣсѣ въ теченіе періода отрочества приблизительно на двѣсти граммъ, такъ что ко времени наступленія половой зрѣлости мозгъ почти достигаетъ своего окончательнаго вѣса. Интересно отмѣтить, что среднiй вѣсъ мозга у дѣвочекъ значительно менѣе, чѣмъ у мальчиковъ; различiе вѣса мозга у дѣтей разныхъ половъ достигаетъ по рожденiи — отъ десяти до пятнадцати граммъ, а у взрослыхъ — до ста двадцати граммъ и болѣе.

Въ отроческомъ возрастѣ происходитъ смѣна зубовъ: вмѣсто молочныхъ являются постоянные. Къ такъ называемымъ третьимъ коренныхъ зубамъ, которые, какъ мы выше упомянули, прорѣзываются только на шестомъ году, при томъ сразу въ видѣ постоянныхъ, присоединяются между двѣнадцатымъ и четырнадцатымъ годами еще четыре коренныхъ зуба. Теперь на обѣихъ челюстяхъ имѣются всего двадцать восемь зубовъ, и число это остается неизмѣннымъ уже на долгое время*). Смѣна и увеличенiе числа зубовъ измѣняетъ форму дѣтскаго лица: оно утрачиваетъ свою округлость, становится длиннѣе и кажется, въ сравненiи съ общими размѣрами черепа, большимъ, чѣмъ въ прежнiе годы.

Затѣмъ, во внѣшнемъ обликѣ дѣтей въ это время начинаютъ уже дѣлаться замѣтными половыя различiя въ видѣ такъ называемыхъ „вторичныхъ половыхъ признаковъ". У дѣвочекъ лицо въ общемъ круглѣе, чѣмъ у мальчиковъ; становятся длиннѣе, чѣмъ у послѣднихъ, также и волосы на головѣ; кожа нѣжнѣе и прозрачнѣе; благодаря болѣе обильному отложенiю подкожнаго жира, всѣ формы тѣла кажутся мягче. На двѣнадцатомъ году до тринадцатаго у дѣвочекъ начинаютъ уже развиваться груди. Строенiе костей у дѣвочекъ нѣжнѣе, чѣмъ у мальчиковъ, точно такъ же и мускулатура слабѣе, чѣмъ у послѣднихъ. Начиная съ семилѣтняго возраста выступаетъ разница обоихъ половъ и въ размѣрахъ въ ширину: у дѣвочекъ тазъ развивается сильнѣе, дѣлается болѣе широкимъ и низкимъ; образуется особенно обильное отложенiе жира на бедрахъ и въ ягодичной области; вся соотвѣтствующая часть тѣла кажется теперь болѣе широкой, чѣмъ у мальчиковъ. У послѣднихъ наоборотъ, больше чѣмъ у дѣвочекъ, выражено увеличенiе поперечниковъ въ плечахъ. По мѣрѣ

---

*) Послѣднiе четыре коренныхъ зуба, такъ называемые „зубы мудрости" появляются только послѣ двадцатаго года жизни, а иногда даже и послѣ тридцатаго.

приближенія къ половой зрѣлости, у дѣвочекъ все яснѣе проявляются признаки начинающагося развитія груднаго типа дыханія, свойственнаго женскому полу. Этотъ типъ сказывается въ болѣе усиленной дѣятельности мускулатуры грудной клѣтки, благодаря чему верхняя часть послѣдней при каждомъ вздохѣ подымается, а при каждомъ выдохѣ опускается. Мальчики пріобрѣтаютъ, наоборотъ, мужской типъ дыханія и дышутъ главнымъ образомъ съ помощью грудобрюшной преграды.

Вредныя вліянія, которыя нарушаютъ нормальный ходъ тѣлеснаго развитія въ отроческомъ возрастѣ, въ большинствѣ случаевъ связаны главнымъ образомъ съ посѣщеніемъ школы, начало котораго относится именно къ разсматриваемому возрасту. Такое неблагопріятное значеніе школы, обусловливается съ одной стороны требуемымъ школой, но не соотвѣтствующимъ возрасту, сидячимъ образомъ жизни, съ другой же стороны—скопленіемъ и тѣснымъ соприкосновеніемъ дѣтей другъ съ другомъ, что весьма благопріятствуетъ распространенію среди нихъ инфекціонныхъ болѣзней. Дѣйствительно, въ первые же годы школьнаго обученія мы нерѣдко наблюдаемъ такъ называемыя школьныя болѣзни, именно близорукость, искривленія позвоночника, малокровіе, головныя боли и т. п.; къ тому же періоду относится и большинство заболѣваній скарлатиной, корью, краснухой, вѣтряной оспой и т. п. Помимо этого, моральное вліяніе школы весьма благопріятствуетъ ослабленію нервной системы; но этого вопроса мы подробнѣе коснемся въ главѣ о воспитаніи въ школьномъ возрастѣ.

## 2. Душевное развитіе въ отроческомъ возрастѣ.

Приблизительно къ семилѣтнему возрасту вниманіе, память, воображеніе и способность сужденія нормально развивающагося ребенка приходятъ въ настолько зрѣлое состояніе, что къ указанному времени можно считать мыслительный механизмъ уже сформировавшимся. У ребенка является потребность пользоваться этимъ механизмомъ, и на смѣну той первой ступени любознательности, которая до сихъ поръ выражалась въ формѣ постоянныхъ разспросовъ, приходитъ теперь серіозное желаніе учиться; къ этому же времени ребенокъ способенъ уже произвольно направлять уже къ опредѣленной цѣли и свою волю. Такимъ образомъ, является полная возможность начать систематическое обученіе: ребенокъ переходитъ въ школьный возрастъ. Вскорѣ затѣмъ его интеллектъ обогащается умѣніемъ понимать не только сказанное, но и написанное. Это опять важный шагъ впередъ, открывающій новую, широкую область, откуда ребенокъ можетъ черпать безграничное количество новыхъ представленій, понятій и знаній.

Умственный ростъ продолжается при этомъ по упомянутымъ уже ранѣе законамъ; успѣшность этого роста обезпечивается въ томъ случаѣ, если умственная пища является подходящей для усвоенія, т. е. если новыя представленія имѣютъ какую-нибудь точку соприкосновенія съ тѣмъ, что было уже усвоено раньше, и могутъ такимъ образомъ войти въ непосредственную связь съ этимъ. Каждый ребенокъ обладаетъ, разумѣется, запасомъ представленій, свойственныхъ лишь ему одному, иначе говоря, индивидуально различнымъ какъ въ качественномъ, такъ и въ количественномъ отношеніи; этимъ объясняется и индивидуальная разница результатовъ, достигаемыхъ у дѣтей, хотя бы они пользовались одинаковой умственной пищей. Но болѣе или менѣе интенсивный умственный ростъ, при упомянутомъ выше условіи, во всякомъ случаѣ, обезпеченъ. Напротивъ, если путемъ обученія уму ребенка доставляется матеріалъ, не приноровленный къ той почвѣ, которая подготовлена всѣмъ предшествовавшимъ ходомъ умственнаго развитія, то онъ проходитъ совершенно безслѣдно, не будучи въ состояніи возбудить какой бы то ни было интересъ со стороны ребенка; между тѣмъ, интересъ занятій является важнѣйшимъ требованіемъ, могущимъ обезпечить плодотворность ученія. Разъ только такое требованіе удовлетворено, то ужъ не будетъ недостатка ни въ желаніи учиться, ни въ успѣшности ученія.

Систематическое обученіе имѣетъ задачей планомѣрное пополненіе умственнаго достоянія ребенка. Этотъ процессъ всегда совершается, какъ можно было убѣдиться изъ сказанпаго выше, при активномъ участіи самого ребенка, такъ что умственный ростъ связанъ съ систематическимъ упражненіемъ вниманія, памяти, воображенія и логическаго мышленія. Такимъ образомъ, интеллектъ ребенка, благодаря ученію, растетъ и крѣпнетъ. Какимъ образомъ вести обученіе, что именно является наиболѣе подходящимъ учебнымъ матеріаломъ и въ чемъ заключается лучшій методъ преподаванія, — все это вопросы, подлежащіе разрѣшенію педагогики, которая въ настоящее время вполнѣ правильно ищетъ себѣ точки опоры въ дѣтской психологіи.

Нужно еще вкратцѣ отмѣтить здѣсь, какимъ образомъ въ отроческомъ возрастѣ начинаютъ сказываться половыя отличія и въ умственной сферѣ. Мальчики, въ общемъ, обладаютъ болѣе критическимъ разумомъ и бóльшимъ творчествомъ воображенія; дѣвочки же легче поддаются внушенію и отличаются способностью воспроизводить заимствованное извнѣ и быстро и вѣрно примѣнять въ конкретныхъ случаяхъ усвоенныя умозрительнымъ путемъ истины. Педагоги хорошо знаютъ эти особенности и учитываютъ ихъ въ своихъ цѣляхъ.

Для нравственнаго развитія ребенка школа имѣетъ чрезвычайно большое значеніе. Позднѣе мы увидимъ, насколько ребенокъ выигрываетъ въ моральномъ отношеніи уже отъ самаго процесса обученія; но помимо послѣдняго въ школѣ на дѣтскую душу дѣйствуетъ воспитывающимъ образомъ и ея школьная жизнь цѣликомъ, съ различными ея внутренними и внѣшними особенностями.

Строгая школьная дисциплина пріучаетъ къ аккуратности и порядку; ученіе требуетъ выдержки, основательности и добросовѣстности, благодаря чему въ школѣ развиваются и эти качества. Но главное это то, что школьникъ оказывается какъ бы въ особомъ замкнутомъ мірѣ, который представляетъ изъ себя школа: ребенку представляется, что онъ сталъ членомъ новой большой семьи, состоящей изъ его многочисленныхъ товарищей или подругъ и изъ учащихъ, которыхъ надо также слушаться, какъ и родителей.

И подобно семьѣ, въ школѣ всегда господствуетъ извѣстный духъ, который оказываетъ глубокое вліяніе на каждаго ребенка. Образъ мыслей и взгляды товарищей для ребенка значатъ то же, что для взрослаго — общественное мнѣніе, такъ что на ребенка оказываютъ вліяніе не только учащіе, но и товарищеская среда. Въ ней онъ научается и доброму, и злому. Если общій духъ школы хорошъ, то все дурное въ ребенкѣ заглохнетъ, не найдя себѣ благопріятной почвы.

Итакъ, лучшую помощь въ дѣлѣ моральнаго воспитанія дѣтей родители встрѣтятъ въ хорошемъ общемъ духѣ школы. Но тѣмъ гибельнѣе для ребенка вліяніе школы, отличающейся дурнымъ духомъ. Съ непобѣдимой силой духъ этотъ разрушаетъ всѣ лучшія намѣренія и родителей, и учителей, и ставитъ непреодолимыя преграды для образованія хорошаго, сильнаго характера. Не надо понимать сказаннаго нами сейчасъ такъ, что всѣ дѣти, посѣщающія одну и ту же школу, будутъ въ одинаковой мѣрѣ хорошо или дурно воспитаны. Наоборотъ, школьная жизнь даетъ значительный просторъ для развитія индивидуальности ребенка. Каждый отдѣльный ребенокъ критически относится къ фактамъ школьной жизни и занимаетъ по отношенію къ нимъ свою собственную опредѣленную позицію. Чѣмъ критика острѣе, чѣмъ такая позиція самостоятельнѣе, тѣмъ отчетливѣе обрисовывается индивидуальность и тѣмъ скорѣе она созрѣваетъ. Стараясь сохранить собственное достоинство въ глазахъ учителей и товарищей, личность каждаго школьника должна напрягать всѣ свои способности; къ ихъ же упражненію и совершенствованію ведетъ и соревнованіе между товарищами.

Мы можемъ, такимъ образомъ, заключить, что школа, въ своемъ цѣломъ, обладаетъ большимъ значеніемъ для сформированія характера ребенка. Школьное ученіе расширяетъ умственный горизонтъ, создаетъ высокіе идеалы, развиваетъ силу воли; благодаря общественному характеру школьной жизни вырабатывается самостоятельность и облегчается возможность полнаго проявленія индивидуальныхъ способностей и отличительныхъ свойствъ каждаго ребенка. На ряду съ моральными вліяніями, исходящими изъ школы, стоитъ нравственное вліяніе семьи. Общій духъ дома, гдѣ растетъ ребенокъ, также опредѣляетъ направленіе, по которому идетъ этическое развитіе и формированіе характера, такъ какъ мысли и поступки дѣтей подъ вліяніемъ внушенія, въ общемъ всегда напоминаютъ то, что думаютъ и дѣлаютъ окружающіе.

Въ отроческомъ возрастѣ начинаютъ обнаруживаться половыя различія, помимо областей физической и интеллектуальной, также и въ отношеніи къ нравственному облику ребенка. Мальчики въ большинствѣ случаевъ отличаются болѣе широкимъ взмахомъ души, они болѣе порывисты и пренебрежительнѣе относятся къ проявленіямъ нѣжныхъ чувствъ. Дѣвочки же, вообще, мелочнѣе, но чувствуютъ глубже, тоньше, эстетичнѣе. Дѣятельность воли проявляется у мальчиковъ импульсивнѣе, у дѣвочекъ, напротивъ, — спокойнѣе и настойчивѣе. Въ общемъ послѣднія превосходятъ первыхъ по силѣ воли и выдержкѣ.

## 3. Физическое воспитаніе въ отроческомъ возрастѣ.

Съ переходомъ въ отроческій возрастъ дѣти подпадаютъ подъ могущественное вліяніе, оказываемое на растущій организмъ школой. Воспитаніе ребенка теперь естественнымъ образомъ распадается на двѣ составныя части: воспитаніе въ школѣ, въ которомъ принимаютъ участіе учитель и врачъ, и воспитаніе дома, остающееся въ рукахъ родителей.

Переходя къ ближайшему разсмотрѣнію роли школы въ дѣлѣ физическаго воспитанія дѣтей, мы ясно сознаемъ, что читатель не можетъ не вынести изъ нашего изложенія такого впечатлѣнія, что вредныя условія школьной жизни наносятъ ущербъ здоровью дѣтей. Поэтому, мы подчеркиваемъ напередъ, что если при существующемъ положеніи вещей, дѣйствительно, и приходится считаться съ нѣкоторыми опасностями школы для здоровья дѣтей, то опасности эти могутъ быть устранены энергичной и разумной профилактикой. Во всякомъ случаѣ, воспитательное значеніе школы чрезвычайно высоко. Въ смыслѣ формированія ума и характера ребенка, школа даетъ настолько много, что въ этомъ отношеніи не можетъ быть замѣнена домашнимъ воспитаніемъ. Школа воспитываетъ въ растущемъ ребенкѣ нравственную личность, способную къ самостоятельной дѣятельности и пригодную для общественной жизни, такъ какъ пріобрѣтаемыя въ школѣ знанія или непосредственно примѣнимы къ тому или иному спеціальному занятію, или же даютъ необходимую подготовку для самостоятельнаго продолженія образованія.

Обращаемся теперь къ ознакомленію съ такъ называемыми „школьными болѣзнями“ и съ ихъ профилактикой въ школѣ, но становясь при этомъ на точку зрѣнія родителей, будемъ останавливаться лишь на томъ, что необходимо знать для правильнаго воспитанія школьника въ семьѣ. Что же касается до профилактики инфекціонныхъ болѣзней, то мы коснемся ея впослѣдствіи, когда будемъ говорить спеціально о домашнемъ воспитаніи въ школьномъ возрастѣ, такъ какъ центръ тяжести ея лежитъ въ мѣропріятіяхъ, проводимыхъ на дому.

Среди школьниковъ сильно распространена близорукость, при чемъ процентъ близорукихъ съ каждымъ годомъ обученія, отъ низшихъ классовъ къ высшимъ, правильно возрастаетъ. Условія школьнаго обученія требуютъ значительнаго участія глаза, при чемъ сильно затрудняется возможность щадить этотъ органъ: зрѣніе сильно напрягается благодаря постоянной надобности разсматривать близкіе предметы при занятіяхъ чтеніемъ и письмомъ. У нѣкоторыхъ школьниковъ глаза настолько устойчивы, что вполнѣ способны удовлетворить требованіямъ школьной работы; но очень часто, вслѣдствіе врожденныхъ особенностей, ткани глаза настолько мягки и податливы, что давленіе глазныхъ мышцъ при продолжительномъ разглядываніи близкихъ предметовъ удлиняетъ ось глаза и обусловливаетъ такимъ образомъ развитіе близорукости. Состояніе это въ дѣтскомъ возрастѣ имѣетъ наклонность къ быстрому ухудшенію, предупрежденіе котораго входитъ въ число задачъ школьной гигіены. Необходимо обезпечить возможность ясно видѣть буквы на такомъ разстояніи, которое не вредно для глаза, и вмѣстѣ съ тѣмъ противодѣйствовать измѣненію этого разстоянія по собственному произволу. Для разрѣшенія первой части этой задачи требуется, чтобы книга и тетрадь при чтеніи или письмѣ были хорошо освѣщены. Школьныя книжки, въ особенности въ началѣ обученія, не должны быть напечатаны мелкимъ шрифтомъ; при писаніи же долженъ получаться рѣзкій контрастъ чернаго съ бѣлымъ; поэтому въ качествѣ письменныхъ принадлежностей надо употреблять не грифельныя доски и грифель, а непремѣнно бумагу и чернила (вначалѣ, вмѣсто послѣднихъ можно пользоваться карандашомъ). Для того, чтобы при чтеніи поддерживалось правильное разстояніе между глазами и бумагой (30—35 см.), ребенокъ долженъ сидѣть прямо; при этомъ нужно позаботиться, чтобы онъ могъ удобно прислониться, такъ какъ долго сидѣть прямо — очень утомительно. Правильная посадка при писаніи лучше всего можетъ быть достигнута путемъ введенія прямого шрифта, проводить основные штрихи буквъ перпендикулярно линейкамъ бумаги удобно только при томъ условіи, если нижній край тетради лежитъ параллельно краю стола; при этомъ пишущій равномѣрно опирается на оба предплечья и невольно долженъ держать голову ровно, то есть въ достаточномъ отдаленіи отъ тетради. Если, напротивъ, тетрадь лежитъ вкось отъ пишущаго, то лѣвое предплечье скоро свисаетъ со стола, правое же слишкомъ выдвигается впередъ, голова наклоняется и, понятно, приближается къ тетради, а этимъ создаются всѣ условія, благопріятствующія развитію близорукости. По отношенію къ общеупотребительному способу косого письма надо сказать, что оно допускаетъ бо́льшую скорость писанья, чѣмъ прямое письмо, и къ нему можно перейти въ старшихъ классахъ, когда уже едва ли существуетъ опасность причинить вредъ глазамъ или позвоночнику неправильной посадкой. Разъ у школьника имѣется уже замѣтная степень близорукости, то дальнѣйшему прогрессированію ея стараются помѣшать съ помощью подходящихъ очковъ по назначенію врача. Въ интересахъ успѣшности ученія такого ребенка, надо посадить его ближе къ классной доскѣ.

Прямое письмо имѣетъ профилактическое значеніе и въ отношеніи къ боковымъ искривленіямъ позвоночника, къ такъ называемому „школьному" сколіозу. Насколько это мнѣніе справедливо, пока еще не доказано, такъ какъ привычное искривленіе позвоночнаго столба нерѣдко наблюдается, напримѣръ, въ Россіи, и у деревенской молодежи, никогда не учившейся въ школѣ; съ другой стороны, изъ новѣйшихъ наблюденій выясняется, что для возникновенія подобнаго искривленія должно существовать извѣстное врожденное анатомическое положеніе позвонковъ. Какъ бы то ни было, нельзя однако отрицать, что неправильная посадка, которая, напримѣръ, легко получается при косомъ письмѣ, при частомъ и продолжительномъ воздѣйствіи можетъ обусловить у предрасположенныхъ дѣтей стойкое искривленіе позвоночника. Напротивъ, прямое письмо, придавая позвоночнику ровное положеніе, защищаетъ его отъ неправильной боковой перегрузки.

Сохраненіе прямого положенія тѣла при сидѣніи требуетъ довольно значительнаго напряженія спинной мускулатуры и безъ поддержки не можетъ долго продолжаться. Это обстоятельство также ведетъ къ тому, что, при продолжительномъ сидѣніи школьника, туловище его принимаетъ неправильное наклонное положеніе, благопріятствующее развитію хроническаго искривленія. Такимъ образомъ, задачей школьной гигіены является созданіе такой ш к о л ь н о й  с к а м ь и, которая бы удовлетворяла всѣмъ упомянутымъ выше условіямъ правильной посадки; задача эта не легко разрѣшима, принимая во вниманіе разнообразіе роста и тѣлосложенія у дѣтей. — На искривленія позвоночника нужно обратить вниманіе уже въ самой начальной его стадіи; болѣе далеко зашедшіе случаи не ограничиваются однимъ внѣшнимъ обезображиваніемъ, а обусловливаютъ смѣщеніе внутреннихъ органовъ — сердца и большихъ сосудовъ, легкихъ и печени, — сопровождающееся функціональными разстройствами ихъ*). Къ лѣченію надо приступать возможно раньше, такъ какъ, если дѣло зашло далеко, то нельзя уже разсчитывать на сколько-нибудь значительный результатъ лѣченія; остается быть довольнымъ предупрежденіемъ дальнѣйшаго ухудшенія.

Далѣе, вреднымъ для физическаго развитія ребенка

---

*) Интересно отмѣтить, что по статистическимъ даннымъ всѣхъ авторовъ начало боковыхъ искривленій позвоночника падаетъ на первый школьный возрастъ (семи—десяти лѣтъ).

школьнаго возраста является н е д о с т а т о к ъ д в и ж е н і й, связанный съ современными способами обученія. Сколько бы ни компенсировать требованіе отъ дѣтей проводить много времени въ сидячемъ положеніи устройствомъ подвижныхъ игръ, гимнастики, спорта и т. п., все же фактъ остается фактомъ: ежедневно учащіеся должны проводить сидя отъ четырехъ до шести часовъ въ школѣ и еще дома отъ одного часа до четырехъ *). Надо еще принять во вниманіе, что такое сидячее времяпрепровожденіе соединяется съ умственной работой, обусловливающей приливъ крови къ мозгу (такъ какъ вѣдь для всякаго функціонирующаго органа требуется усиленное кровоснабженіе); кромѣ того, вслѣдствіе умственной работы и сидячаго положенія самого по себѣ, дыханіе становится поверхностнымъ; мы, слѣдовательно, можемъ заключить, что ученіе въ связи съ требуемой отъ учащихся усидчивостью ведетъ къ неправильному кровораспредѣленію и нарушенію нормальнаго состава крови вслѣдствіе недостаточнаго насыщенія ея кислородомъ и накопленія углекислоты. Пусть съ теченіемъ времени организмъ постепенно привыкаетъ и приспособляется къ подобнымъ условіямъ: все же совершенно перестать дѣйствовать на него ослабляющимъ образомъ они не могутъ. И дѣйствительно, у школьниковъ нерѣдко отмѣчается отсутствіе аппетита, нарушенія питанія и роста; особенно въ теченіе первыхъ лѣтъ ученія вѣсъ дѣтей не только перестаетъ увеличиваться, но нерѣдко даже падаетъ (что доказано, по крайней мѣрѣ, въ отношеніи къ дѣвочкамъ, менѣе стойкимъ противъ неблагопріятныхъ вліяній); равнымъ образомъ въ первое время особенно задерживается и ростъ тѣла. Существуетъ извѣстная подъ названіемъ „школьной анэміи" форма малокровія, сказывающаяся повышенной утомляемостью, дряблостью мускулатуры, наклонностью къ головнымъ болямъ, общей вялостью и сильной неохотой какъ къ физической, такъ и къ умственной работѣ. Вслѣдствіе ограниченности движеній и мышечныхъ упражненій

*) Мы приводимъ здѣсь среднія цифры. Въ дѣйствительности рабочее время школьниковъ бываетъ еще продолжительнѣе. Такъ Кей, для старшихъ классовъ средней школы въ Швеціи, упоминаетъ о maximum'ѣ въ четырнадцать съ половиною рабочихъ часовъ!

въ недостаточной мѣрѣ развивается грудная клѣтка: она мало увеличивается въ діаметрѣ; это, въ свою очередь, дѣйствуетъ задерживающимъ образомъ на развитіе легкихъ и создаетъ почву для остающейся на всю жизнь общей слабости организма. Въ томъ же нездоровомъ, сидячемъ образѣ жизни лежитъ причина носовыхъ кровотеченій, а также и запоровъ.

Не мало благопріятствуетъ проявленію всѣхъ описанныхъ разстройствъ быстрое использованіе и порча воздуха въ классныхъ комнатахъ, которыя большею частью бываютъ сверхъ мѣры переполнены. Перенасыщеніе воздуха углекислотой и выдыхаемыми легкими и кожей дѣтей веществами усиливаетъ вліяніе сидячаго времяпрепровожденія въ смыслѣ ухудшенія состава крови. Поэтому въ школахъ стараются устроить по возможности болѣе основательную вентиляцію.

Лучшимъ противовѣсомъ указаннымъ вреднымъ вліяніямъ школы является укороченіе продолжительности уроковъ. Обыкновенно, по установившемуся предразсудку, продолжительность каждаго изъ нихъ равняется часу. Въ нѣмецкомъ языкѣ существуетъ даже выраженіе „Stunden geben“ (давать урокъ). Правильнѣе, однако, чтобы продолжительность урока была значительно короче, при томъ различно, сообразно съ трудностью того или иного учебнаго предмета; перемѣны между уроками должны дать ребенку время разсѣяться и отдохнуть отъ мозговой работы. Новѣйшія изслѣдованія обнаружили интересный фактъ, что длительная умственная работа ведетъ къ физическому утомленію: послѣднее сказывается ослабленіемъ мускульной силы и сердечной дѣятельности, пониженіемъ кровяного давленія и притупленіемъ чувства осязанія. Если напряженіе и продолжительность умственной работы сокращается, то подобныя явленія уже не имѣютъ мѣста. Введеніе между занятіями научными предметами урока гимнастики оказывается нецѣлесообразнымъ, такъ какъ и во время этого урока дѣти выполняютъ утомительную работу; опыты измѣренія степени утомленія школьниковъ доказываютъ, что гимнастика не достигаетъ желаемаго отдыха, наоборотъ, она только повышаетъ опасность переутомленія во время слѣдующихъ уроковъ. Дѣйствительно возстановить силы можетъ лишь отдыхъ, для послѣдняго совершенно не требуется абсолютнаго покоя: нужно только, чтобы прекратилось напряженіе всѣхъ утомленныхъ функцій; такъ и происходитъ само собой, если по окончаніи урока дѣтямъ предоставляется свобода дѣйствовать по своему желанію.

Разумѣется, внѣ часовъ занятій, необходимо доставить дѣтямъ возможность достаточно находиться въ движеніи и много упражнять мускулы. Осуществить это можно съ помощью подвижныхъ игръ, напр. — игры въ мячъ, лаунъ-теннисъ и т. п., гимнастики и спорта. Поэтому необходимо, чтобы при каждой школѣ имѣлось мѣсто, приспособленное для гимнастики на открытомъ воздухѣ, а города должны заботиться объ устройствѣ обширныхъ площадокъ для физическихъ упражненій школьнаго юношества*).

Не меньшимъ значеніемъ въ смыслѣ охраненія физическаго здоровья школьниковъ обладаетъ цѣлесообразное, соотвѣтствующее житейскому дѣленію дня и условіямъ домашней жизни учащихся, распредѣленіе учебнаго времени. Начинаться уроки должны такъ, чтобы дѣти имѣли достаточно времени хорошо выспаться. Иначе говоря, уроки должны начинаться не очень рано утромъ, такъ какъ въ большинствѣ семей нельзя создать для школьника возможность уснуть пораньше съ вечера: въ это время дня въ среднихъ и маленькихъ квартирахъ было бы трудно сохранить необходимую для этого тишину и спокойствіе. Пока для усвоенія нужнаго учебнаго матеріала оказывается достаточнымъ трехъ—четырехъ часовъ занятій ежедневно, дѣти отпускаются домой къ обѣду, и пищевареніе можетъ затѣмъ происходить безъ одновремен-

---

*) Такъ какъ въ учебные дни дѣти часто не имѣютъ возможности найти время для возстановленія своихъ утомленныхъ ученьемъ силъ съ помощью спорта или игръ на открытомъ воздухѣ, то можно рекомендовать установить въ теченіе недѣли, помимо воскресныхъ, еще одинъ день, свободный отъ занятій, напр. среду или четвергъ (если только, конечно, это выполнимо на практикѣ!). Такая мѣра осуществлена въ Англіи и во Франціи, и опытъ показываетъ, что въ дни недѣли, слѣдующіе за свободными отъ ученія, трудоспособность учащихся достигаетъ своей высшей степени. Такимъ образомъ, при этомъ врядъ ли пострадаютъ интересы выполненія школьной программы.

ныхъ занятій какимъ-нибудь другимъ дѣломъ. Для здоровья это очень важно, такъ какъ процессъ желудочнаго пищеваренія поглощаетъ значительное количество общей энергіи организма; какъ показываетъ повседневный опытъ, оно не располагаетъ къ умственной работѣ. Труднѣе уладить дѣла въ старшихъ классахъ, гдѣ занятія неизбѣжно должны происходить и послѣ обѣда; тутъ, послѣ до-обѣденныхъ уроковъ нуженъ перерывъ по меньшей мѣрѣ на два съ половиной или на три часа, такъ какъ дѣтямъ нужно еще достаточно времени, чтобы дойти до дому и возвратиться обратно въ школу.

Такъ какъ умственная дѣятельность представляетъ изъ себя въ сущности функцію нервной системы (главнѣйшей частью которой является мозгъ) и такъ какъ посѣщеніе школы неразрывно связано съ рядомъ обстоятельствъ, дѣйствующихъ волнующимъ образомъ, то уже а priori нужно ожидать весьма значительнаго воздѣйствія школы на всю нервную систему. Дѣйствительность подтверждаетъ такое предположеніе. Намъ надо учесть этотъ фактъ тѣмъ точнѣе, что болѣе половины воспитанниковъ средней школы отягощены наслѣдственностью и поэтому обладаютъ менѣе стойкой нервной системой; болѣе того: въ нашъ нервный вѣкъ каждый изъ насъ, въ силу психическаго внушенія, предрасположенъ къ различнымъ патологическимъ колебаніямъ нервной системы въ большей степени, чѣмъ это бывало въ прежнія времена и чѣмъ, надо надѣяться, этого можно ожидать въ будущемъ. На школьника же со всѣхъ сторонъ дѣйствуютъ настолько сильныя нервныя вліянія, что невредимыми отъ нихъ могутъ оставаться только дѣти съ совершенно здоровой нервной системой и крѣпкой общей конституціей.

По отношенію же къ дѣтямъ, которыя отъ природы обладаютъ слабой нервной системой или стали нервными въ силу какихъ-нибудь пробѣловъ воспитанія въ дошкольное время, школьная жизнь пріобрѣтаетъ особенно высокое значеніе; принимая это во вниманіе, мы здѣсь остановимся вкратцѣ на нервныхъ дѣтяхъ школьнаго возраста.

Большею частью дѣти эти просто „нервны“, т.-е. особенно чувствительны ко всякимъ психическимъ раздра-

женіямъ, не обнаруживая, однако, какихъ-нибудь выра-
женныхъ симптомовъ той или другой опредѣленной нерв-
ной болѣзни. Въ большинствѣ случаевъ это очень одарен-
ныя духовно дѣти, выдѣляющіяся по своей способности въ
в ы с ш е й  с т е п е н и  т о н к о  ч у в с т в о в а т ь; они тончай-
шимъ образомъ реагируютъ даже на намекъ какого-нибудь
намѣренія своего воспитателя, какъ и вообще на каждое
вліяніе со стороны окружающей среды. Въ сущности же,
у подобныхъ дѣтей дѣло сводится къ болѣзненно-повышен-
ной раздражимости нервной системы, а слѣдовательно — и
къ слабости ея, такъ какъ чѣмъ легче и сильнѣе она
раздражается отъ всякаго воздѣйствія, тѣмъ легче она и
утомляется.

Большей частью нервныя дѣти замѣтны уже по своему
поведенію. Вслѣдствіе легкой возбудимости, движенія ихъ
суетливы, и вообще они очень безпокойны: имъ безконеч-
ныхъ усилій стоитъ сидѣть смирно. Каждый моментъ они
мѣняютъ положеніе, теребятъ въ рукахъ какую-нибудь
ниточку или лоскутокъ бумаги и т. п., обгрызаютъ ка-
рандашъ или ручку для перьевъ и т. д. Какъ мы уже
упоминали выше, торопливость нервнаго ребенка сказы-
вается и на его рѣчи: онъ не поспѣваетъ ясно выговари-
вать слова, укорачивая и, какъ говорится, проглатывая
ихъ окончанія. Явнымъ признакомъ нервности является
заиканіе, которое представляетъ изъ себя то явленіе вре-
менное, то постоянное, особенно замѣтно сказывающееся
при всякомъ возбужденіи. Въ другихъ случаяхъ нервныя
дѣти чрезмѣрно застѣнчивы и робки; они не осмѣливаются
говорить, когда должны это дѣлать, и поэтому кажутся
упрямыми. Почти всегда, вслѣдствіе своихъ болѣзненныхъ
нервныхъ задатковъ, они любятъ противорѣчить. Они
склонны не только на словахъ перечить учителю, но и
упорно поступать наперекоръ его желаніямъ. Нерѣдко у по-
добныхъ дѣтей можно наблюдать рѣзкія явленія контраста
между настроеніемъ и поводомъ, вызвавшимъ это настроеніе:
напримѣръ, они смѣются, когда ихъ наказываютъ. С к л о н-
н о с т ь  к ъ  п р о т и в о р ѣ ч і ю  и  к ъ  п о д о б н ы м ъ  к о н-
т р а с т а м ъ  являются главными отличительными свой-
ствами нервныхъ дѣтей; объясненіе этому нетрудно вы-
вести на основаніи сказаннаго выше, на стр. 137, такъ

какъ такія свойства представляютъ изъ себя результатъ обнаруживающагося, благодаря чрезмѣрному раздраженію нервной системы, психическаго утомленія.

Различныя заболѣванія нервной системы учащихся обнаруживаются также и въ характерѣ письма. У дѣтей съ такъ называемымъ эпилептическимъ предрасположеніемъ буквы при писаніи получаются неодинаковой величины и неравномѣрно распредѣляются—то тѣсно прилегая другъ къ другу, то образуя большіе или меньшіе промежутки, помѣщаясь то ниже, то выше линеекъ тетради, которая вообще въ такихъ случаяхъ содержится очень неопрятно. При начинающейся пляскѣ св. Витта ребенку мѣстами не удастся вывести ту или иную букву, замѣняющуюся немотивированными размашистыми штрихами; тетрадь при этомъ усѣяна кляксами. Письмо истеричныхъ дѣтей носитъ характеръ манерности и т. д. Всякія подобныя отклоненія отъ нормы въ письмѣ должны служить для родителей и учителей поводомъ обратиться за совѣтомъ къ врачу.

Если мы постараемся уяснить точнѣе, въ чемъ заключаются опасности, которыя школьная жизнь таитъ въ себѣ по отношенію къ нервной системѣ, то встрѣтимся съ факторами частью физической, частью же — психической природы.

Въ ряду ф и з и ч е с к и х ъ в л і я н і й прежде всего надо остановиться на томъ тѣлесномъ напряженіи, которое связано съ п р о д о л ж и т е л ь н ы м ъ с и д ѣ н і е м ъ на одномъ мѣстѣ. Сидѣть смирно нисколько не является потребностью дѣтей; напротивъ, такое времяпрепровожденіе, будучи въ высшей степени чуждо ихъ натурѣ, понижаетъ умственную энергію въ силу, какъ тѣлесной усталости, такъ и трудно преодолимаго нежеланія сохранять неподвижность и связаннаго съ этимъ чувства неудовольствія. Напряженно работающій во время ученія мозгъ нуждается въ обильномъ притокѣ достаточно снабженной кислородомъ крови; во время же сидѣнія процессъ насыщенія крови кислородомъ, какъ мы видѣли выше, затрудняется вслѣдствіе замедленія и ослабленія дыхательной дѣятельности; съ другой стороны, наклоненное положеніе головы препятствуетъ оттоку отъ мозга, насыщенной углекислотой, венозной крови. Надо еще присоединить сюда безпрерывную затрату нервной ткани во время усиленнаго функціонированія мозга и накопленіе въ немъ веществъ, которыя вырабатываются въ тканяхъ во время работы, обусловливая ихъ утомленіе („ядъ усталости"). Такимъ образомъ, возникаетъ нарушеніе правильности питанія важныхъ нервныхъ центровъ, и это не можетъ остаться безъ вліянія на происхожденіе или прогрессированіе нервнаго состоянія дѣтей.

Психическіе факторы, оказывающіе вредное вліяніе на нервную систему дѣтей школьнаго возраста, весьма многообразны.

На первомъ мѣстѣ здѣсь мы поставимъ чрезмѣрное обремененіе мозга, могущее быть какъ качественнымъ, такъ и количественнымъ. Въ послѣднемъ случаѣ, впрочемъ, какъ мы сейчасъ убѣдимся, большую долю надо отнести на счетъ физическихъ факторовъ.

Нельзя отказать въ извѣстной степени справедливости тому взгляду, что почва для переутомленія учащихся подготовляется неправильнымъ направленіемъ ихъ воспитанія въ до-школьный періодъ; однако, надо подумать и о томъ, насколько превышаетъ границы допустимаго для дѣтей то количество времени и труда, затрату котораго требуетъ отъ нихъ школа. Даже для взрослаго высшая продолжительность рабочаго дня опредѣляется въ восемь часовъ, при чемъ еще большей частью имѣется возможность дать себѣ передышку во время работы, когда у него является потребность отдыха; между тѣмъ, маленькаго ребенка держатъ въ напряженіи за занятіями въ школѣ и дома по пяти—восьми часовъ, а одиннадцатилѣтній ребенокъ сидитъ за работой иной разъ уже по восьми—двѣнадцати часовъ ежедневно. Къ тому же, чтобы удовлетворить программѣ, согласной съ современными требованіями, отъ школьника ожидается работа весьма напряженная. У многихъ учащихся, особенно въ старшихъ классахъ, положительно не хватаетъ времени достаточно выспаться или же регулярно заниматься какими-нибудь подвижными играми, гимнастикой, полезнымъ спортомъ. Безусловно они должны очень сильно уставать отъ непрерывной умственной работы, которая поглощаетъ цѣлый день, за исключеніемъ развѣ времени ѣды и ходьбы до школы и обратно, а также и часть ночи; съ теченіемъ времени дѣло доходитъ до переутомленія. Послѣднее въ чистой своей формѣ, т.-е., если организмъ не пострадалъ уже въ какомъ-нибудь другомъ отношеніи отъ физическихъ или психическихъ вредныхъ вліяній школы, выражается въ неохотѣ, даже полной неспособности къ умственнымъ занятіямъ.

Намъ незачѣмъ вдаваться въ подробное разсмотрѣніе того безсмысленнаго умственнаго и моральнаго ярма, которое дѣтямъ приходится періодически нести во время экзаменовъ: ущербъ, причиняемый ими, очевиденъ во всѣхъ отношеніяхъ. Экзамены должны быть совершенно изгнаны изъ школьнаго обихода.

Большое значеніе имѣетъ также чрезмѣрное обремененіе ума, обусловливаемое несоотвѣтствіемъ учебнаго матеріала интересамъ и силамъ ребенка. При обученіи неподходящимъ, въ только что названномъ смыслѣ, предметамъ сразу наталкиваются на то явленіе, которое ребенокъ, занимаясь любимымъ и легкимъ предметомъ, обнаруживаетъ лишь въ случаѣ наличности переутомленія, — именно, на неохоту учиться. Помимо трудности или даже полной невозможности усвоенія преподносимой умственной пищи, нервная система выходитъ въ подобныхъ случаяхъ изъ равновѣсія въ силу ряда еще и другихъ причинъ: съ отвращеніемъ къ вынужденной работѣ плохо уживается добросовѣстное исполненіе долга, — свойство, имѣющее въ педагогическомъ отношеніи большое значеніе; наконецъ, возникаетъ и чувство неудовлетворенности и постояннаго страха вслѣдствіе невозможности угодить учителю.

Выходитъ, слѣдовательно, что въ школѣ слѣдовало бы создать возможность требовать отъ всѣхъ учащихся равнаго интереса ко всѣмъ проходимымъ предметамъ. Несомнѣнно, это задача не изъ легкихъ, и здѣсь очень много значитъ личность учителя, такъ какъ нужно имѣть особенное умѣнье, чтобы въ достаточной степени заинтересовать своимъ предметомъ всѣхъ учениковъ.

Отъ личности учителя и отъ общаго духа товарищеской среды этическое здоровье учащагося зависитъ еще въ большей степени, чѣмъ отъ учебнаго матеріала. Если личность учителя привлекательна для ребенка и его отношеніе къ послѣднему проникнуто сердечностью, и если духъ класса тоже благопріятенъ, то и нервный ребенокъ обрѣтетъ себѣ душевное спокойствіе, необходимое для его правильнаго моральнаго развитія. Иначе обстоитъ дѣло, когда упомянутыхъ условій налицо не имѣется. Если учитель ворчливъ или несправедливъ, то въ душѣ ребенка образуется осадокъ горечи; строгій учитель, щедрый на наказанія, держитъ душу школьника въ постоянномъ страхѣ и напряженіи; грубые товарищи съ низменными стремленіями больно задѣваютъ нѣжное чувство ребенка и вызываютъ въ немъ внутренній разладъ; коротко говоря, при подобной обстановкѣ ребенокъ живетъ въ постоянномъ напряженіи, результаты котораго въ лучшемъ случаѣ ограничиваются только потрясеніемъ нервной системы.

Мы видимъ, такимъ образомъ, насколько тѣсно связаны между собой условія школьной жизни и нервная система учащихся. Здоровье послѣднихъ можетъ быть обезпечено только точнымъ соблюденіемъ всѣхъ принциповъ школьной гигіены. Мы уже обладаемъ рядомъ цѣнныхъ экспериментальныхъ изслѣдованій физическаго и психическаго состоянія учащихся въ разные моменты школьной жизни, произведенныхъ какъ врачами, такъ и педагогами. Несомнѣнно, что и въ дальнѣйшемъ наука будетъ обогащаться новыми данными въ этомъ направленіи. Проведеніе основанныхъ на подобныхъ наблюденіяхъ выводовъ школьной гигіены въ жизнь составляетъ обязанность спеціально подготовленнаго для своей роли школьнаго врача, который непремѣнно долженъ состоять при каждой школѣ. Въ рукахъ учительскаго персонала остается выборъ учебнаго матеріала, его раціональное распредѣленіе и нѣкоторые другіе вопросы, преимущественно педагогическаго характера, а для успѣшности дѣла необходимо, чтобы каждый учитель, съ своей стороны, обладалъ извѣстной подготовкой по школьной гигіенѣ. Наконецъ, на долю родителей остается трудное дѣло выбора для своего ребенка подходящей школы; при этомъ, принимая то или иное рѣшеніе, они не должны забывать отнестись съ достаточнымъ вниманіемъ, помимо учебныхъ программъ, къ качественному составу учительскаго персонала и къ общему духу, господствующему въ учебномъ заведеніи.

До сихъ поръ мы старались показать, въ чемъ проявляется вліяніе школы на здоровье ея воспитанниковъ; теперь намъ надо, съ другой стороны, установить, что успѣхъ школьнаго обученія въ весьма значительной степени зависитъ отъ состоянія здоровья учащихся. Высшіе органы чувствъ, глазъ и ухо, являются важнѣйшими посредниками между внѣшнимъ міромъ и нами, такъ что для успѣшности ученія крайне важно, чтобы правильность ихъ функцій не была нарушена. Кажется, поэтому, что необходимость врачебнаго изслѣдованія въ началѣ каждаго семестра глазъ и ушей всѣхъ школьниковъ понятна сама собой. Какъ близорукимъ учащимся можно дать возможность сохранять правильную посадку при чтеніи и письмѣ и вообще не отставать въ ученіи отъ товарищей, объ этомъ уже была рѣчь выше. Въ еще худшемъ положеніи чѣмъ близорукіе, находятся дѣти, страдающіе тугоухостью. Имъ приходится непрерывно напрягать все свое вниманіе, чтобы быть въ состояніи услѣдить за ходомъ объясненій учителя. Вѣдь стоитъ имъ не разслышать хоть одно слово, и для того, чтобы представить себѣ, что именно хотѣлъ сказать учитель, имъ уже требуется извѣстное время подумать; а учитель, между тѣмъ безостановочно продолжаетъ далѣе, быть можетъ, дѣлаетъ выводы изъ только что сказаннаго и неразслышаннаго тугоухимъ ученикомъ, такъ что послѣдній можетъ его понять только съ громадными усиліями, нерѣдко понимаетъ неправильно, а то и совсѣмъ ничего не въ состояніи уяснить себѣ. И вотъ, плоды ученія или совсѣмъ ускользаютъ или усваиваются лишь съ большимъ трудомъ, во всякомъ же случаѣ требуютъ значительнаго умственнаго напряженія; понятно, что благодаря этому и утомленіе у плохо слышащаго ученика наступаетъ скорѣе, чѣмъ у остальныхъ, здоровыхъ его товарищей. Наступленіе же усталости, вслѣдствіе связаннаго съ этимъ притупленія вниманія, которое такъ необходимо тугоухому, ставитъ предѣлъ его способности воспринимать. Школьники съ пониженнымъ слухомъ должны энергично лѣчиться; сажать въ классѣ ихъ слѣдуетъ возможно ближе къ учителю. Въ связи съ ухомъ находится, какъ мы знаемъ, носоглоточная область, состояніе которой также не остается безъ вліянія на ученіе. Образующіяся тамъ аденоидныя разрастанія могутъ обусловить тугоухость, заслоняя собой отверстіе слуховой (Евстахіевой) трубы; ихъ присутствіе мѣшаетъ дыханію и, такимъ образомъ, затрудняетъ насыщеніе крови кислородомъ, а энергія этого процесса и безъ того уже понижена условіями школьной жизни. Извѣстно, что дѣти, страдающія такими разрастаніями, отличаются слабой памятью и сильной умственной утомляемостью; конечно, ихъ успѣхи въ школѣ при этомъ сильно страдаютъ. Имъ тоже крайне необходима медицинская помощь. Даже простой насморкъ, мѣшающій свободному дыханію черезъ носъ и сопровождающійся головной болью, можетъ понизить вниманіе школьника. — Очень трудно приходится въ школѣ малокровнымъ: постоянное чувство усталости, наклонность къ головнымъ болямъ, невольная сонливость и безучастность ко всему происходящему кругомъ, въ высшей степени затрудняютъ для нихъ всякій умственный трудъ. Подобнымъ же образомъ чувствуютъ себя въ школѣ и дѣти, отличающіяся общей слабостью, расположенныя къ разстройствамъ пищеваренія и простудѣ, страдающія порокомъ сердца и т. д. Для достиженія нужныхъ успѣховъ имъ не хватаетъ необходимой свѣжести и бодрости. — О тѣхъ трудностяхъ, которыя стоятъ при умственныхъ занятіяхъ на пути нервныхъ дѣтей, мы говорили уже выше. Большую помѣху представляютъ для успѣшности ученія школьниковъ острыя инфекціонныя болѣзни, нерѣдко на недѣли, даже на мѣсяцы, прекращающія посѣщеніе школы. Наконецъ, существуетъ рядъ болѣзней, которыя заставляютъ совершенно не допускать въ школу страдающихъ ими дѣтей, или, смотря по обстоятельствамъ и соображеніямъ школьнаго начальства, допускать лишь условно; сюда относятся: эпилепсія (падучая), извѣстныя формы сифилиса, легочный туберкулезъ, прилипчивыя кожныя заболѣванія, каковы чесотка, парша и т. п., зловонный насморкъ и различныя другія страданія.

Итакъ, резюмируя сказанное, можемъ признать, что школа оказываетъ ослабляющее вліяніе на физическое здоровье школьниковъ и что физически слабыя дѣти лишь съ трудомъ могутъ удовлетворять требованіямъ, встрѣчаемымъ ими со стороны школы. Съ теченіемъ времени и то и другое изъ упомянутыхъ обстоятельствъ дѣлается

еще болѣе неблагопріятнымъ, особенно чувствительно ска-
зываясь къ концу учебнаго года. Къ этому времени и у
здоровыхъ дѣтей проявляются нѣкоторые признаки исто-
щенія: они теряютъ аппетитъ, пріобрѣтаютъ плохой цвѣтъ
лица, дѣлаются вялыми. Для избѣжанія накопленія устало-
сти въ теченіе учебнаго дня въ школѣ принимаются мѣры,
заключающіяся въ томъ, что на первые уроки назнача-
ются болѣе трудные предметы, на послѣдніе, наоборотъ,
болѣе легкіе; но въ отношеніи къ учебному году въ его
цѣломъ не только не проводится подобный же принципъ,
а, напротивъ того, конецъ учебнаго года обыкновенно тре-
буетъ отъ учащихся напряженія особыхъ усилій: надо или
ускореннымъ темпомъ постараться закончить школьную
программу или готовиться къ репетиціямъ или экзаме-
намъ. Для возстановленія силъ, поэтому, въ промежуткѣ
между двумя учебными годами установлены к а н и к у л ы.
Этотъ весьма разумный обычай дѣйствительно способ-
ствуетъ быстрой поправкѣ школьника. Во время каникулъ
является возможность прибѣгнуть ко всѣмъ способамъ,
направленнымъ къ укрѣпленію тѣла, которые описаны вы-
ше, на стр. 115-124. Продолжительность и сроки канику-
лярнаго времени устанавливаются различно, сообразно съ
климатическими и мѣстными условіями. Для предотвраще-
нія чрезмѣрнаго утомленія, обусловливаемаго длинными
учебными періодами, представляется весьма желательнымъ,
чтобы учебный годъ прерывался тремя—четырьмя канику-
лярными періодами, хотя бы небольшой продолжительно-
сти каждый.

И съ гигіенической, и съ педагогической точки зрѣ-
нія можно горячо рекомендовать организуемыя школами
э к с к у р с і и з а г о р о д ъ, въ которыхъ принимаютъ уча-
стіе бо́льшія или меньшія группы учащихся совмѣстно съ
однимъ или нѣсколькими учителями. Съ учениками млад-
шихъ классовъ ограничиваются небольшими прогулками,
съ дѣтьми же старшаго возраста, болѣе сильными, пред-
принимаются иногда путешествія на нѣсколько дней. Во
время такихъ экскурсій дѣти приходятъ въ ближайшее со-
прикосновеніе съ природой и расширяютъ свой кругозоръ;
незамѣтно и весело они пріучаются переносить различныя
лишенія; между дѣтьми съ одной стороны и учителями—

съ другой, устанавливаются болѣе близкія отношенія, благодаря постоянному и тѣсному взаимному сообществу. Для дѣтей, которымъ родители, по экономическимъ условіямъ, не въ состояніи доставить возможность провести лѣто въ деревнѣ, должны устраиваться въ лѣтнее каникулярное время школьныя колоніи или поѣздки за городъ; въ послѣднее время осуществить это становится все легче благодаря тому интересу, который начинаетъ возбуждать къ себѣ общественное призрѣніе дѣтей и благодаря общественной благотворительности.

Домашнее воспитаніе мальчиковъ и дѣвочекъ разбираемаго возраста находится въ тѣсной связи съ школьными вопросами. Это вполнѣ естественно, такъ какъ объектъ и цѣли воспитанія въ школѣ и въ семьѣ одинаковы.

Начать приходится съ отвѣта на нерѣдко обращаемый къ дѣтскому врачу вопросъ: когда нужно начинать ребенка серіозно учить? Было бы желательно, чтобы этотъ вопросъ не путался съ другимъ: когда нужно начать ребенку ходить въ школу? Въ нейтральномъ возрастѣ, какъ мы установили, учить ребенка еще не слѣдуетъ. Въ большинствѣ случаевъ весь его организмъ оказывается достаточно зрѣлымъ для начала регулярнаго обученія по истеченіи седьмого года жизни, на восьмомъ году. Къ этому времени ребенокъ уже въ состояніи безъ труда сосредоточивать вниманіе на умственномъ занятіи; онъ и самъ начинаетъ требовать уже другой умственной пищи, чѣмъ та, которую онъ находитъ въ обществѣ однолѣтокъ или въ своемъ дѣтскомъ саду. Не такъ медленно и безъ всякаго внутренняго побужденія, какъ это свойственно дѣтямъ, рано засаженнымъ за ученіе, а быстро и съ одушевленіемъ ребенокъ указаннаго возраста выучивается читать, писать и считать; ему дѣлаются доступными религіозные принципы и основныя черты нѣкоторыхъ научныхъ предметовъ. Дѣти, только вступающія въ періодъ школьнаго возраста, обладаютъ индивидуально-различнымъ духовнымъ содержаніемъ, въ зависимости отъ вліянія окружающей ихъ среды; на нихъ не успѣло сказаться нивелирующее воздѣйствіе школы, и поэтому при обученіи необходимо въ значительной степени руководствоваться ихъ личными особенностями. Напримѣръ, одни начинающія учиться дѣти утомляются уже черезъ десять минутъ занятій, другія могутъ при совершенно равныхъ условіяхъ безъ перерыва заниматься тѣмъ же предметомъ пятнадцать— двадцать минутъ. Въ виду этого первоначальное обученіе должно происходить или съ каждымъ ребенкомъ въ отдѣльности, или же, лучше всего, съ небольшой, подходящей по развитію, группой дѣтей. Лишь постепенно достигается достаточная способность сосредоточиваться, и та степень дисциплины и всѣхъ вообще тѣлесныхъ и душевныхъ способностей, которыя нужны для того, чтобы можно было пустить ребенка въ школу съ ея одинаковыми для всѣхъ учащихся требованіями.

Поступленіе въ школу представляетъ собою поворотный пунктъ въ душевной жизни ребенка, который при этомъ переходитъ въ новый міръ, гдѣ все иначе, чѣмъ дома. Сразу его окружаетъ множество дѣтей, настолько же чуждыхъ ему, какъ и онъ самъ для нихъ; они разсматриваютъ новичка дружелюбно или недовѣрчиво, но во всякомъ случаѣ съ любопытствомъ и по-своему производятъ испытаніе его. Надо не мало времени, чтобы вновь поступившій школьникъ почувствовалъ себя за-одно съ остальными, началъ дѣлить ихъ интересы, заботы и радости; такая ассимиляція связана съ крупнымъ переворотомъ, происходящимъ въ душѣ ребенка. Школьный учитель или учительница, являясь полновластными распорядителями цѣлаго дѣтскаго царства, обладаютъ въ глазахъ ребенка совершенно другого рода авторитетомъ, чѣмъ тотъ, которому онъ подчинялся въ тѣсномъ домашнемъ кругу. Непреклонная школьная дисциплина вынуждаетъ маленькаго школьника преодолѣвать самого себя, отказываясь отъ многаго, къ чему онъ привыкъ въ домашней холѣ; въ душѣ его зарождаются непривычныя волненія и заботы. Все это, вмѣстѣ съ тѣлеснымъ и умственнымъ напряженіемъ, неразрывно связаннымъ съ школьнымъ обученіемъ, обусловливаетъ настолько сильный переворотъ въ организмѣ, что онъ долженъ потрясающе дѣйствовать на все существо ребенка; и въ самомъ дѣлѣ, въ теченіе перваго и даже второго года ученія, дѣти прибываютъ въ вѣсѣ и ростѣ меньше, чѣмъ ихъ сверстники, живущіе въ одинаковыхъ

условіяхъ, но не посѣщающіе еще школы*). Потеря на-
верстывается обыкновенно не раньше третьяго года ученія.
Мы здѣсь можемъ увидѣть аналогію съ тѣмъ явленіемъ,
когда вѣсъ и ростъ новорожденнаго задерживается вслѣд-
ствіе того, что, появлясь на свѣтъ, онъ сразу долженъ при-
способиться къ совершенно новымъ жизненнымъ усло-
віямъ; конечно, тутъ есть большая разница въ рѣзкости и
силѣ испытываемаго организмомъ потрясенія: у школьника
оно не столь значительно, какъ у новорожденнаго; зато
у перваго потрясеніе болѣе длительное, такъ что для воз-
вращенія къ равновѣсію требуется больше времени.

Такія соображенія приводятъ насъ къ выводу, что съ
гигіенической точки зрѣнія правильнѣе откладывать по-
ступленіе въ школу подольше, приблизительно до деся-
тилѣтняго возраста, когда уже законченъ первоначаль-
ный подготовительный курсъ. Къ этому времени ребенокъ
уже значительно окрѣпъ, такъ что можно въ полной мѣрѣ
провести въ отношеніи къ нему принципъ осторожнаго
упражненія его функцій. На такой ступени развитія орга-
низмъ легче противостоитъ потрясенію вслѣдствіе измѣ-
ненія всѣхъ жизненныхъ условій, и, что особенно важно,
ребенокъ дольше останется подъ нераздѣльнымъ воздѣй-
ствіемъ моральнаго вліянія родительскаго дома, — вліянія,
дающаго тонъ всему дальнѣйшему развитію.

Когда ребенокъ поступилъ въ школу, то, чтобы по-
мочь ему удовлетворить предъявляемымъ къ нему теперь
требованіямъ безъ вреда для собственнаго здоровья, не-
обходимо соблюденіе и дома цѣлаго ряда гигіениче-
скихъ правилъ.

Школьникъ долженъ во-время ложиться спать и хо-
рошенько выспаться; при той изнурительной работѣ, кото-
рая выпадаетъ на его долю, продолжительность сна должна
быть не менѣе девяти часовъ въ сутки. Ребенокъ можетъ
выспаться лишь при условіи, чтобы его не будили, а
чтобъ онъ просыпался самъ. У многихъ, особенно нерв-
ныхъ дѣтей, ожиданіе того, что предстоитъ имъ въ теченіе
дня, оказываетъ крайне сильное возбужденіе, заставляю-

*) По Шмидъ-Монару годовая прибавка въ вѣсѣ уменьшается на
40—60%, а такая же прибавка въ ростѣ — на 30—40%.

щее забыть все остальное; на-скоро кое-что закусивъ, они скорѣе бѣгутъ изъ дому. Конечно, въ результатѣ, въ подобныхъ случаяхъ утомленіе и умственное истощеніе сказывается на первыхъ же урокахъ. Поэтому надо пріучать школьника передъ уходомъ въ школу не торопясь приводить въ порядокъ свои вещи, заканчивать всѣ необходимыя приготовленія (не надо забывать о стулѣ!), не спѣша съѣсть утренній завтракъ и тщательно одѣться, смотря по погодѣ. Поѣсть утромъ ребенку нужно основательно; кромѣ стакана молока онъ долженъ съѣсть еще яйцо или ветчины, холоднаго мяса или же тарелочку каши (лучше всего изъ овсяной крупы). Иногда дѣти твердятъ, что утромъ, на тощій желудокъ, они ничего не могутъ ѣсть, и родители повторяютъ за ними такое утвержденіе; не слѣдуетъ придавать этому значенія: для сохраненія здоровья и работоспособности школьника рекомендуемая нами мѣра безусловно необходима, и къ выполненію ея можно постепенно пріучить каждаго ребенка. Въ школу съ собой дѣти должны брать бутербродъ съ чѣмъ-нибудь и подкрѣпляться имъ во время перемѣны. Затѣмъ слѣдуетъ обратить вниманіе на то, чтобы отправленія естественныхъ потребностей ребенка не задерживались въ школѣ отъ ложнаго стыда или просто изъ лѣни, и чтобы они могли безпрепятственно удовлетворяться. Если разстояніе до школы не велико, то какъ мальчики, такъ и дѣвочки идутъ пѣшкомъ; при большемъ разстояніи предпочтительнѣе, чтобы туда школьникъ отвозился, обратно же возвращался пѣшкомъ*); этими полезными моціонами можно поступиться только при очень уже большомъ разстояніи отъ школы до дома, когда волей-не-волей приходится дѣтей возить въ оба конца. Послѣ главной ѣды (обѣдъ) у дѣтей должно быть полтора—два часа времени совершенно свободныхъ, чтобы могло безпрепятственно закончиться пищевареніе. Послѣ этого могутъ возобновиться учебныя занятія въ школѣ или дома, но передъ вечерней ѣдой должны остаться опять полтора или два часа, свободныхъ отъ занятій, для гимнастики, спорта, игръ и чтенія; къ сожалѣнію, часто

*) При этомъ во время ѣзды нужно его одѣвать теплѣе (башлыкъ, пладъ), чѣмъ при ходьбѣ пѣшкомъ.

послѣднее остается лишь въ области пожеланій. Во время домашнихъ занятій ребенка чтеніемъ, письмомъ или счетомъ должны соблюдаться тѣ же мѣры профилактики противъ близорукости и искривленій позвоночника, которыя были упомянуты на стр. 189-191 (правильная посадка, прямое письмо). Обезпечить ребенку возможность правильно сидѣть во время домашнихъ занятій удается такимъ образомъ, что подъ ноги подставляютъ скамеечу, на которую равномѣрно упираются подошвы; за спину, на уровнѣ крестца, помѣщаютъ твердую подушку такъ, чтобы верхней частью спины можно было опираться о спинку стула; подъ сидѣніе также что-нибудь подкладываютъ, приподнимая такимъ образомъ локти ребенка до уровня площади стола. Вмѣстѣ съ тѣмъ стулъ настолько придвигается къ столу, чтобы край послѣдняго былъ на очень небольшомъ разстояніи отъ груди ребенка, когда онъ сидитъ, отклонившись къ спинкѣ стула. По отношенію къ дѣвочкамъ надо обращать вниманіе, чтобы онѣ, садясь не надвигались на стулъ съ боку, потому что при этомъ на противоположной сторонѣ подъ ними образуется подушка изъ юбокъ, вслѣдствіе чего становится совершенно невозможнымъ сидѣть ровно; садясь, дѣвочки непремѣнно должны старательно расправить юбки на бедрахъ. Такъ какъ медицинскому воздѣйствію искривленія позвоночника поддаются только въ самыхъ начальныхъ своихъ степеняхъ, то можно рекомендовать каждаго ребенка, который началъ учиться, показать передъ поступленіемъ въ школу врачу для осмотра позвоночника.

Что касается діэты дѣтей въ отроческомъ періодѣ, то и для нихъ, въ общемъ, остаются въ силѣ правила, изложенныя на стр. 108-111. Уже упомянуто выше, что вслѣдствіе связанной съ ученіемъ значительной затраты вещества, утренній завтракъ, съ наступленіемъ школьнаго возраста, долженъ стать солиднѣе. Во время обѣда и ужина достаточно двухъ блюдъ; третье является излишней роскошью, могущей лишь развить у ребенка нежелательные вкусы. Простота и умѣренность въ ѣдѣ необходимы не только въ интересахъ физическаго здоровья, но и съ точки зрѣнія педагогической; несомнѣнно, чѣмъ потребность шире въ дѣтскіе и юношескіе годы, тѣмъ значитель-

нѣе она разростается впослѣдствіи, по достиженіи ре-
бенкомъ зрѣлаго возраста, только затрудняя ему возмож-
ность получить какое-нибудь удовлетвореніе жизнью. Для
питья и теперь можетъ служить вода или хорошій квасъ.
Строго запрещаются всякіе с п и р т н ы е  н а п и т к и, въ
томъ числѣ и пиво. Они дѣйствуютъ на нервную систему
сначала, на короткое время, возбуждающимъ, а затѣмъ
рѣзко подавляющимъ образомъ; какъ свидѣтельствуетъ
рядъ массовыхъ наблюденій у дѣтей, привычныхъ къ алко-
голю, успѣшность въ школѣ ниже, чѣмъ у остальныхъ.

Нужно упомянуть еще объ одной вредной при-
вычкѣ — о к у р е н і и; оно неумѣстно въ дѣтскомъ возрастѣ
уже по одному тому, что легко сопровождается, какъ по-
казываетъ опытъ, и употребленьемъ алкоголя. Но помимо
этого, въ табакѣ содержится хроническій отравляющій орга-
низмъ ядъ — никотинъ, особенно чувствительный для орга-
низма юношескаго, еще мало приспособленнаго къ сопроти-
вляемости вреднымъ внѣшнимъ вліяніямъ; ядъ этотъ осла-
бляетъ дѣятельность сердца, нервной системы и органовъ
пищеваренія. Во всѣхъ европейскихъ странахъ дѣтямъ
запрещаютъ куреніе, при чемъ вездѣ въ школахъ уста-
новленъ строгій надзоръ за соблюденіемъ этого запрещенія;
однако, вовсе не рѣдкость встрѣтить даже въ публичныхъ
мѣстахъ, на улицѣ, малышей*), раскуривающихъ папи-
роску; нѣтъ никакого сомнѣнія, что многіе мальчики болѣе
или менѣе открыто курятъ и дома. Было бы умѣстно по-
слѣдовать примѣру Англіи, гдѣ, по закону, дѣтямъ должно
запрещаться куреніе и вообще обладаніе табакомъ: про-
давшіе или вручившіе табакъ ребенку моложе шестнад-
цати лѣтъ подлежатъ денежному штрафу до пятидесяти
фунтовъ стерлинговъ. Конечно, нельзя предполагать, чтобы

*) Настоящую привычку курить пріобрѣтаютъ обыкновенно лишь
мальчики, очевидно, изъ желанія подражать взрослымъ мужчинамъ.
Дѣвочки не курятъ (быть можетъ, только пока не курятъ), такъ
какъ до сихъ поръ куреніе не пользуется широкимъ распростране-
ніемъ среди дамъ, и подражаніе взрослымъ у дѣвочекъ не имѣетъ
достаточнаго повода выливаться именно въ формѣ куренія. Интересно
привести здѣсь мнѣніе одного англійскаго врача, утверждающаго, что
за послѣдня десятилѣтія отмѣчается все большее измельчаніе маль-
чиковъ по сравненію съ дѣвочками, при чемъ, на его взглядъ, это объ-
ясняется именно склонностью мальчиковъ къ куренію.

законодательными запрещеніями можно было совершенно изгнать куреніе изъ привычки незрѣлой молодежи, но несомнѣнно, во всякомъ случаѣ, что такимъ образомъ оно все же сводится до minimum'a.

Что касается одежды въ школьномъ возрастѣ, то ея назначеніе, какъ и ранѣе, опредѣляется тѣмъ, чтобы прежде всего служить защитой отъ холода, ничѣмъ не стѣсняя при этомъ свободы движеній; слѣдовательно, одежда должна быть сшита изъ плотной матеріи и не должна производить давленія на какую-нибудь часть тѣла. Обыкновенно и школьники и школьницы носятъ блузы какого-нибудь одного цвѣта и формы, слегка перетянутыя въ таліи поясомъ. Для дѣвочекъ наиболѣе цѣлесообразной надо считать описанную на стр. 91 „лейпцигскую школьную одежду"; у мальчиковъ панталоны укрѣпляются на помочахъ. Матеріалъ, изъ котораго сдѣлана одежда, долженъ, конечно, быть различнымъ сообразно съ климатомъ и временемъ года; но во всякомъ случаѣ онъ долженъ быть такого качества, чтобы не благопріятствовать изнѣженію тѣла. Верхней одеждой служитъ пальто, длиною до колѣнъ, при чемъ и здѣсь при выборѣ матеріала приходится сообразоваться съ климатическими условіями. Для того, чтобы съ одной стороны избѣжать простуды, а съ другой — достигнуть закаливанья, необходимо соблюдать такое гигіеническое правило: надо носить осенью легкую одежду, а весной — теплую, какъ можно дольше, пока только ребенокъ можетъ это выносить.

Изъ всего сказаннаго выше объ окружающихъ ребенка школьнаго возраста жизненныхъ условіяхъ слѣдуетъ, что нужно всѣми силами стараться парализовать ихъ задерживающее вліяніе на процессъ развитія и укрѣпленія тѣла ребенка. Пусть отцы и матери никогда не забываютъ, что, несмотря на всѣ ихъ усилія какъ можно лучше воспитать своего ребенка, участь послѣдняго, въ концѣ концовъ, опредѣляется главнымъ образомъ его физическимъ состояніемъ: старинное представленіе о здоровомъ духѣ въ здоровомъ тѣлѣ остается непоколебимымъ и понынѣ. Если только мы хотимъ, чтобы наши школьники не были слабыми, мы должны доставить имъ возможность побольше двигаться, упражнять мускулатуру, подольше оставаться на воздухѣ. Это единственный путь сохранить имъ физическое и душевное здоровье и сдѣлать ихъ способными къ бодрой дѣятельности и счастливой жизни.

Къ такой цѣли прежде всего ведетъ спортъ; являясь весьма цѣннымъ времяпрепровожденіемъ въ этическомъ отношеніи, онъ вмѣстѣ съ тѣмъ служитъ прекраснымъ поводомъ для весьма оживленныхъ движеній на открытомъ воздухѣ. При верховой ѣздѣ упражняется и крѣпнетъ мускулатура всего тѣла и развивается отвага; къ сожалѣнію, это дорого стоющее удовольствіе доступно далеко не всѣмъ. Въ послѣднее время дѣвочекъ начинаютъ сажать на мужское сѣдло; такой способъ безусловно надо предпочесть прежнему, когда дѣвочка могла удержаться на сѣдлѣ и управлять лошадью только въ такомъ положеніи, которое обусловливало сильное искривленіе позвоночника и перегибъ спины. Рекомендованная нами выше одежда для дѣвочекъ по образцу лейпцигскихъ школьницъ вполнѣ обезпечиваетъ возможность соблюденія правильнаго сидѣнія верхомъ, при чемъ сидящая всѣмъ туловищемъ обращена къ головѣ лошади. Старшимъ дѣвочкамъ, для которыхъ, сообразно съ ихъ тѣлеснымъ развитіемъ, требуется измѣненіе формы платья, тоже можно доставить возможность правильно сидѣть на лошади, если только сдѣлать въ платьѣ соотвѣтствующій, вполнѣ приличный разрѣзъ. — Весьма рекомендуется далѣе, гребля на лодкѣ, при которой происходитъ правильное упражненіе очень важныхъ группъ мышцъ туловища и верхнихъ конечностей. Кромѣ того, на рѣкѣ или на морѣ дѣти дышатъ совершенно безпыльнымъ, чистымъ воздухомъ; при этомъ, въ интересахъ гигіены легкихъ, надо здѣсь отмѣтить, что не слѣдуетъ при греблѣ дѣлать слишкомъ частые взмахи веслами; откидываясь назадъ, надо каждый разъ сдѣлать глубокій вздохъ, а нагибаясь впередъ — наоборотъ, возможно полный выдохъ. — Что касается ѣзды на велосипедѣ, то этому виду спорта приписывается рядъ вредныхъ вліяній на сердце, почки и половую сферу. Въ дѣйствительности же устраненіе всякаго раздраженія половыхъ частей, или давленія на нихъ, какъ у мальчиковъ, такъ и у дѣвочекъ, вполнѣ въ нашихъ рукахъ; надо только позаботиться о цѣлесообраз-

14*

номъ устройствѣ сѣдла и о правильной посадкѣ. Ущербъ
для внутреннихъ органовъ можетъ произойти лишь при
неумѣренной ѣздѣ, чѣмъ дѣти, правда, легко злоупотре-
бляютъ. Короче говоря, въ этомъ спортѣ нужно только
соблюдать умѣренность. Сколько именно можно позволить
кататься ребенку безъ опасеній за его здоровье, долженъ
въ каждомъ отдѣльномъ случаѣ опредѣлить врачъ. За
норму продолжительности для начинающихъ, которые
употребляютъ при ѣздѣ больше усилій, чѣмъ слѣдуетъ,
можно принять полчаса, если только ѣхать приходится по
ровной, не мягкой (т.-е. напр. не песчаной) дорогѣ и не
противъ сильнаго вѣтра. Для болѣе опытныхъ, при рав-
ныхъ прочихъ условіяхъ, это время можетъ быть удвоено.
Какъ въ первомъ, такъ и во второмъ случаѣ дѣти мо-
гутъ кататься по два раза въ день. То въ высшей сте-
пени нездоровое и некрасивое наклонное впередъ поло-
женіе, которое принимаютъ обыкновенно страстные вело-
сипедисты, является слѣдствіемъ лишь стремленія къ
быстрой ѣздѣ; надо непремѣнно слѣдить, чтобы дѣти си-
дѣли на велосипедѣ прямо.—Само собой разумѣется, что
въ отроческомъ возрастѣ сохраняютъ свои преимущества
и всѣ прочіе виды спорта, которые были упомянуты
выше,—плаванье, катанье на конькахъ, бѣганье на
лыжахъ.

Подобающее мѣсто должно быть отведено и гимна-
стикѣ. На стр. 117 мы уже говорили о ея глубокомъ
и благотворномъ физіологическомъ дѣйствіи. Теперь отмѣ-
тимъ еще, что въ занятіяхъ гимнастикой принимать уча-
стіе должны въ одинаковой степени — какъ мальчики, такъ
и дѣвочки. Нѣтъ никакого разумнаго основанія упраж-
нять и укрѣплять мускулатуру дѣвочекъ въ меньшей сте-
пени, чѣмъ мальчиковъ; напротивъ, такъ какъ мышцы
первыхъ въ общемъ отъ природы слабѣе, то надо даже
больше позаботиться объ ихъ развитіи. Опытъ учитъ, что
занятіе гимнастикой въ одиночку скоро надоѣдаетъ дѣ-
тямъ и перестаетъ доставлять имъ удовольствіе, такъ что
совершенно не достигаетъ цѣли; зато гимнастическія упраж-
ненія цѣлыми группами дѣйствуютъ на участниковъ весь-
ма ободряющимъ образомъ, давая поводъ къ взаимному
соревнованію. Но нужно озаботиться, чтобы гимнастикой

дѣти занимались съ толкомъ. Главная цѣль занятій гимнастикой для школьниковъ заключается въ наилучшемъ развитіи верхней части тѣла, особенно легко испытывающей задержку въ развитіи при сидячемъ образѣ жизни школьниковъ. Учитель гимнастики долженъ проникнуться принципомъ осторожнаго упражненія и умѣть индивидуализировать обученіе сообразно съ силами каждаго учащагося; если вольныя движенія одинаково примѣнимы для всѣхъ, то въ упражненіяхъ на приборахъ и въ гимнастическихъ играхъ дѣти должны принимать участіе съ извѣстнымъ выборомъ. Уроки гимнастики являются въ сущности учебнымъ занятіемъ: насколько они оказываются благопріятными какъ для тѣла, такъ и для души при благоразумной умѣренности во времени и въ предъявляемыхъ къ дѣтямъ требованіяхъ, настолько же, съ другой стороны, они угрожаютъ опасностью вреднаго переутомленія при неправильной нормировкѣ занятій.

Въ противоположность этому, при подвижныхъ играхъ на открытомъ воздухѣ, утомленіе по большей части достаточно регулируется не чувствующими надъ собой никакого принужденія участниками. Просто пріятно наблюдать, съ какимъ удовольствіемъ мальчики и дѣвочки, юноши и дѣвушки, играютъ, напримѣръ, въ лаунъ-теннисъ; они всецѣло поглощены игрой, соревнованіе воодушевляетъ ихъ и заставляетъ каждаго изъ нихъ стараться не отставать отъ остальныхъ въ силѣ и ловкости; игра требуетъ безконечнаго разнообразія движеній, которыя выполняются съ молніеносной быстротой, почти безъ всякаго раздумья, но съ величайшей точностью, несмотря на участіе самыхъ разнообразныхъ мышцъ; при этомъ глазъ долженъ вѣрно оцѣнить разстояніе и направленіе летящаго мяча, чтобы моментально сообразить планъ его отраженія, которое должно послѣдовать безъ малѣйшаго колебанія или промедленія. Все это представляетъ собою прекрасное физическое упражненіе, при которомъ отдѣльныя мышечныя группы принимаютъ участіе поперемѣнно, такъ что во время функціонированія однѣхъ изъ нихъ, остальныя отдыхаютъ, и, такимъ образомъ значительная въ общемъ работа достигается безъ утомленія. Послѣднее даетъ само себя чувствовать и своевременно заставляетъ прекратить игру.

Для достиженія закаливанія въ отроческомъ возрастѣ пользуются тѣми же способами, которые были нами указаны для нейтральнаго возраста. Холодныя купанья можно тѣмъ болѣе рекомендовать, что съ ними соединяется весьма полезный спортъ, въ видѣ плаванья. Въ жаркое лѣтнее время очень доступнымъ закаливающимъ средствомъ являются солнечныя ванны и хожденіе босикомъ. Во время каникулъ можно предпринимать болѣе или менѣе отдаленныя, сообразно съ возрастомъ и тѣлеснымъ развитіемъ дѣтей, прогулки пѣшкомъ куда-нибудь на цѣлый день, а гдѣ только это возможно, и небольшія восхожденія на горы.

Одну изъ важнѣйшихъ задачъ ухода за здоровьемъ ребенка составляетъ охраненіе его отъ острыхъ инфекціонныхъ болѣзней. Эта группа болѣзней играетъ особенно большую роль именно въ дѣтскомъ возрастѣ: во-первыхъ, иммунитетъ (невоспріимчивость) къ нимъ въ большинствѣ случаевъ пріобрѣтается послѣ перенесеннаго уже разъ заболѣванія, иначе говоря, большинство инфекціонныхъ болѣзней не повторяется у одного и того же человѣка по нѣсколько разъ; ребенокъ же, еще ничѣмъ не болѣвшій, оказывается такимъ образомъ особенно предрасположеннымъ къ самымъ разнообразнымъ заболѣваніямъ. Во-вторыхъ, нѣкоторыя изъ инфекціонныхъ болѣзней свойствены исключительно дѣтскому возрасту, и взрослые ими не заболѣваютъ. Каждое острое инфекціонное заболѣваніе сопровождается преходящимъ разстройствомъ того или иного органа и общаго состоянія силъ; иногда отъ болѣзни остаются навсегда болѣе или менѣе тяжкіе слѣды, иногда же дѣло кончается даже смертью ребенка. Инфекціонныя или заразныя болѣзни передаются отъ больного къ здоровому; этого надо опасаться какъ въ школѣ, такъ и дома, и съ одинаковой тщательностью здѣсь и тамъ проводить предупредительныя мѣры.

Центръ тяжести этихъ мѣръ заключается въ своевременномъ отдѣленіи заболѣвшаго ребенка отъ всякаго соприкосновенія съ здоровыми, а также въ изоляціи послѣднихъ, если они раньше имѣли общеніе съ больнымъ, на срокъ инкубаціоннаго періода, т.-е. до того времени, когда можно съ положительностью рѣшить, заразились ли они тоже, или нѣтъ. Лѣченіе заболѣвшихъ составляетъ, конечно, задачу лѣчащаго врача. Мы же здѣсь постараемся лишь освѣтить вопросъ, когда нужно примѣнить изоляцію ребенка съ подозрительнымъ заболѣваніемъ и какова должна быть сообразно съ характеромъ заболѣванія продолжительность карантина другихъ живущихъ съ нимъ здоровыхъ дѣтей. Вслѣдствіе особенностей возбудительнаго начала отдѣльныхъ инфекціонныхъ болѣзней, способъ распространенія заразы при каждой изъ нихъ различенъ; мы ближе остановимся въ дальнѣйшемъ лишь на тѣхъ изъ упомянутыхъ болѣзней, которыя имѣютъ особенно большое практическое значеніе.

Сюда относятся лихорадочныя заразныя сыпныя болѣзни, прежде всего скарлатина и корь. Контагій (возбудительное начало) скарлатины не очень летучъ, зато, какъ показываютъ наблюденія, пристаетъ не только къ стѣнамъ и полу комнаты больного, но и ко всѣмъ окружающимъ, и особенно, конечно, бывшимъ съ нимъ въ соприкосновеніи, предметамъ. Въ началѣ болѣзни, именно въ первый день, контагій этотъ почти безвреденъ и его вирулентность (ядовитость) начинаетъ возрастать только со второго дня, оставаясь въ силѣ до прекращенія бывающаго въ концѣ болѣзни шелушенія кожи. Въ среднемъ заразительный періодъ скарлатины считается равнымъ шести недѣлямъ, однако, иногда шелушеніе заканчивается лишь по истеченіи семи—восьми недѣль. Болѣзнь наступаетъ безъ предвѣстниковъ и большей частью обнаруживается сразу рвотой, головной болью, лихорадкой и болью въ горлѣ; высыпь появляется обыкновенно нѣсколькими часами позднѣе. За исключеніемъ грудныхъ младенцевъ, дѣти имѣютъ особенно сильное, по сравненію съ взрослыми, предрасположеніе къ этой болѣзни, при этомъ больше всего въ возрастѣ между двумя и восемью годами. Продолжительность инкубаціоннаго (скрытаго) періода, т.-е. времени отъ момента зараженія до проявленія болѣзни, въ большинствѣ случаевъ, составляетъ отъ двухъ до семи дней, изрѣдка—восемь, девять, даже десять дней. Такъ какъ скарлатина является болѣзнью опасной для жизни, и нерѣдко оставляетъ послѣ себя тяжелыя послѣдствія, то

надо самымъ настойчивымъ образомъ посовѣтовать, неот-
лагательно помѣстить заболѣвшаго ребенка въ больницу.
Перевозка должна производиться или въ спеціально приспо-
собленномъ или же въ противномъ случаѣ, въ открытомъ
экипажѣ, но никакъ не въ вагонѣ трамвая или въ закрытой
каретѣ. Перевозка больного не можетъ ему повредить даже
и зимой; въ холодную погоду надо только его потеплѣе
укутать. Вся одежда больного должна быть оставлена въ
больницѣ, откуда она возвращается лишь послѣ основа-
тельной дезинфекціи. Послѣ удаленія больного, комната,
гдѣ онъ находился, должна быть заперта, и открыта можетъ
быть только послѣ окончанія немедленно произведенной
дезинфекціи. Братья и сестры больного должны быть вы-
держаны въ карантинѣ (т.-е. отдѣлены отъ сообщенія съ
другими дѣтьми) въ теченіе двухъ недѣль. Мы лично охотно
дѣлаемъ всѣмъ дѣтямъ въ домѣ предохранительныя впры-
скиванія противоскарлатинной сыворотки Мозера, при
чемъ получали хорошіе результаты; если даже кто-нибудь
изъ дѣтей уже заразился передъ впрыскиваніемъ сыворот-
ки, то послѣдняя можетъ подѣйствовать на теченіе болѣзни
только смягчающимъ образомъ*). Въ особенности необхо-
димымъ становятся эти впрыскиванія, если родители рѣ-
шили оставить больного дома. Въ подобныхъ случаяхъ,
братья и сестры больного должны быть переведены, если
есть малѣйшая возможность сдѣлать это, въ совершенно
другую квартиру, ибо изолировать самого больного, какъ
мы сейчасъ увидимъ, чрезвычайно трудно. При переселе-
ніи дѣтей въ другую квартиру надо подумать о томъ,
чтобы они захватили съ собой все нужное изъ бѣлья,
книгъ и т. д. и такимъ образомъ избавиться отъ необхо-
димости пересылать впослѣдствіи вещи изъ зараженнаго
дома. Какъ лучше всего соблюсти изоляцію больного
скарлатиной, если его оставили дома, долженъ будетъ въ
каждомъ отдѣльномъ случаѣ дать спеціальныя указанія
врачъ.

---

*) Недавно скончавшійся московскій бактеріологъ Г. Н. Габри-
чевскій предложилъ въ качествѣ предохранительнаго средства отъ
скарлатины впрыскиваніе приготовленной имъ вакцины (нѣчто въ родѣ
предохранительной прививки оспы), но о дѣйствительности этого сред-
ства пока еще нельзя высказаться съ положительностью.

Мы здѣсь укажемъ только, что, для достиженія лучшей вентиляціи, въ распоряженіи больного должны находиться двѣ сообщающихся между собой комнаты и что всѣ, ухаживающія за больнымъ лица должны по крайней мѣрѣ на шестинедѣльный срокъ прекратить всякое сообщеніе съ остальнымъ семействомъ; оба эти требованія, конечно, не вездѣ можно выполнить. Въ теченіе всего срока изоляціи близкіе могутъ навѣщать больного ребенка только при томъ условіи, если они передъ входомъ въ его комнату каждый разъ будутъ одѣвать длинное, покрывающее все тѣло и легко могущее быть вымытымъ, одѣяніе, которое послѣ посѣщенія нужно сейчасъ же снимать и заворачивать въ бумагу или холстину. Женщины, въ длинныхъ волосахъ которыхъ особенно легко можетъ сохраняться зараза, должны помимо сказаннаго, покрывать и голову платкомъ, который легко можно вымыть и который для храненія тоже надо заворачивать. На обувь при посѣщеніи больного нужно одѣвать калоши. Выходя изъ комнаты не слѣдуетъ забывать тщательно вымыть лицо и руки. Ни одинъ предметъ не долженъ выноситься изъ комнаты больного, не будучи предварительно продезинфицированъ. Самъ ребенокъ, перенесшій скарлатину, можетъ быть допущенъ къ другимъ дѣтямъ только по совершенномъ прекращеніи шелушенія и послѣ принятія нѣсколькихъ мыльныхъ ваннъ, разумѣется, во всемъ чистомъ бѣлье и въ одеждѣ, не находившейся во время болѣзни въ его комнатѣ. Приведенныя мѣры предосторожности должны соблюдаться и по выздоровленіи ребенка до тѣхъ поръ, пока не будетъ произведена дезинфекція помѣщенія, гдѣ онъ находился, и всѣхъ бывшихъ тамъ вещей. Только такимъ образомъ удается, правда за то почти навѣрное, предупредить дальнѣйшія заболѣванія скарлатиной.

Профилактика кори осуществима много труднѣе, если только вообще возможна. Эта инфекціонная болѣзнь начинается такими явленіями, которыя легко отнести насчетъ простуды: насморкомъ, кашлемъ, колебаніями температуры, свѣтобоязнью и головной болью. Очень нерѣдко заболѣвшіе такъ мало страдаютъ отъ всѣхъ этихъ явленій, что ихъ продолжаютъ считать здоровыми и не только

не укладываютъ въ постель, но позволяютъ играть съ
братьями и сестрами и даже посѣщать школу. Однако,
если у ребенка имѣются предвѣстники кори, то они чрез-
вычайно заразительны. Окончательно дѣло выясняется
обыкновенно только на четвертый—пятый день, когда обна-
руживается характерная коревая сыпь; но тогда уже поздно
отдѣлять больного: приблизительно черезъ девять дней послѣ
этого почти навѣрное появляются описанные предвѣстники у
братьевъ и сестеръ, а также у нѣкоторыхъ изъ школьныхъ
товарищей перваго больного; еще черезъ четыре, пять дней и
у нихъ, при высокой лихорадкѣ, обнаруживается высыпь.
Болѣе успѣшно удается провести профилактику по отноше-
нію къ дальнѣйшимъ заболѣваніямъ или если корь приняла
характеръ настоящей эпидеміи: при такихъ условіяхъ обра-
щается тщательное вниманіе на малѣйшую простуду каж-
даго изъ дѣтей, а врачъ изслѣдуетъ показываемыхъ ему
дѣтей на присутствіе у нихъ на слизистой оболочкѣ рта
такъ называемыхъ пятенъ Коплика; это даетъ возможность
нерѣдко съ достовѣрностью предсказать наступающее за-
болѣваніе корью, такъ что можно своевременно изолиро-
вать больного. Коревыхъ больныхъ тоже лучше всего
было бы помѣщать въ больницу, такъ какъ при чрезвы-
чайной летучести контагія кори, зараза легко распростра-
няется по всему дому, какъ бы старательно ни проводить
изоляцію больного. Въ виду этого, въ тѣхъ случаяхъ,
когда коревой больной оставляется дома, можно рекомен-
довать удалить его братьевъ и сестеръ въ другую квар-
тиру на три недѣли (такова продолжительность зарази-
тельнаго періода кори). Черезъ третьихъ лицъ, а также
черезъ предметы контагій кори передается не легко. Взрос-
лые, ухаживающіе за больными корью, должны только,
выходя изъ его комнаты, вымыть себѣ лицо и руки. Обыч-
ная жизнь и сношенія съ людьми членовъ семьи больного
могутъ ни въ чемъ не нарушаться, нужно только пере-
одѣваться передъ уходомъ изъ дома въ другую одежду.
Самъ больной черезъ три недѣли становится тоже неза-
разительнымъ, и послѣ двукратной ванны, одѣтый во все
чистое, можетъ возобновить общеніе съ другими дѣтьми.
Чтобы уничтожить заразу въ домѣ достаточно основатель-
ной чистки и вентилированія комнаты больного. Дезин-
фекціи не требуется.

На коревую сыпь очень походитъ сыпь к р а с н у х и; это невинное заболѣваніе, однако, имѣетъ для школьниковъ нѣкоторое значеніе, такъ какъ послѣ него иногда надолго остается мѣшающее занятіямъ раздраженіе глазъ; кромѣ того, учебное начальство воспрещаетъ какъ самимъ больнымъ краснухой, такъ и ихъ братьямъ и сестрамъ, посѣщеніе школы на недѣлю (по правиламъ, утвержденнымъ Медицинскимъ Совѣтомъ М. В. Д. даже на три недѣли). Послѣднее обстоятельство, на нашъ взглядъ, не оправдывается свойствами самой болѣзни, всѣ явленія которой заканчиваются обыкновенно въ три-четыре дня; надо полагать, что для такой строгости сыграла роль легкость смѣшенія краснухи съ корью. Поводомъ для него можетъ послужить сходство не только характера сыпи, но и всѣхъ остальныхъ признаковъ обѣихъ этихъ болѣзней: какъ и при кори, при краснухѣ бываютъ катарральныя явленія въ формѣ насморка, кашля и воспаленія глазъ. Главнымъ отличительнымъ признакомъ надо считать полное отсутствіе при краснухѣ предвѣстниковъ: катарральныя явленія не предшествуютъ высыпи, а сопутствуютъ ей. Равнымъ образомъ, при краснухѣ отсутствуютъ характерныя для кори пятна Коплика. Инкубаціонный періодъ продолжается двѣ-три недѣли. Ни изоляція, ни дезинфекція не нужны.

Точно такъ же мало нарушается общее состояніе и при заболѣваніи в ѣ т р я н о й  о с п о й, которая, къ счастью, не имѣетъ ничего общаго съ натуральной оспой. Предотвратить эту болѣзнь тоже очень трудно, такъ какъ предвѣстники ея очень коротки и неопредѣленны или же совершенно отсутствуютъ, а заразительность начинается тотчасъ вслѣдъ за появленіемъ сыпи. Однако, профилактику нерѣдко все-таки удается провести: надо только принять за правило — тотчасъ отдѣлять каждаго лихорадящаго ребенка, какъ только у него появится какая бы то ни было сыпь. Обнаруживающіяся въ началѣ вѣтряной оспы на кожѣ красныя пятнышки, черезъ нѣсколько часовъ превращаются въ пузырьки съ водянистымъ содержимымъ, которые скоро подсыхаютъ и оставляютъ вмѣсто себя корочки. Ребенокъ остается заразительнымъ для другихъ до тѣхъ поръ, пока всѣ такія корочки не отвалятся. Инкубаціонный (скрытый) періодъ равенъ четырнадцати днямъ. Возможность переноса вѣтряной оспы черезъ третье лицо остается подъ вопросомъ. Дезинфекція комнаты больного излишня. Выздоровѣвшій передъ возвращеніемъ въ общество другихъ дѣтей долженъ принять двѣ-три ванны.

Прежній бичъ дѣтскаго возраста — дифтерія — въ наше время, благодаря повсемѣстному распространенію лѣченія сывороткой Беринга, несетъ съ собой уже гораздо меньше ужаса. Главное — надо своевременно распознать болѣзнь и вѣрнѣе всего это можетъ быть достигнуто, если добросовѣстно выполнять настоятельно рекомендованный нами ежедневный осмотръ глотки у каждаго ребенка. Нерѣдко дифтерія проявляется не сразу, а подкрадывается совершенно незамѣтнымъ образомъ: заболѣвшій ребенокъ становится блѣднымъ и вялымъ, теряетъ аппетитъ, но не жалуется ни на боль въ горлѣ, ни на что иное. Если въ подобномъ случаѣ посмотрѣть горло только черезъ нѣсколько дней, то можно, къ своему удивленію, увидѣть тамъ уже очень распространенный сѣроватый налетъ на миндалинахъ. По результатамъ быстро предпринимаемаго бактеріологическаго изслѣдованія налета судятъ о его характерѣ. Если былъ найденъ возбудитель дифтеріи, т.-е. Клебсъ-Лёффлеровская палочка, то больному ребенку безотлагательно впрыскивается большая доза лѣчебной сыворотки; небольшія, предохранительныя дозы той же сыворотки слѣдуетъ впрыснуть и всѣмъ остальнымъ членамъ семьи, такъ какъ это можетъ ихъ обезпечить приблизительно на три недѣли отъ зараженія дифтеріей. Что касается изоляціи больного и ухаживающихъ за нимъ лицъ, образа дѣйствій по отношенію къ остальнымъ дѣтямъ и дезинфекціи зараженныхъ помѣщеній, то и при дифтеріи можно руководиться тѣмъ же, что нами сказано по этому поводу о скарлатинѣ. Всего лучше помѣстить больного въ больницу. Продолжительность инкубаціоннаго періода при дифтеріи колеблется между однимъ и семью днями, время же заразительности — въ еще менѣе опредѣленныхъ границахъ. Обыкновенно она исчезаетъ въ теченіе трехъ недѣль, однако встрѣчаются случаи, когда мѣсяцы спустя въ слизи изъ глотки находятъ вирулентныхъ, т.-е. дѣятельныхъ, способныхъ вызвать заболѣваніе, дифтерійныхъ палочекъ. Въ подобныхъ случаяхъ стараются ихъ уничтожить или по крайней мѣрѣ ослабить съ помощью дезинфицирующихъ полосканій. Въ то время, какъ грудныхъ младенцевъ можно считать мало предрасположенными къ инфекціоннымъ заболѣваніямъ вообще, того же не приходится говорить въ отношеніи къ дифтеріи: она бываетъ у дѣтей, начиная съ первыхъ недѣль жизни, при чемъ у такихъ маленькихъ дѣтей начинается обыкновенно съ слизистой оболочки носа. Поэтому у грудного младенца надо обращать серіозное вниманіе на каждый насморкъ. Излюбленной локализаціей дифтеріи является еще распространеніе ея въ гортани и дыхательномъ горлѣ. Въ подобныхъ случаяхъ болѣзнь называется крупомъ и картина теченія ея пріобрѣтаетъ особый, характерный видъ: голосъ больного дѣлается хриплымъ, часто совсѣмъ пропадаетъ, у него появляется грубый, лающій кашель и сильное затрудненіе дыханія, такъ какъ свободное движеніе воздуха въ дыхательной трубкѣ встрѣчаетъ препятствіе въ находящихся тамъ дифтерійныхъ пленкахъ. Предупредительныя мѣры въ отношеніи къ крупу тѣ же, что и для дифтеріи зѣва.

Въ сущности, всякая ангина (воспаленіе слизистой оболочки зѣва, называемое обыкновенно „жабой“) заразительна. Дѣтей, у которыхъ появилось это заболѣваніе, нужно тотчасъ изолировать и не пускать въ школу. Заразительность обыкновенныхъ жабъ прекращается съ паденіемъ температуры тѣла и съ исчезновеніемъ всякихъ пятенъ на миндалинахъ и припухлости и покраснѣнія слизистой оболочки глотки.

Весьма частымъ заболѣваніемъ является гриппъ (инфлюэнца), представляющій изъ себя лихорадочный катарръ дыхательныхъ путей, часто возникающій благодаря простудѣ и распространяющійся путемъ заразы. Больше всего отъ этой болѣзни страдаютъ дѣти на третьемъ году жизни, у которыхъ при этомъ нерѣдко бываютъ осложненія со стороны ушей и легкихъ. Контагій гриппа обладаетъ такой большой летучестью, что изоляція больныхъ почти безцѣльна. Однако, очень маленькихъ дѣтей надо стараться держать въ отдаленіи отъ больныхъ. Возможность передачи гриппа здоровому изчезаетъ съ прекращеніемъ отдѣленія катаррально измѣненныхъ органовъ — носа, гортани, бронховъ и т. д.

Дѣти гораздо болѣе чѣмъ взрослые предрасположены и къ з а у ш н и ц ѣ (свинкѣ), которая представляетъ изъ себя болѣзненную припухлость слюнныхъ околоушныхъ железъ, и передается только непосредственно отъ человѣка къ человѣку; заразительность прекращается съ исчезновеніемъ припухлости и лихорадки. Инкубаціонный періодъ длится двѣ-три недѣли.

Съ особенными трудностями сопряжена профилактика к о к л ю ш а; эта весьма длительная и изнурительная инфекціонная болѣзнь нерѣдко ведетъ къ тяжелымъ послѣдовательнымъ заболѣваніямъ, въ томъ числѣ иногда и къ туберкулезу. Начинается коклюшъ большей частью насморкомъ и легкимъ сухимъ покашливаніемъ, которое въ теченіе нѣсколькихъ дней развивается въ сильный, мучительный кашель. Заболѣвшій становится опаснымъ для окружающихъ, когда еще нѣтъ никакихъ характерныхъ признаковъ коклюша. Даже подозрѣвая коклюшъ, врачъ еще нѣкоторое время остается въ сомнѣніи, справедливы ли его опасенія относительно существованія въ данномъ случаѣ коклюша, и когда, наконецъ, онъ произноситъ рѣшительное слово, то при огромной заразительности коклюша, большей частью остальныя дѣти въ домѣ уже успѣли заразиться. Именно это незамѣтное начало болѣзни и дѣлаетъ ясной для насъ причину легкости распространенія коклюша черезъ школу. Заразительный періодъ тянется долго, въ лучшемъ случаѣ — шесть недѣль, иногда же — еще дольше. Окончаніе его можетъ быть установлено лишь врачомъ на основаніи наблюденія за теченіемъ болѣзни въ каждомъ отдѣльномъ случаѣ. Такъ какъ больной коклюшемъ обыкновенно не лежитъ въ постели, то очень трудно уберечь отъ заболѣванія его братьевъ и сестеръ. Настаивать на изоляціи приходится только въ тѣхъ случаяхъ, когда коклюшъ былъ распознанъ въ самомъ началѣ и никто изъ окружающихъ дѣтей еще не закашлялъ. Лучше всего, если въ такихъ случаяхъ удается перевести кашляющаго ребенка на все время болѣзни въ другую квартиру, притомъ, если только возможно, гдѣ-нибудь за городомъ. Извѣстно, что коклюшъ протекаетъ гораздо легче на свѣжемъ воздухѣ, чѣмъ при постоянномъ пребываніи больного въ комнатѣ. Но такъ какъ отдѣляемая коклюшными больными при кашлѣ мокрота способствуетъ дальнѣйшему распространенію заразы, то въ каждомъ городѣ должны быть отведены участки общественныхъ парковъ исключительно только для дѣтей, страдающихъ коклюшемъ *). Такихъ дѣтей лѣтомъ обыкновенно стараются увезти въ деревню, на взморье и т. д. Какъ, однако, ни полезна такая перемѣна обстановки для самихъ больныхъ, осуществленіе ея все-таки въ большинствѣ случаевъ является нежелательнымъ, такъ какъ больныя дѣти распространяютъ заразу въ новой мѣстности, гдѣ есть другія дѣти, также пріѣхавшія поправить свое здоровье. Въ виду этого является весьма насущной необходимость въ санаторіяхъ и лѣтнихъ колоніяхъ для коклюшныхъ. — Что касается переноса коклюша черезъ третье лицо, то онъ можетъ имѣть мѣсто только въ томъ случаѣ, если съ кашлевымъ толчкомъ частица заразной мокроты попадетъ на одежду этого третьяго лица. Поэтому членамъ семейства больного можно не запрещать общенія съ послѣднимъ, если они, выходя изъ дому, будутъ каждый разъ мыть себѣ лицо и руки и переодѣваться. Еще одной инфекціонной болѣзнью, свойственной предпочтительно дѣтскому возрасту, является эпидемическій кровавый поносъ (дизентерія) Она господствуетъ лѣтомъ и особенно сильно распространяется къ концу его и къ началу осени. Контагій этой болѣзни содержится въ экскрементахъ больныхъ и распространяется черезъ ихъ посредство. Дизентерія распознается по скуднымъ, слизистымъ, часто содержащимъ кровь, испражненіямъ, выдѣляемымъ большей частью съ сильнымъ жиленіемъ и болью черезъ короткіе промежутки времени. Если у ребенка замѣчены подобныя испражненія, то они немедленно должны быть продезинфицированы известковымъ молокомъ и затѣмъ вылиты, при чемъ въ сосудъ, куда ребенокъ испражняется, нужно налить еще немного дезинфицирующей жидкости напередъ, для слѣдующаго раза. Заболѣвшаго ребенка лучше всего сейчасъ же

*) Врядъ ли здѣсь надо особо упоминать о томъ, что больныя коклюшемъ дѣти ни въ коемъ случаѣ не должны посѣщать какія-нибудь общественныя мѣста или площадки для игръ. Точно такъ же они не долны пользоваться и общими отдѣленіями пассажирскихъ вагоновъ или трамваями.

поместить въ больницу, загрязненныя имъ вещи прокипятить и выстирать. Если больной ребенокъ остается дома, то все его бѣлье до отправки къ прачкѣ должно сохраняться въ растворѣ зеленаго мыла (столовая ложка на ведро воды). Мы знаемъ, что погрѣшности въ діэтѣ и простуда въ значительной степени предрасполагаютъ къ заболѣванію дизентеріей: въ виду этого всѣ окружающіе больного дизентеріей не должны наѣдаться больше того, сколько необходимо для утоленія голода, не должны употреблять сырыхъ фруктовъ и ягодъ и пить холодные напитки; молоко и воду нужно кипятить; трудноперевариваемыхъ блюдъ вродѣ грибовъ, кислой капусты и т. п. надо совершенно избѣгать; въ мѣстностяхъ съ континентальнымъ климатомъ (холодные вечера и ночи послѣ жаркаго дня) нужно все время, пока господствуетъ болѣзнь, носить фланелевый набрюшникъ и заботиться, чтобы ноги были въ теплѣ.

Если въ домѣ есть больной брюшнымъ тифомъ,—болѣзнью, которая передается и дѣтямъ, то послѣднихъ лучше всего можно обезпечить отъ зараженія такимъ образомъ, чтобы больной вмѣстѣ со всѣми, кто за нимъ ухаживаетъ, былъ строго отдѣленъ отъ всѣхъ остальныхъ. Его выдѣленія, въ томъ числѣ и экскременты, должны дезинфицироваться известковымъ молокомъ. Только тогда, когда бактеріологическое изслѣдованіе установитъ полное отсутствіе тифозныхъ бациллъ въ выдѣленіяхъ, больной можетъ оставить свою комнату, которая затѣмъ должна подвергнуться дезинфекціи.

При тѣхъ опасностяхъ, которыми острыя инфекціонныя болѣзни угрожаютъ всѣмъ и каждому, само собой понятно, что школа, являясь пунктомъ сосредоточенія очень многихъ дѣтей, обязана приложить всевозможныя старанія, чтобы уберечь учащихся отъ зараженія. Большей частью эта задача выполняется очень добросовѣстно. Всѣ предписанія, вырабатываемыя администраціей для школы съ цѣлью предупрежденія распространенія заразныхъ болѣзней, соблюдаются обыкновенно весьма строго: въ школахъ точно придерживаются сроковъ, въ теченіе которыхъ больные и ихъ братья и сестры не должны ходить учиться; при слишкомъ сильномъ распространеніи той или иной эпидеміи среди учащихся не останавлива-

ются даже передъ крайнимъ средствомъ,—временнымъ за-
крытіемъ школы. Вмѣстѣ съ тѣмъ и на родителяхъ лежитъ
обязанность непремѣнно и безотлагательно извѣщать школь-
ное начальство о каждомъ случаѣ заразнаго заболѣванія
среди ихъ дѣтей (даже и не школьнаго возраста) и выдер-
живать въ карантинѣ тѣхъ изъ нихъ, кто ходитъ въ
школу. Конечно, въ нѣкоторыхъ случаяхъ это послѣднее
требованіе можетъ показаться нѣсколько суровымъ, но съ
нимъ легко примириться, если только представить себя
въ положеніи родителей здоровыхъ дѣтей, которымъ угро-
жаетъ опасность заразиться отъ школьныхъ товарищей.

## 4. Душевное воспитаніе въ отроческомъ возрастѣ.

Воспитаніе ума, чувства и характера, какъ въ школѣ,
такъ и дома, составляетъ одно органическое цѣлое и вмѣстѣ
съ тѣмъ находится подъ сильнымъ вліяніемъ воспитанія
физическаго. Поэтому, нелегко было бы разсматривать со-
ставныя части душевнаго воспитанія каждаго въ отдѣль-
ности, выдѣляя ихъ изъ общаго цѣлаго. Однако, въ инте-
ресахъ большей ясности дѣла, мы попытаемся осуществить
это хотя бы въ самыхъ общихъ чертахъ.

Въ воспитаніи ума главная роль принадлежитъ
школѣ. Припомнимъ, что ко времени наступленія школь-
наго возраста мыслительный механизмъ ребенка оказы-
вается уже вполнѣ сформированнымъ. Одной изъ важнѣй-
шихъ задачъ школы является систематическое упражненіе
этого механизма. Педагогика обладаетъ испытанными ме-
тодами содѣйствовать уму ребенка въ образованіи способ-
ности познанія, сужденія, заключенія, комбинированія,
словомъ въ развитіи мышленія и воображенія; на школѣ
лежитъ забота подготовить соотвѣтствующій учебный ма-
теріалъ, она же, путемъ обученія, создаетъ возможность
усвоенія этого матеріала учащимися. Въ настоящее время
найденъ болѣе раціональный путь для достиженія такой
цѣли обученія, чѣмъ это было раньше; учебный матеріалъ
подбирается съ тѣмъ разсчетомъ, чтобы вызвать со стороны
учащихся какъ можно больше интереса къ нему, служа

такимъ образомъ для нихъ источникомъ чувства удоволь-
ствія; методы же обученія измѣнились въ томъ отношеніи,
что теперь не заставляютъ уже дѣтей механически заучи-
вать наизусть, а переносятъ центръ тяжести на самодѣ-
ятельность ребенка. Изъ представленнаго нами очерка
развитія дѣтской души можно было видѣть, что изслѣдо-
ваніе чего-нибудь, возможность своими силами достичь
опредѣленнаго результата, связано у дѣтей съ чувствомъ
высокаго наслажденія. Школьникъ, котораго учатъ само-
стоятельно разрабатывать усваиваемый имъ матеріалъ, по-
лучаетъ отъ своей работы истинное удовлетвореніе; безъ
послѣдняго трудно было бы добиться той степени напря-
женія вниманія при занятіяхъ, которая является необхо-
димой для здороваго умственнаго роста.

Въ такомъ смыслѣ оказывается очень полезнымъ за-
даваніе уроковъ на домъ: выполненіе этихъ уро-
ковъ требуетъ отъ ребенка не только самодѣятельности,
но и самостоятельной и продуктивной работы. Какъ можно
заключить изъ нашего предыдущаго изложенія, при этомъ,
разумѣется, не надо необдуманно выходить изъ строго
опредѣленныхъ рамокъ, имѣя въ виду чрезвычайную огра-
ниченность времени отдыха у школьника. Опасность пере-
утомленія уроками, задаваемыми на домъ, особенно велика
въ тѣхъ случаяхъ, гдѣ строго проводится предметная си-
стема преподаванія: каждый учитель предъявляетъ учени-
камъ высокія требованія по своему предмету, не сообразуясь
въ достаточной степени съ тѣмъ, какъ распредѣляются еже-
дневно остальныя домашнія работы учащагося. Есть много
учениковъ и ученицъ, которые, несмотря на хорошія спо-
собности, проводятъ за приготовленіемъ уроковъ ежедневно
больше нормы отъ одного до четырехъ часовъ, при чемъ это
свидѣтельствуетъ только, что во время уроковъ въ школѣ
они были невнимательны и лѣнивы. Въ другихъ случаяхъ
дѣло не въ доброй волѣ дѣтей, а въ томъ, что для нихъ непо-
сильны учебныя программы. Послѣднія вырабатываются для
каждаго класса сообразно съ средней работоспособностью
всѣхъ учащихся соотвѣтствующаго уровня развитія, такъ
что въ большинствѣ случаевъ и не онѣ сами по себѣ явля-
ются причиной переутомленія. Но дѣти, менѣе сильныя
физически и менѣе одаренныя умственно, легко отстаютъ

отъ своихъ болѣе здоровыхъ и способныхъ товарищей. Ради такихъ дѣтей, конечно, нельзя понижать того уровня требованій, который предъявляется къ цѣлому классу. Надо посовѣтовать, въ виду этого, чтобы слабыхъ или малоспособ- ныхъ дѣтей не заставляли итти непремѣнно вровень съ товарищами. Для ихъ развитія представляетъ прямую вы- году остаться на второй годъ въ томъ же классѣ, нѣсколько удлинивши, такимъ образомъ, время пребыванія въ школѣ; чрезмѣрное напряженіе подрываетъ здоровье и въ высшихъ классахъ дастъ возможность развѣ только са- мымъ поверхностнымъ образомъ тянуться въ своихъ успѣхахъ за товарищами. То же относится и къ такимъ случаямъ, когда ребенокъ много пропускаетъ по-болѣзни. При повтореніи того же курса, правда, теряется интересъ новизны, служащій хорошимъ побудительнымъ средствомъ для успѣшности занятій, но это неблагопріятное обстоя- тельство менѣе важно по сравненію съ получаемымъ одно- временно выигрышемъ въ экономіи силъ ребенка.

Иногда въ тѣхъ случаяхъ, когда вполнѣ работоспособ- ный до этого ученикъ сразу оказывается неуспѣвающимъ, причиной является прибавка какихъ-нибудь новыхъ учеб- ныхъ предметовъ, напр., греческаго языка или болѣе слож- ныхъ отдѣловъ математики, т.-е. такихъ предметовъ, къ которымъ у отдѣльныхъ дѣтей часто отсутствуютъ спеці- альныя способности. Въ подобныхъ случаяхъ нужно измѣнить намѣченное раньше направленіе образованія ре- бенка, напр., классическое на реальное. Если эта пере- мѣна все-таки не приводитъ къ желательному результату, то, очевидно, имѣется дѣло съ умственно-отсталымъ, во всякомъ случаѣ, неспособнымъ къ высшему образованію ре- бенкомъ. Вовсе не нужно учиться въ высшихъ учебныхъ заведеніяхъ во что бы то ни стало, всѣмъ безъ исключенія. Очень многіе, далеко не обнаружившіе въ школѣ хоро- шихъ успѣховъ, въ практической жизни оказываются вполнѣ работоспособными и дѣльными людьми. Впрочемъ, какъ съ различными перемѣнами направленія образованія, такъ и съ новымъ прекращеніемъ школьнаго обученія не надо спѣшить, потому что, какъ показываетъ опытъ, у многихъ школьниковъ бываютъ временныя колебанія ихъ умственныхъ способностей, обусловленныя нерѣдко чисто внѣшними обстоятельствами*).

Что касается участія семьи въ умственномъ воспитаніи ребенка школьнаго возраста, то прежде всего требуется поддержка всѣхъ начинаній школы и посильное содѣйствіе ихъ дѣйствительному осуществленію. Школа и семья должны итти по одному пути. Гдѣ этого нѣтъ, все погибло. Къ роковымъ для воспитанія ребенка послѣдствіямъ ведетъ, напр., сочувственное отношеніе родителей къ жалобамъ своихъ сыновей или дочерей на чрезмѣрную требовательность учащихъ: такимъ образомъ, навѣрное опротивѣетъ ребенку занятіе соотвѣтствующимъ предметомъ и успѣшность его затормозится. И въ самомъ дѣлѣ, умственная работа требуетъ поощренія, свѣжаго чувства удовлетворенія, а разъ пробудилось неудовольствіе къ дѣлу, то оно ужъ не можетъ дать хорошихъ результатовъ. Семья, поэтому, должна лишь всѣми силами стараться устранить съ пути учащихся дѣтей всяческія внѣшнія помѣхи. Къ числу послѣднихъ принадлежитъ, между прочимъ, и неправильный образъ жизни, удовольствія въ неподходящее для этого время. Нужно слѣдить, чтобы ребенокъ не утомлялся (и вмѣстѣ съ тѣмъ не скучалъ) за приготовленіемъ своихъ домашнихъ уроковъ. Всего вѣрнѣе этого можно достигнуть при такой раскладкѣ учебнаго дня, какъ указано нами на стр. 206—208.

Надо здѣсь остановиться еще на одной сторонѣ дѣла. Во многихъ семьяхъ, особенно въ отличающихся нервностью, встрѣчается какое-то преувеличенное честолюбіе, заставляющее дѣтей прилагать сверхъестественныя усилія, чтобы только оказать выдающіеся успѣхи; быть первымъ ученикомъ или первой ученицей въ классѣ и никому не уступать этого мѣста — кажется имъ высшимъ идеаломъ. Но если не имѣется выдающихся способностей, оправдывающихъ притязанія ребенка, то такое положеніе

---

*) Мы не имѣемъ здѣсь въ виду такихъ умственно-отсталыхъ дѣтей, которыя вслѣдствіе своихъ слабыхъ способностей являются вообще неподходящими для школы. На нихъ надо смотрѣть, какъ на больныхъ, которыя нуждаются въ спеціальномъ воспитательномъ учрежденіи по назначенію врача сообразно съ точнымъ психіатрическимъ анализомъ ихъ душевныхъ способностей и свойствъ.

онъ можетъ удержать за собой, конечно, не надолго,— годъ, два, не больше. Въ концѣ концовъ, получается полное крушеніе физическихъ и душевныхъ силъ. Поэтому мы считаемъ нужнымъ предостеречь воспитателей отъ всякихъ подзадариваній учащихся дѣтей, въ особенности если нѣтъ основаній сомнѣваться, что они добросовѣстно относятся къ своимъ обязанностямъ.

Часто злоупотребляютъ еще такъ называемымъ р е п е т и р о в а н і е м ъ. Мы имѣли уже случай отмѣтить, что способныя, но лѣнивыя дѣти тратятъ слишкомъ много времени на приготовленіе своихъ уроковъ. Если же установлена наличность у ребенка достаточнаго желанія учиться, то причина неуспѣшности лежитъ не въ его злой волѣ, а въ чемъ-нибудь другомъ, служащемъ ему помѣхой; въ такихъ случаяхъ необходимо совмѣстно съ учителемъ, а иногда еще и съ врачомъ, хорошенько разобраться во всѣхъ обстоятельствахъ. Во всякомъ случаѣ не слѣдуетъ прибѣгать къ репетированію, не войдя въ предварительные переговоры по этому поводу съ учителемъ. Какъ уже было упомянуто, задаваніемъ уроковъ на домъ, помимо подготовки къ школьнымъ занятіямъ, главнымъ образомъ преслѣдуется цѣль развитія самодѣятельности и самостоятельности учащихся; между тѣмъ, при репетированіи эта, столь важная, цѣль совершенно не достигается. Учитель можетъ совѣтовать прибѣгнуть къ такой мѣрѣ только въ самыхъ исключительныхъ случаяхъ. Къ сожалѣнію, въ жизни часто очень грѣшатъ въ этомъ отношеніи, дѣйствуя совершенно по собственному усмотрѣнію, и въ этомъ заключается рѣзкое нарушеніе правильности отношеній между семьей и школой, вредное противодѣйствіе цѣлямъ послѣдней.

Предъявлять къ ребенку требованія учиться еще помимо школы можно лишь съ очень большой умѣренностью. Практическая жизнь въ наше время требуетъ отъ образованнаго человѣка самыхъ разнообразныхъ знаній, которыя не всѣ могутъ быть почерпнуты въ школѣ. Такъ, во многихъ кругахъ общества нужно знакомство съ новыми языками; если въ школѣ, напримѣръ, преподается только французскій или нѣмецкій языкъ, то для обученія другому изъ нихъ, или же англійскому, приходится прибѣгать къ частнымъ урокамъ. При этомъ надо въ каждомъ отдѣльномъ случаѣ хорошенько взвѣсить, можно ли сдѣлать такъ, не рискуя довести ребенка до переутомленія. Если же можно опасаться послѣдняго, то частные уроки надо отложить до окончанія курса; къ тому времени интеллектъ юноши или дѣвушки окажется уже настолько хорошо дисциплинированнымъ, что имъ не составитъ труда пополнить пробѣлы своего образованія*).

Къ числу средствъ воспитанія ума для тѣхъ дѣтей, которыя уже научились читать, относится ч т е н і е  к н и г ъ. Вліяніе его очень значительно прежде всего въ психическомъ отношеніи, — надо поэтому озаботиться, чтобы вліяніе это было хорошее; въ физическомъ отношеніи чтеніе можетъ сказаться въ дурную сторону, дѣйствуя неблагопріятно при качественно дурномъ выборѣ книгъ, — на нервную систему, а при количественныхъ злоупотребленіяхъ на общее состояніе организма. Чтеніе должно быть для школьника отдыхомъ. Для любого возраста и для каждой ступени развитія существуютъ книги, могущія заинтересовать читателя и расширяющія его умственный кругозоръ. Психическое воздѣйствіе чтенія не ограничивается однимъ интеллектомъ, а распространяется на всѣ стороны души ребенка. Въ школьномъ возрастѣ охотно читаются несложныя описанія различныхъ особенностей чуждыхъ странъ и народностей, такъ же какъ и дѣяній и событій изъ жизни военныхъ героевъ, популярно изложенныя біографіи выдающихся личностей, поэтическія изображенія различныхъ явленій природы, доступныя возрасту творенія великихъ юмористовъ; изъ области поэтическаго творчества ближе всего подходитъ для дѣтскаго ума эпосъ. Ребенокъ можетъ съ неослабѣвающимъ интересомъ прочесть одну и ту же книгу два и три раза и глубоко запечатлѣть въ себѣ ея содержаніе. Изъ книги онъ почерпаетъ представленія о природѣ и жизни далеко за предѣлами собственнаго поля зрѣнія. Онъ создаетъ себѣ такимъ образомъ идеалы, къ достиженію которыхъ затѣмъ начинаетъ стремиться всѣми фибрами своей души. Въ этомъ—

---

*) Въ смыслѣ практическаго изученія новыхъ языковъ напомнимъ объ удачныхъ результатахъ обученія говорить одновременно на нѣсколькихъ языкахъ въ самомъ раннемъ дѣтствѣ (см. стр. 130).

хорошая воспитательная сторона чтенія. Съ другой сто-
роны, прослѣдивъ ходъ развитія дѣтской души, мы должны
будемъ согласиться, что для разбираемаго возраста книги
строго морализирующаго содержанія, такъ же мало под-
ходящи, какъ и тѣ, которыя неестественнымъ образомъ
раздуваютъ воображеніе. Первыя не удовлетворяютъ „ум-
ственному аппетиту" ребенка, вторыя — преподносятъ слиш-
комъ пикантную пищу. И то и другое, какъ мы уже
знаемъ, дѣйствуетъ вредно на нервную систему ребенка*).
Неблагоразуміе количественнаго злоупотребленія чтеніемъ
ясно само собой: съ одной стороны, при этомъ книги
„проглатываются" одна за другой, недостаточно усваи-
ваясь умомъ ребенка, съ другой же стороны — постоянное
сидѣніе за книгой отнимаетъ у ребенка драгоцѣнное время,
которое могло бы быть использовано для тѣлеснаго от-
дыха, для занятій спортомъ или подвижными играми. Во
всѣхъ отношеніяхъ вредное для здоровья сидячее время-
препровожденіе въ школѣ получаетъ при этомъ крайне
нежелательное продолженіе и дома, благодаря чему, ко-
нечно, только возрастаетъ приносимый имъ вредъ. На
чтеніе дѣти должны удѣлять въ учебные дни не болѣе
получаса своего свободнаго времени; остальное должно
посвящаться тѣлесному отдыху.

Занятія музыкой тоже должны быть отдыхомъ для
ребенка, но это осуществимо только въ тѣхъ случаяхъ,
когда дѣйствительно имѣется сильная склонность къ му-
зыкѣ или даже настоящій талантъ. Удовлетвореніе потреб-
ности въ музыкѣ на дѣтей съ спеціальнымъ музыкальнымъ
дарованіемъ дѣйствуетъ освѣжающимъ образомъ, повышая
ихъ настроеніе и пробуждая и оживляя умственную работо-
способность. Въ подобныхъ случаяхъ нужно только ста-
раться не переходить извѣстныхъ предѣловъ: заниматься
музыкой больше часа въ день ребенку школьнаго возраста

---

*) Бываютъ такіе не въ мѣру пугливые родители, которые при-
ходятъ въ ужасъ, увидя въ рукахъ ребенка нумеръ ежедневной га-
зеты, могущей содержать что-нибудь, что „для дѣтей не годится". Мы
же не видимъ здѣсь никакой опасности, такъ какъ врядъ ли можетъ
повредить то, что ребенокъ познакомится съ событіями повседневной
жизни; вѣдь, въ концѣ концовъ, нравственность его создается не не-
вѣдѣніемъ суровой дѣйствительности, а духомъ родного дома и при-
мѣромъ, который онъ здѣсь видитъ.

позволять нельзя, принимая въ соображеніе интересы его здоровья и школьныя обязанности. Для тѣхъ же дѣтей, у которыхъ нѣтъ никакой охоты учиться музыкѣ, занятія ею, въ связи съ необходимостью систематическихъ упражненій на музыкальномъ инструментѣ, часто становится безцѣльнымъ, вреднымъ истязаніемъ, ведущимъ только къ умственной усталости и ослабленію нервной системы. Затрачиваемое время, конечно, съ гораздо большей пользой для немузыкальнаго ребенка могло бы быть проведено въ бѣготнѣ, прыганьи или играхъ.

Въ качествѣ занятій, способствующихъ отдыху и вмѣстѣ съ тѣмъ болѣе или менѣе содѣйствующихъ умственному развитію, можно упомянуть о собираніи и систематизированіи естественно-научныхъ предметовъ (растеній, камней, насѣкомыхъ и т. п.), о разведеніи и выращиваніи растеній, о ручныхъ работахъ и т. п.

Что касается путешествій, то, хотя они сопровождаются множествомъ новыхъ и глубокихъ впечатлѣній, обогащая такимъ образомъ умъ ребенка, однако, они являются неподходящими для развитія ума въ періодѣ отрочества. Во-первыхъ, желательно, чтобы ребенокъ успѣлъ хорошенько ознакомиться и посѣтить свою ближайшую родину, почему и не слѣдуетъ слишкомъ рано отрывать его отъ нея, а во-вторыхъ, разнообразіе приносимыхъ путешествіемъ впечатлѣній и представленій легко получаетъ у ребенка преобладающее значеніе надъ его школьными интересами и такимъ образомъ нарушается правильное теченіе развитія. Конечно, надо это понимать условно: если родители, по какимъ-нибудь основательнымъ причинамъ, предпринимаютъ путешествіе въ каникулярное время, то въ этомъ можетъ принять участіе и школьникъ; желательно только, чтобы это повторялось не ежегодно и чтобы путешествія ни въ коемъ случаѣ не мѣшали школьнымъ занятіямъ.

Уже говоря объ умственномъ воспитаніи въ школьномъ возрастѣ, мы имѣемъ поводъ остановиться на согласованіи образа дѣйствій родителей съ дѣятельностью школьныхъ учителей; тѣмъ болѣе важнымъ обстоятельствомъ оказывается въ нашихъ глазахъ взаимоотношеніе семьи и школы теперь, когда мы переходимъ къ нравственному воспитанію въ періодъ отрочества. Для торжества общаго дѣла воспитанія все должно покоиться прежде всего на полномъ взаимномъ довѣріи родителей и учащихъ; имъ непремѣнно нужно всячески поддерживать въ глазахъ дѣтей авторитетъ другъ друга.

Дѣло родителей — облегчить своимъ дѣтямъ переходъ въ непривычную школьную обстановку, представляя имъ еще до поступленія въ школу въ благопріятномъ свѣтѣ какъ школьную жизнь, такъ и учителей. Къ сожалѣнію, даже въ интеллигентныхъ семьяхъ можно услышать слова, въ родѣ того, что, молъ, „погоди, милый мой, вотъ поступишь въ школу, тамъ учитель отучитъ тебя отъ капризовъ!" У школьника должно образоваться твердое убѣжденіе въ непоколебимомъ довѣріи его родителей къ учителямъ. То, что таковое дѣйствительно существуетъ, можно и даже слѣдуетъ заключить изъ самаго факта выбора родителями для своего ребенка именно данной, а не какой-нибудь другой школы, если только, конечно, выборъ сдѣланъ обдуманно. Довѣріе это, разумѣется, сохраняется и далѣе, разъ родители не останавливаются передъ тѣмъ, чтобы передать учащимъ свои полномочія на руководительство дѣтьми, откровенно сообщая при этомъ всѣ свѣдѣнія о состояніи ихъ здоровья и о задаткахъ характера, которыя необходимы учителямъ для правильной оцѣнки своего новаго воспитанника и для возможности увѣренно дѣйствовать по отношенію къ нему. Родители непремѣнно должны питать къ учителямъ довѣріе даже и въ томъ случаѣ, если не могло быть никакого выбора за отсутствіемъ, напримѣръ, другихъ школъ въ данной мѣстности. Если бы до нихъ дошли какіе-нибудь слухи о тѣхъ или иныхъ порядкахъ въ школѣ, которые имъ кажутся странными или непонятными, то самое лучшее вполнѣ довѣрчиво обратиться за объясненіемъ своего недоумѣнія къ учителю или къ руководителю школы. Величайшая ошибка, которую только можно допустить въ отношеніяхъ семьи къ школѣ, совершается въ тѣхъ случаяхъ, когда безъ достаточной критической оцѣнки обстоятельствъ становятся на сторону ребенка при его жалобахъ на учителей. А между тѣмъ, какъ часто такая ошибка встрѣчается въ жизни! Какъ часто даже съ нами, дѣтскими врачами, говорятъ въ присутствіи нашихъ юныхъ паціентовъ о „чрезмѣрной требовательности“ одного учителя или возмущаются „непонятной несправедливостью“ другого! Само собой разумѣется, насколько подобными разговорами подрывается авторитетъ учащихъ и правильность отношеній между семьей и учащимися, съ одной стороны, и школой и педагогами — съ другой. У учителя также можетъ явиться поводъ, вслѣдствіе ли какихъ-нибудь особенностей въ поведеніи или при пониженіи трудоспособности учащагося, постараться ближе познакомиться съ домашними обстоятельствами его или вызвать родителей для переговоровъ. Недоразумѣнія и ошибки, конечно, могутъ быть съ обѣихъ сторонъ, но ихъ надо общими силами улаживать. Для этой цѣли могутъ служить лучше всего частныя собесѣдованія педагоговъ и родителей, напримѣръ, такъ называемыя родительскія собранія, на которыхъ обсуждаются какъ обще-педагогическіе вопросы, такъ и отдѣльные частные случаи.

При выборѣ школы приходится помимо практическихъ цѣлей, преслѣдуемыхъ разными типами школъ, считаться еще съ нѣкоторыми основными вопросами.

Кромѣ учебныхъ заведеній съ приходящими учащимися, существуютъ и такія, въ которыхъ воспитанники или воспитанницы живутъ подъ наблюденіемъ спеціальныхъ воспитателей, при чемъ отпускаются домой только на каникулы (или также по воскреснымъ и праздничнымъ днямъ); это такъ называемые интернаты. Ясно, что питомцы подобныхъ учрежденій только урывками могутъ пользоваться ничѣмъ незамѣнимыми для каждаго ребенка преимуществами семейнаго очага, оказывающими такое глубокое вліяніе на душевное развитіе ребенка. Чтобы понять тотъ ущербъ, съ которымъ связано пребываніе въ интернатѣ, стоитъ только припомнить сказанное на стр. 157 о воспитательномъ значеніи родительскаго дома. Духъ этого дома, семейная жизнь съ ея переплетающимися моральными отношеніями отдѣльныхъ членовъ семьи между собою, радостныя и печальныя событія, семейные праздники, родины, смерти, дружественное общеніе и т. д., — все это несравненно лучше знакомитъ подрастающаго ребенка съ человѣческими отношеніями и вообще съ жизнью, чѣмъ это мо-

жетъ имѣть мѣсто въ интернатѣ. Въ совмѣстной жизни крѣп-
нетъ любовь дѣтей къ родителямъ, братьямъ и сестрамъ,
которая всю жизнь служитъ путеводнымъ огонькомъ для
каждаго человѣка. Въ родительскомъ домѣ въ душѣ ре-
бенка растетъ и крѣпнетъ цѣнная склонность къ домаш-
нему очагу, домовитость; интересы его сливаются съ ин-
тересами окружающихъ и будущая его жизнь также на-
чинаетъ ему рисоваться въ видѣ собственнаго семейнаго
угла. При малѣйшей возможности необходимо во что бы
то ни стало сохранить для ребенка такую домашнюю об-
становку. Итакъ, при выборѣ школы, прежде всего надо
останавливаться на экстернатѣ, т.-е. на учебномъ за-
веденіи, куда дѣти приходятъ только на время уроковъ.
При такихъ условіяхъ школа и семья уживаются рядомъ
другъ съ другомъ, являясь взаимнымъ дополненіемъ.

Среди учебныхъ заведеній для приходящихъ сущест-
вуютъ двѣ группы — школа частная и общественная. И тѣ
и другія имѣютъ какъ достоинства, такъ и недостатки.
Частныя школы легче могутъ ознакомиться съ домаш-
ними обстоятельствами, оказывающими вліяніе на тѣлес-
ное, умственное и нравственное развитіе отдѣльныхъ уча-
щихся и примѣнятся къ нимъ; словомъ, для этого рода школъ
доступнѣе индивидуализація воспитанниковъ; однако, въ
нихъ, какъ въ предпріятіяхъ частныхъ, могутъ сказаться
какія-нибудь личныя или финансовыя вліянія. Казенныя
и Общественныя учебныя заведенія тоже могутъ
быть весьма полезными, но въ нихъ легко свиваетъ себѣ
гнѣздо мертвящій духъ бюрократизма; преподаватели чув-
ствуютъ себя чиновниками учрежденія, въ которомъ
должны „состоять“ дѣти, часто забывая, что на самомъ
дѣлѣ, наоборотъ, учрежденіе вмѣстѣ съ преподавателями
существуетъ для дѣтей. Послѣдствіемъ этого является край-
нее затрудненіе, если не полная невозможность, всякихъ
сношеній родителей съ представителями школы. Итакъ,
выбирая учебное заведеніе, родители должны хорошенько
обдумать, какое учебное заведеніе внушаетъ имъ больше
довѣрія.

Но жизнь не бѣдна примѣрами, когда родители ока-
зываются вынужденными отдать своего ребенка въ интер-
натъ; напримѣръ, если дома нѣтъ матери, а отецъ не

можетъ посвятить себя воспитанію дѣтей, или если въ
мѣстѣ жительства родителей нѣтъ того типа учебна-
го заведенія, который нуженъ, или если, наконецъ,
родители, по недостатку средствъ, воспитываютъ своихъ
дѣтей въ интернатѣ на казенный счетъ или на счетъ об-
щественной благотворительности, чтобы совершенно не
лишить ихъ возможности закончить образованіе. Однако,
не слѣдуетъ думать, что въ подобныхъ случаяхъ школа
ужъ совершенно не межетъ дать ничего хорошаго; на
ряду съ недостатками воспитанія въ интернатѣ, оно имѣетъ
и нѣкоторыя безусловныя преимущества въ педагогическомъ
отношеніи: прежде всего, дѣти при такомъ воспитаніи не
будутъ изнѣжены или избалованы; въ обществѣ сверстни-
ковъ вырабатывается духъ юношеской бодрости, притупля-
ются всякія непріятныя черты характера; наоборотъ, благо-
даря господствующему въ интернатѣ духу товарищества,
изощряется чувство чести и справедливости.

Дѣвочки еще больше мальчиковъ нуждаются въ до-
машнемъ воспитаніи, плоды котораго особенно цѣнны имъ,
какъ будущимъ хозяйкамъ дома и матерямъ. Если встрѣ-
чается неизбѣжная необходимость воспитывать дѣвочку
внѣ родительскаго дома, то лучше всего постараться по-
мѣстить ее въ какое-нибудь знакомое семейство или къ
родственникамъ, образъ мыслей которыхъ хорошо извѣ-
стенъ. Большой осторожности требуетъ отдача дочери въ
пансіонъ совершенно къ чужимъ людямъ. Содержатель-
ницы пансіоновъ ищутъ, конечно, наживы и только въ
очень рѣдкихъ случаяхъ могутъ дать то, что дѣйстви-
тельно можно считать замѣной нравственнаго вліянія
и любви, окружающихъ ребенка въ родномъ домѣ. Въ
большинствѣ же случаевъ приходится довольствоваться
внѣшнимъ соблюденіемъ всѣхъ требованій и, по крайней
мѣрѣ, хоть хорошимъ столомъ. Приблизительно то же при-
ходится сказать и о мальчикахъ, которыхъ, напримѣръ,
живущіе въ деревнѣ родители отдаютъ въ пансіонъ, по
большей части, къ небогатымъ людямъ; дѣти при этомъ
оказываются слишкомъ много предоставленными самимъ
себѣ, что связано съ опасностью для ихъ нравственности*).

_____

*) Если при отправленіи ребенка учиться выборъ колеблется
между крупнымъ центромъ или небольшимъ городкомъ, то остано-

Насколько велико моральное вліяніе школы на ребенка, мы уже упоминали, говоря о нравственномъ развитіи въ отроческомъ возрастѣ. Здѣсь мы хотимъ выяснить лишь, какъ проявляется воспитательное дѣйствіе школьнаго обученія какъ таковаго.

Прежде всего оно укрѣпляетъ волю, такъ какъ во время уроковъ въ школѣ или уча заданное на домъ, ребенокъ постоянно напрягаетъ свое вниманіе, которое въ значительной степени является волевымъ актомъ; напряженіе умственныхъ силъ въ направленіи запоминанія, самостоятельнаго мышленія и воображенія, требуетъ также значительнаго участія воли, которая, слѣдовательно, находитъ почву для своего совершенствованія при всякой умственной работѣ. Далѣе, чѣмъ, благодаря накопленію новыхъ знаній и представленій, становится шире умственный горизонтъ ребенка, тѣмъ богаче дѣлается и его чувство, такъ какъ теперь онъ получаетъ толчокъ для созданія высокихъ идеаловъ, къ которымъ можно стремиться въ теченіе цѣлой жизни. Такимъ образомъ, уже и обученіе научнымъ предметамъ дѣйствуетъ облагораживающимъ образомъ на душу ребенка. Другіе же учебные предметы имѣютъ непосредственной своею цѣлью этическое образованіе. На первомъ мѣстѣ въ ряду ихъ стоитъ Законъ Божій, который, особенно въ первыхъ классахъ, обращается больше къ сердцу, чѣмъ къ уму. Основою религіи является чувство. Если законоучитель не сухой догматикъ, а вкладываетъ въ преподаваніе всю душу, то онъ пробуждаетъ въ ребенкѣ стремленіе къ чистому и возвышенному, воспитываетъ въ немъ священное благоговѣніе передъ непостижимымъ и истинно религіозный страхъ Божій. Между религіей и нравственностью существуетъ тѣснѣйшая связь, при чемъ подъ воздѣйствіемъ первой послѣдняя становится болѣе глубокой. Поэтому хорошо поставленное преподаваніе Закона Божія должно предшествовать отдѣленному отъ религіи обученію нравственности. — Преподаваніе въ школѣ искусствъ служитъ

виться надо на послѣднемъ: въ первыхъ гораздо труднѣе слѣдить за молодежью, и въ учебныхъ заведеніяхъ тамъ большей частью царитъ худшій общій духъ.

важнымъ стимуломъ для развитія эстетическаго чувства. Сама классная, комната должна быть красиво обставлена и со вкусомъ украшена снимками съ хорошихъ картинъ (которые въ настоящее время стоятъ очень не дорого); разумѣется, содержаніе картинъ должно быть приноровлено къ умственному уровню учащихся даннаго класса. Красота линій и формъ открывается ребенку на урокахъ рисованія, а отчасти также и рукодѣлія, потому что продукты ручныхъ работъ должны быть не только утилитарны, но и красивы. Наглядное обученіе природовѣдѣнію обнаруживаетъ передъ учащимися богатство природныхъ красокъ и ихъ гармонію, открываетъ глаза ребенка на красоты природы. Сильно дѣйствуетъ на дѣтскую душу и пѣсня, веселое хоровое пѣніе въ школѣ, но при этомъ надо стараться, чтобы мелодія была доступна для дѣтскаго слуха и чтобы дѣтямъ было понятно содержаніе пѣсни; въ сердце ребенка тогда проникаетъ веселье, и душа его озаряется лучами радости. Богатую пищу для своего чувства школьникъ находитъ также и въ избранныхъ произведеніяхъ литературы, потому что юное сердце очень чутко къ чарамъ поэзіи; оно глубоко воспринимаетъ красоту рѣчи, съ которой къ нему обращается поэтъ, воспламененный стремленіемъ къ возвышенной идеѣ, благородному и высокому, къ любви, дружбѣ, къ патріотизму и всему великому и прекрасному, что воспѣваетъ поэтъ.

На домашнее воспитаніе этики въ отроческомъ возрастѣ также оказываетъ вліяніе посѣщеніе ребенкомъ школы. Даже такое внѣшнее обстоятельство, какъ одежда, пріобрѣтаетъ особое значеніе. Дѣти обращаютъ вниманіе на всякія мелочи и подмѣчаютъ въ платьѣ своихъ школьныхъ товарищей какъ малѣйшій намекъ на щегольство, такъ и тѣ подчасъ смѣшныя уловки, къ которымъ прибѣгаютъ дѣти бѣдныхъ родителей, чтобы немного скрасить свое черезчуръ скромное платье. Разныя особенности во внѣшности вызываютъ то удивленіе и зависть, то критику и насмѣшки. Изъ этого у однихъ дѣтей легко возникаетъ пустое самодовольство, у другихъ — чувство незаслуженнаго оскорбленія и униженія. Воспитанники или воспитанницы одного и того же класса или училища въ виду этого должны одѣваться всегда одинаково.

Для домашняго воспитанія нравственности создаются различныя задачи сообразно съ индивидуальностью ребенка и съ тѣмъ положеніемъ, которое онъ завоевалъ себѣ въ доступной ему общественной жизни, въ маленькомъ царствѣ. Если мальчикъ или дѣвочка обладаютъ крѣпкимъ сложеніемъ, силой, способностями и энергіей, то они займутъ въ средѣ своихъ товарищей или подругъ безъ сомнѣнія, господствующее положеніе. Это все только способствуетъ сильному развитію самоувѣренности и чувства собственнаго достоинства, но создаетъ опасность возникновенія у ребенка чрезмѣрнаго самомнѣнія. Напротивъ, слабенькія дѣти легко поддаются вліянію своихъ сильнѣйшихъ товарищей, утрачиваютъ всякую иниціативу, ихъ сила воли слабѣетъ, порабощенная волей болѣе сильныхъ; они становятся боязливыми; спокойной вѣрѣ въ собственныя силы наносится ущербъ. Въ первомъ случаѣ задачей домашняго воспитанія является выработка въ ребенкѣ правильной оцѣнки собственныхъ достоинствъ и силъ, во второмъ же — повышеніе энергіи и нравственнаго мужества.

Приведенные примѣры лишній разъ показываютъ намъ, какъ сильно вліяніе тѣла на душу. Понятно, поэтому, какъ много значитъ для нравственности ребенка физическое воспитаніе. Послѣднему мы должны отводить тѣмъ больше мѣста, что средства физическаго воспитанія и укрѣпленія организма, каковы спортъ, гимнастика и подвижныя игры, являются въ то же время и немаловажными факторами нравственнаго воспитанія. Чѣмъ больше тѣло ставится въ подчиненіе волѣ, тѣмъ больше данныхъ для формированія ярко выраженнаго характера. Занимаясь спортомъ, гимнастикой и играми, ребенокъ постоянно наталкивается на трудности, которыя онъ встрѣчаетъ бодро, потому что его поддерживаетъ здоровое соревнованіе. Съ побѣдой надъ этими трудностями растутъ физическія и нравственныя силы, а вмѣстѣ съ тѣмъ и довѣріе къ себѣ.

Принимая во вниманіе то громадное моральное вліяніе, которое школа, какъ видъ соціальной жизни, оказываетъ на учащихся, серіозную обязанность родителей составляетъ осмотрительный выборъ школы для своихъ дѣтей.

Нѣкоторыя касающіяся этого мысли мы уже высказали выше, здѣсь же настойчиво подчеркнемъ, что при выборѣ школы главную роль, въ интересахъ этическаго воспитанія ребенка, играетъ г о с п о д с т в у ю щ і й в ъ н е й д у х ъ. Общество обыкновенно составляетъ о господствующемъ въ школѣ духѣ совершенно правильное мнѣніе, и имъ можно вполнѣ руководствоваться. Кромѣ того, довольно вѣрно духъ школы или класса отражается въ поведеніи ребенка дома: если онъ хвастается и преувеличиваетъ дурныя стороны товарищей, то духъ этотъ дуренъ; въ противномъ же случаѣ ребенокъ болѣе склоненъ замалчивать или, по крайней мѣрѣ, преуменьшать отрицательныя стороны школы.

На взаимное вліяніе дѣтей другъ на друга мы указывали уже неоднократно. Родители, поэтому, должны обращать вниманіе на к р у г ъ з н а к о м с т в а дѣтей, и главное на „друзей“ или „подругъ“ изъ числа школьниковъ, выборъ которыхъ дѣлается ребенкомъ безъ всякой критики. Происхожденіе подобной дружбы бываетъ обязано обыкновенно какой-нибудь случайности, напримѣръ, хожденію въ школу по одной дорогѣ, сидѣнію на одной партѣ, сосѣдству квартирами и т. п. Прежде чѣмъ допустить дѣтей до болѣе тѣснаго сближенія, необходимо стороной или черезъ школу навести справки, что представляетъ изъ себя новый другъ; и нужно воспротивиться всякому общенію, если о чужомъ ребенкѣ ничего не удалось узнать или полученныя свѣдѣнія неутѣшительнаго характера. Вѣдь дружба со школьной скамьи обыкновенно отличается самымъ большимъ постоянствомъ. Это и понятно, такъ какъ сближеніе происходитъ между юными, крайне впечатлительными сверстниками, которые годами дѣлятъ другъ съ другомъ свои самые завѣтные интересы, радости и заботы. — Въ общеніи со сверстниками ребенокъ испытываетъ самое большое изъ доступныхъ ему удовольствій. О дѣтствѣ въ родительскомъ домѣ сохраняются наиболѣе счастливыя воспоминанія, если для ребенка была обезпечена возможность не оставаться лишеннымъ общества товарищей. Дѣти по своей собственной иниціативѣ то играютъ какую-нибудь игру, интересующую общество взрослыхъ, то переодѣваются, то даютъ какое-нибудь ма-

ленькое веселое представленіе и т. д. Въ своихъ безпеч-
ныхъ развлеченіяхъ они черпаютъ во всякомъ случаѣ
больше удовольствія, чѣмъ въ неестественныхъ и неза-
служивающихъ никакого права на существованіе дѣтскихъ
балахъ, которые во всѣхъ отношеніяхъ являются анахро-
низмомъ.

Разумѣется, значительное моральное вліяніе оказы-
ваетъ на ребенка и ч т е н і е, которое получило уже себѣ
оцѣнку на стр. 230—231.

Помимо сказаннаго, въ періодѣ отрочества остаются
въ силѣ всѣ тѣ моменты, имѣющіе воспитательное значе-
ніе въ нравственномъ отношеніи, о которыхъ мы говорили
примѣнительно къ нейтральному возрасту. Рядомъ съ
могущественнымъ духомъ школы стоитъ, быть можетъ, еще
болѣе могущественный д у х ъ д о м а, въ которомъ растетъ
ребенокъ. Теперь, когда мальчикъ или дѣвочка находится
уже въ періодѣ отрочества, отъ нихъ надо строже, чѣмъ
въ предыдущемъ, нейтральномъ періодѣ, требовать выпол-
ненія обязанностей и выдержки; самостоятельность ребенка
изъ года въ годъ становится теперь все больше, а вмѣстѣ
съ тѣмъ можно внушать ему и большее чувство отвѣт-
ственности за свои поступки. Этого не нужно забывать
воспитателю; съ каждымъ годомъ слѣдуетъ сокращать
опеку надъ ребенкомъ. И довѣрія ему можно удѣлять
тѣмъ больше, чѣмъ выше духъ дома, чѣмъ лучше при-
мѣры, стоящіе передъ взорами дѣтей.

Что касается в о с п и т а н і я с п о с о б н о с т и к ъ э с т е-
т и ч е с к о м у в о с п р і я т і ю, то въ этомъ отношеніи
все сводится главнымъ образомъ къ уровню образованія
и пониманію искусства, которыя свойственны родительскому
дому. Гдѣ есть и то и другое, тамъ во всемъ видно про-
явленіе эстетическаго чутья. Ребенокъ будетъ тогда имѣть
возможность слушать хорошую музыку, развивая этимъ
свой музыкальный вкусъ. Посѣщеніе концерта, а также
и картинныхъ галлерей, для разбираемаго возраста еще
преждевременно, такъ какъ можетъ только отвлечь ребенка
отъ его ближайшихъ занятій и поощрить поверхностность.

# IV. Періодъ возмужалости.

## 1. Физическое развитіе въ періодѣ возмужалости.

Половая зрѣлость наступаетъ съ того момента, когда такъ называемыя половыя железы начинаютъ проявлять дѣятельность: въ яичкахъ превращающагося въ юношу мальчика образуются сѣменныя нити, въ яичникахъ же дѣвочки, становящейся дѣвушкой, — зрѣлыя яйца. Эти процессы дѣлаютъ человѣка (ранѣе завершенія его роста) способнымъ къ воспроизведенію себѣ подобныхъ.

Время полового созрѣванія носитъ названіе п е р і о д а в о з м у ж а л о с т и. Въ средней Европѣ онъ наступаетъ у дѣвочекъ на четырнадцатомъ — пятнадцатомъ году, у мальчиковъ же большей частью позднѣе — на пятнадцатомъ-шестнадцатомъ году жизни, но время это находится въ значительной степени подъ вліяніемъ различныхъ внутреннихъ и внѣшнихъ условій. Дѣти темныхъ расъ созрѣваютъ раньше, чѣмъ дѣти свѣтлыхъ расъ. Наступленіе зрѣлости ускоряется теплотой климата, обильнымъ питаніемъ, жизнью въ городахъ и преждевременнымъ возбужденіемъ половой сферы. Кромѣ того, играетъ роль врожденныя свойства, а также и соціальное положеніе родителей; именно, у дѣтей изъ высшихъ сословій возмужалость обыкновенно наступаетъ раньше, чѣмъ у дѣтей пролетаріата.

У обоихъ половъ процессъ созрѣванія связанъ съ значительными п е р е м ѣ н а м и в ъ с т р о е н і и т ѣ л а Развиваются не только требующіеся для размноженія наружные и внутреніе половые органы, такъ называемые первичные половые признаки мужчины и женщины; наряду съ этимъ проявляются и различія въ строеніи тѣла и во внѣшнемъ обликѣ, т.-е. такъ называемые вторичные или относительные половые признаки. Другія явленія, какъ напримѣръ, ускореніе роста и сильное увеличеніе вѣса тѣла, свойствены періоду возмужалости обоихъ половъ.

Мальчики начинаютъ быстро увеличиваться въ ростѣ съ наступленіемъ тринадцатаго — четырнадцатаго года жизни; усиленный ростъ продолжается около четырехъ лѣтъ и приводитъ къ тому, что мальчики въ общемъ оказываются крупнѣе ростомъ, чѣмъ дѣвочки. Затѣмъ, уже въ юноше-скомъ возрастѣ, они все еще продолжаютъ расти лѣтъ до двадцати четырехъ — двадцати пяти. Болѣе сильное увели-ченіе вѣса большей частью начинается съ шестнадцати-лѣтняго возраста. У дѣвочекъ усиленный ростъ замѣчается уже приблизительно лѣтъ съ десяти и длится около пяти лѣтъ, при чемъ заканчивается ростъ у нихъ къ двадцати годамъ. Наибольшія прибавки вѣса отмѣчаются въ періодѣ между двѣнадцатымъ и четырнадцатымъ годами.

Изъ внутреннихъ органовъ въ періодѣ возмужалости особенно быстро растетъ с е р д ц е: оно увеличивается за это время въ размѣрахъ приблизительно на пятую часть своей прежней величины. Это надо не упускать изъ виду, потому что, какъ и каждый органъ въ періодѣ усиленнаго роста, сердце въ это время особенно легко подвержено различнымъ нарушеніямъ своей дѣятельности и развитія. Легкія, печень и почки развиваются также усиленно, въ то время, какъ мозгъ растетъ теперь медленнѣе, чѣмъ раньше. Вслѣдствіе сильнаго роста грудныхъ органовъ, объемъ груди увеличивается гораздо быстрѣе, чѣмъ въ предыдущіе годы: ежегодная прибавка окружности груди съ седьмого по двѣнадцатый годы жизни равна лишь одному съ четвертью сантиметрамъ, съ тринадцатаго же по пятнадцатый годы она составляетъ уже четыре санти-метра въ годъ. Замѣтная перемѣна происходитъ и съ ко-жей: благодаря усиленію дѣятельности сальныхъ железъ, она становится глаже и мягче и по той же причинѣ бла-гопріятствуетъ развитію угрей.

Если мы теперь остановимся на связанныхъ съ періо-домъ возмужалости тѣлесныхъ измѣненіяхъ, свойственныхъ каждому полу въ отдѣльности, то у м а л ь ч и к о в ъ мы можемъ отмѣтить слѣдующее. Яички, тончайшее строеніе которыхъ теперь закончено, сильно увеличиваются въ размѣрѣ, такъ же какъ и остальные половые органы. На наружныхъ половыхъ частяхъ и подъ мышками выра-стаютъ волосы. Мускулатура всего тѣла увеличивается въ массѣ и становится крѣпче. Грудная клѣтка значительно расширяется въ своихъ поперечныхъ размѣрахъ, и линія плечъ, имѣвшая, при узости дѣтской груди, съ обѣихъ сторонъ наклонное направленіе, теперь выпрямляется. Замѣтно мѣняется голосъ: съ нимъ происходитъ „переломъ“ и онъ становится октавой ниже, чѣмъ раньше. Это явленіе обусловливается сильнымъ ростомъ гортани, которая теперь болѣе выдается впередъ, образуя такъ называемое Адамово яблоко; благодаря увеличенію гортани, удлиняются и голосовыя связки; производя звукъ, теперь онѣ колеблются не такъ, какъ прежде, что и сопровождается измѣненіемъ голоса. На щекахъ и губахъ начинается ростъ бороды и усовъ, сначала только въ видѣ нѣжнаго пушка; равнымъ образомъ, покрывается волосами и все тѣло вообще, въ особенности же на груди, спинѣ, предплечіяхъ и бедрахъ. Вновь образовавшаяся функція половыхъ железъ проявляется непроизвольными ночными изліяніями сѣмени, происходящими въ началѣ рѣдко, позднѣе — болѣе часто, и носящихъ названіе поллюцій.

У дѣвочекъ также увеличиваются не только яичники, но и всѣ остальные половые органы. На наружныхъ половыхъ частяхъ и въ подмышечныхъ впадинахъ появляются волосы. Развивающіяся груди увеличиваются въ объемѣ и выдаются впередъ. Тазъ, уже раньше ставшій замѣтно шире, теперь еще болѣе значительно увеличивается въ окружности. На всемъ тѣлѣ, въ особенности на бедрахъ и въ сѣдалищной области, подкожный жировой слой становится толще, придавая формамъ дѣвочки мягкую округленность. Грудная клѣтка расширяется во всемъ своемъ объемѣ и обнаруживаетъ вполнѣ выраженный женскій типъ дыханія. У дѣвочекъ тоже бываетъ измѣненіе голоса, но гораздо менѣе замѣтное, чѣмъ у мальчиковъ, потому что гортань меньше увеличивается по длинной оси своего поперечнаго разрѣза и, слѣдовательно, ведетъ за собой менѣе выраженное удлиненіе голосовыхъ связокъ. Наступленіе половой зрѣлости у дѣвочекъ сказывается менструаціями, которыя вначалѣ появляются въ безпорядкѣ, а затѣмъ пріобрѣтаютъ правильность, повторяясь приблизительно черезъ четырехнедѣльные сроки; во время менстру-

ацій съ кровью отъ половыхъ частей выносятся созрѣв-
шія въ яичникѣ яйца.

При томъ усиленномъ ростѣ въ періодѣ возмужало-
сти, который сопровождается значительными измѣненіями,
претерпѣваемыми организмомъ въ теченіе короткаго, одно-
двухлѣтняго, срока, нѣтъ ничего удивительнаго, если об-
щее состояніе организма въ этотъ періодъ очень легко вы-
ходитъ изъ равновѣсія и является предрасположен-
нымъ къ извѣстнымъ заболѣваніямъ. Весьма
часто, напримѣръ, наблюдается малокровіе, въ особенности
у дѣвочекъ, обнаруживающихъ въ это время предраспо-
ложеніе къ хлорозу (блѣдной немочи), т.-е. къ той формѣ
малокровія, которая характеризуется значительнымъ обѣд-
нѣніемъ содержанія гемоглобина, красящаго вещества кро-
ви, въ красныхъ кровяныхъ шарикахъ. Равнымъ обра-
зомъ, часто выходитъ изъ нормы и нервная система, легко
разрушающаяся при всякихъ значительныхъ перемѣнахъ въ
организмѣ. Еще одно патологическое явленіе, связанное от-
части съ условіями школьной жизни, также нерѣдко сказы-
вается въ періодѣ возмужалости: это — искривленія позво-
ночника, которому въ одинаковой мѣрѣ благопріятствуетъ
и усиленный ростъ въ этомъ періодѣ, и обусловленная
обѣднѣніемъ крови, временная мышечная слабость и сидя-
чій образъ жизни.

## Душевное развитіе въ періодѣ возмужалости.

Въ переходное время, когда ребенокъ превращается
въ зрѣлаго въ половомъ отношеніи человѣка, въ обликѣ и
поведеніи мальчиковъ и дѣвочекъ происходитъ рядъ бро-
сающихся въ глаза перемѣнъ; въ общежитіи дѣтей такого
переходнаго возраста называютъ подростками. Параллельно
быстрому увеличенію массы тѣла и наростанію всѣхъ силъ
организма, у мальчиковъ сильно возрастаетъ самомнѣніе.
При всякой возможности они стараются доказать свое пре-
восходство надъ другими. Этимъ и объясняется ихъ склон-
ность похвастать, подразнить или вышутить, показать
свою силу надъ слабѣйшими, протестовать, выкинуть

какую-нибудь необузданную шалость, эти наклонности, на-
конецъ, выражаются вообще въ грубоватости поведе-
нія мальчика-подростка. Дѣвочка же въ переходномъ воз-
растѣ любитъ играть роль взрослой, при чемъ у нея разсуди-
тельность не по возрасту и мечтательные экстазы въ коми-
ческой пестротѣ переплетаются съ дѣтской наивностью,
кладя своеобразный отпечатокъ на нѣжное, юное суще-
ство.

Но помимо этихъ явленій временнаго характера, въ
періодъ наступленія половой зрѣлости въ душѣ какъ маль-
чиковъ, такъ и дѣвочекъ происходитъ г л у б о к і й в н у т-
р е н н і й п е р е в о р о т ъ, который имѣетъ несравненно
большее значеніе, чѣмъ упомянутыя выше психическія
черты, какъ для личности ребенка, такъ и для его воспи-
тателя (или врача). Перемѣны, происходящія въ душѣ дѣ-
тей разныхъ половъ, не одинаковы и представляютъ изъ
себя такъ называемые д у ш е в н ы е в т о р и ч н ы е п о л о-
в ы е п р и з н а к и. Въ душѣ мальчиковъ нарождается му-
жественность; она обнаруживается въ интеллектуальной
сферѣ преобладаніемъ разсудка надъ чувствомъ; кромѣ
того, ей свойственно живое воображеніе и проявленіе
творческой дѣятельности; въ области этики признаками
мужественности являются воодушевленіе высокими идеа-
лами и стойкость духа. У дѣвочекъ, соотвѣтственно боль-
шей мягкости и уступчивости ихъ организаціи, на первый
планъ выступаютъ болѣе нѣжныя, пассивныя стороны чув-
ства; крайне подвижный женскій инстинктъ работаетъ при
значительномъ участіи чувства и характеризуется хо-
рошей памятью, а также легкостью возникновенія са-
мыхъ разностороннихъ ассоціацій; въ общемъ, умъ дѣ-
вочки болѣе склоненъ къ воспріятію, чѣмъ къ активному
творчеству. Женское чувство отличается высокой способ-
ностью къ воодушевленію и стремленіемъ къ самопожерт-
вованію; свойственная женщинамъ громадная сила терпѣ-
нія отмѣчена печатью твердой воли. Во всѣхъ этихъ за-
даткахъ проглядываетъ природное предназначеніе женщины
быть матерью.

Какъ у того, такъ и у другого пола душевный ростъ
происходитъ, однако, не равномѣрно: преобладаетъ разви-
тіе то интеллектуальной, то чувственной стороны; въ пе-

ріоды очень усиленнаго роста тѣла происходитъ временная задержка умственнаго роста и наоборотъ. При этомъ легко происходитъ нарушеніе душевнаго равновѣсія, а также и разстройства нервной системы, на которой сильно отзывается происходящая во всемъ организмѣ эволюція. Въ періодѣ возмужалости, поэтому, приходится наблюдать возникновеніе не только различныхъ нервныхъ страданій, но и нѣкоторыхъ формъ душевныхъ болѣзней.

Благопріятствующимъ обстоятельствомъ для этого является также пробужденіе новаго, большей частью еще невѣдомаго ранѣе полового стремленія.

Первыя проявленія такого стремленія у мальчиковъ очень неопредѣленны. У нихъ появляется неясное влеченіе къ женщинѣ, близость или прикосновеніе которой возбуждаетъ въ нихъ туманныя желанія и страсть. Съ теченіемъ времени, благодаря ночнымъ поллюціямъ, сопровождающимся сладострастными ощущеніями, мальчикъ знакомится съ чувствомъ полового удовольствія и убѣждается въ связи этого чувства съ половыми частями. Теперь отъ превращенія первоначальныхъ зачатковъ полового чувства въ выраженную потребность — одинъ шагъ. Эта потребность повышается съ накопленіемъ сѣмени въ половыхъ железахъ и падаетъ послѣ его изліянія.

У дѣвочекъ пробуждающееся половое чувство обнаруживается иначе. Оно сказывается у нихъ прежде всего неопредѣленной потребностью къ любви. Если предметомъ любви и дѣлается опредѣленное лицо мужского пола, то радость любви ощущается всѣмъ существомъ дѣвочки, а не связывается съ опредѣленной частью тѣла. Дѣвочкѣ часто остается совершенно незнакомымъ чувство сладострастія, которое можетъ возникнуть, и то не всегда, лишь впослѣдствіи при спеціальныхъ условіяхъ. Пробуждающаяся женщина въ своихъ мечтахъ ждетъ лишь любви и ласки, и въ ея половомъ чувствѣ, невѣдомо для нея самой, заключается больше стремленія имѣть дѣтей, чѣмъ сладострастія.

Половое стремленіе подвержено значительнымъ индивидуальнымъ различіямъ. Въ однихъ случаяхъ у мальчика или дѣвочки тѣлесныя и душевныя перемѣны, свойственныя періоду возмужалости, проходятъ совершенно

гладко, и проснувшееся половое чувство ихъ не затраги-
ваетъ и не выводитъ изъ равновѣсія; но въ другихъ слу-
чаяхъ новая страсть поглощаетъ все, и всѣ помыслы и
стремленія направляются къ удовлетворенію ея. Безъ со-
мнѣнія, чрезмѣрно повышенное половое чувство обязано
бываетъ своимъ происхожденіемъ различнымъ внѣшнимъ
раздраженіямъ, но какъ бы то ни было, надо помнить, что
нормальное удовлетвореніе его, по соціальнымъ и другимъ
причинамъ, можетъ имѣть мѣсто лишь гораздо позднѣе. По-
этому при сильномъ половомъ влеченіи въ періодѣ возмужа-
лости возникаетъ опасность, чтобы дѣло не кончилось или
внѣбрачными половыми сношеніями или же искусствен-
нымъ удовлетвореніемъ половой потребности. Спасти отъ
бѣды подростающаго юношу или дѣвочку, формирующуюся
въ женщину, можетъ умѣлое воспитаніе и разумная ги-
гіена тѣла и души.

## Физическое воспитаніе въ періодѣ возмужалости.

Изъ сказаннаго выше о питаніи дѣтей школьнаго
возраста мы могли видѣть, что вслѣдствіе энергичнаго
роста и усиленной физической и душевной дѣятельности,
имъ надо много ѣсть. Указывая на угрожающія равновѣ-
сію нервной системы условія школьной жизни, мы упоми-
нали, что пища дѣтей школьнаго возраста должна быть
не только въ достаточномъ количествѣ, и опредѣленнаго
качества, именно, изъ нея слѣдуетъ исключать все раздра-
жающее. Подростки, находящіеся въ періодѣ возмужалости-
въ то же время по большей части — и школьники, но при
этомъ у нихъ еще энергичнѣе, чѣмъ въ предшествующемъ
періодѣ, происходитъ какъ ростъ тѣла и измѣненіе отдѣль-
ныхъ органовъ, такъ и потрясеніе нервной системы, ко-
торая находится подъ воздѣйствіемъ описаннаго выше ду-
шевнаго переворота и пробужденія полового чувства. Слѣ-
довательно, въ это время надо прилагать особенныя уси-
нія, чтобы питаніе было достаточнымъ, никоимъ образомъ
не увеличивая при этомъ суммы раздражающихъ вліяній
на нервную систему. Безъ опасеній помногу можетъ упо-

требляться молоко и молочные продукты, яйца, овощи и плоды. Мясо тоже необходимо, но его нужно употреблять строго въ мѣру, такъ какъ оно не лишено раздражающихъ свойствъ. Во всякомъ случаѣ, мясной режимъ не долженъ преобладать. Нужно устранить изъ пищи все наркотическое и острое, какъ кофе, чай, пряности, горчицу, перецъ, а особенно спиртные напитки, тѣмъ болѣе, что отъ мальчика, превращающагося въ мужчину, легко можно ожидать наклонности къ злоупотребленію алкоголемъ хотя бы изъ простого подражанія взрослымъ. Равнымъ образомъ, въ этомъ же періодѣ мальчики легко начинаютъ курить.

Что касается о д е ж д ы, то въ періоды усиленнаго развитія организма надо особенно слѣдить, чтобы она соотвѣтствовала погодѣ. Молодежь интересующаго насъ сейчасъ возраста, благодаря быстрому пріобрѣтенію все большей самостоятельности, легко впадаетъ въ крайности, поддаваясь различнымъ увлеченіямъ больше, чѣмъ это могло бы быть имъ полезно, и такимъ образомъ, часто причиняютъ вредъ своему здоровью. Между прочимъ, молодежь любитъ слишкомъ легко одѣваться, неохотно обращая вниманіе на требованія гигіены. Нужно въ этомъ отношеніи непремѣнно за нею слѣдить.

Платье нигдѣ не должно сдавливать тѣло, мѣшая правильности кровообращенія или дыханія. Мальчики теперь начинаютъ носить пиджакъ и жилетъ; дѣвочкамъ — платье шьютъ подлиннѣе, чтобы сохранить пропорціональность фигуры, ставшей шире въ бедрахъ, и свободныя рубашечки или блузы, чтобы не было никакого давленія на развивающіяся груди. Конечно, было бы очень хорошо, если бы дѣвочки до окончанія школы не прекращали носить одежду лейпцигскаго образца, но мода и женское кокетство обыкновенно не располагаютъ къ пользованію этимъ столь цѣлесообразнымъ костюмомъ.

Самымъ вреднымъ для юнаго тѣла нововведеніемъ въ одеждѣ надо признать к о р с е т ъ, этотъ цѣлое столѣтіе упорно сохранявшій господствующее положеніе продуктъ своевольной моды. Корсетъ, преслѣдуя прежде всего эстетическія цѣли — замаскировать выдающійся впередъ животъ и отвислыя груди, представляетъ, правда, также нѣкоторыя удобства: онъ даетъ опору для нижней части спины,

согрѣваетъ тѣло, служитъ для удобнаго способа укрѣпле-
нія юбокъ и подвязокъ. Въ виду этого можно еще при-
мириться съ тѣмъ, что корсетъ считаютъ пріятной и удоб-
ной для себя частью туалета пожилыя женщины, если,
конечно, онѣ при этомъ не затягиваются: тугая шнуровка
въ таліи сильно затрудняетъ дыханіе и пищевареніе и
настолько препятствуетъ оттоку венозной крови изъ нижней
половины тѣла и конечностей, что часто служитъ причиной
расширенія ножныхъ венъ и застоевъ крови во внутрен-
нихъ органахъ; благодаря постоянно производимому давле-
нію онъ уродуетъ при этомъ печень. Что же касается
дѣвочекъ, то для нихъ хотя бы и совершенно свободный
кросетъ такъ же неумѣстенъ и ненуженъ, какъ и для
мальчиковъ. Фигура дѣвочекъ никогда не портится отвис-
лымъ животомъ или грудями; не требуется имъ и какой-
нибудь подпорки для крестца и спины. Наоборотъ, какъ
разъ вслѣдствіе того, что корсетъ служитъ постоянной
подпоркой для спины, когда еще не закончилось физиче-
ское развитіе, въ результатѣ является разслабленіе спин-
ной мускулатуры вмѣсто упражненія ея; кромѣ того, кор-
сетъ затрудняетъ и всякое вообще движеніе туловища.
Нельзя разными искусственными подпорками разслаблять
подрастающую молодежь; наоборотъ, надо обезпечивать
для нея полную свободу всѣхъ тѣлодвиженій, безъ чего
немыслимы никакія укрѣпляющія организмъ тѣлесныя
упражненія. Для прикрѣпленія нижней одежды у дѣво-
чекъ лучше всего пригоденъ широкій обнимающій талію
и упирающійся о подвздошныя кости поясъ.

Какъ и всегда во время сильнаго роста, въ періодѣ
возмужалости существуетъ необходимость въ продолжи-
тельномъ и спокойномъ с н ѣ, минимумъ отъ девяти до де-
сяти часовъ въ сутки. Больше чѣмъ въ другихъ возрастахъ,
теперь съ пробужденіемъ половаго чувства, надо, чтобы
температура спальной была прохладна, и чтобы дѣти,
проснувшись утромъ, не валялись въ теплой постели,
предаваясь празднымъ мечтамъ.

Въ качествѣ противовѣса вреднымъ сторонамъ школь-
ной жизни нужно много д в и ж е н і й и мускульныхъ
упражненій. Поэтому по отношенію къ періоду возмужа-
лости остается въ полной силѣ все, что мы говорили въ

предыдущихъ главахъ о подвижныхъ играхъ на откры-
томъ воздухѣ, о гимнастикѣ и спортѣ. Но въ интересую-
щемъ насъ сейчасъ періодѣ слѣдуетъ обращаться съ орга-
низмомъ особенно бережно. Прежде всего это послѣднее
замѣчаніе относится къ сердцу, которому всякое болѣе
или менѣе значительное напряженіе силъ можетъ, благо-
даря усиленно происходящему въ это время росту его,
только повредить. Излишества при хожденіи по горамъ,
при греблѣ, велосипедной и верховой ѣздѣ могутъ повлечь
за собой жестокія послѣдствія, въ видѣ длительныхъ бо-
лѣзненныхъ измѣненій сердца. Виды и количество спорта
долженъ опредѣлять врачъ по отношенію къ каждому
отдѣльному случаю. Если врачъ запрещаетъ физическія
упражненія, болѣе сильно затрагивающія организмъ, то
надо обратиться къ обильному моціону на свѣжемъ воздухѣ,
помногу гулять.

Довольно часто въ періодѣ возмужалости усиленныя
движенія обусловливаютъ выдѣленіе бѣлка съ мочей; явле-
ніе это длится иногда годами, но не имѣетъ серіознаго па-
тологическаго значенія и не должно служить поводомъ
къ ограниченію движеній. При появленіи у подростка
бѣлка въ мочѣ, впрочемъ, безусловно надо обратиться къ
врачу, который и придастъ случаю соотвѣтствующую
оцѣнку.

Нервная система, какъ было уже упомянуто, въ
періодѣ возмужалости должна выдержать суровое испыта-
ніе. Въ виду этого требуется крайне бережное отношеніе
къ подростку какъ въ умственной, такъ и въ мораль-
ной области. Помимо этого, въ смыслѣ профилактики
нервныхъ заболѣваній, большое значеніе принадлежитъ и
физическимъ факторамъ. Такъ, очень дурное вліяніе имѣетъ
тѣлесное изнѣженіе. Слабовольная податливость передъ
каждымъ тѣлеснымъ ощущеніемъ, боязливое избѣганіе вся-
каго физическаго напряженія, изнѣженіе теплой одеждой,
все это ведетъ къ такому разслабленію нервовъ, которое
можетъ послужить непосредственной причиной какого-ни-
будь нервнаго заболѣванія. Напротивъ, закаливающія хо-
лодныя обтиранія и рѣчныя или морскія купанья можно
очень и очень рекомендовать. Мы еще разъ упомянемъ
здѣсь, что половыя части надо обмывать именно холодной

водой; теплыя обмыванія могутъ лишь пробудить или по-
высить половое чувство*).

Раздраженіе половой сферы ведетъ къ сильнѣйшему
возбужденію всей нервной системы, заканчивающемуся
общимъ разслабленіемъ и истощеніемъ ея. Между тѣмъ,
рѣзкія измѣненія, которыя въ теченіе очень непродолжитель-
наго времени происходятъ съ наружными половыми орга-
нами, конечно, привлекаютъ вниманіе подростка; къ этому
присоединяется еще пробужденіе полового чувства. Въ
виду этого, нѣтъ ничего удивительнаго, если дѣти разби-
раемаго возраста легко склонны, даже и безъ внѣшнихъ
побудительныхъ причинъ, къ механическому раздраженію
своихъ половыхъ частей, доставляющему имъ пріятное
ощущеніе. А нерѣдко толчокъ къ этому даетъ и чей-ни-
будь примѣръ. Удовлетвореніе половой потребности по-
добнымъ образомъ и есть то, что извѣстно подъ обо-
значеніемъ о н а н и з м а (вѣрнѣе оно опредѣляется сло-
вомъ м а с т у р б а ц і я), который сильно распространенъ
среди дѣтей обоего пола. Многіе считаютъ его порокомъ,
тяжело отзывающимся, какъ на тѣлесномъ, такъ и на ду-
шевномъ здоровьи; къ счастью, такое мнѣніе нельзя при-
знать вполнѣ правильнымъ, такъ какъ въ большинствѣ
случаевъ имѣется дѣло вовсе не съ порокомъ, то-есть съ
поработившей все существо человѣка дурной страстью, а
лишь съ нехорошей привычкой, которая, впрочемъ, легко
можетъ укорениться довольно глубоко. Иногда она мо-
жетъ быть въ специфическомъ смыслѣ даже совершенно
невинной; послѣднее замѣчаніе относится, напримѣръ, къ
совсѣмъ маленькимъ дѣтямъ, одинаково легко привыкаю-
щимъ играть съ своими половыми органами, какъ и грызть
свои ногти или концы волосъ. Такая привычка легко
оставляется въ дѣтствѣ же. Собственно говоря, въ подобныхъ
случаяхъ еще не идетъ рѣчь о настоящей мастурбаціи.

Подъ мастурбаціей въ собственномъ смыслѣ надо по-
нимать привычное искусственное раздраженіе половыхъ

---

*) Старый предразсудокъ, будто во время менструацій обмыва-
нія наружныхъ половыхъ органовъ могутъ принести вредъ дѣвушкамъ,
долженъ уступить мѣсто тому раціональному взгляду, что чистота
никогда повредить не можетъ, а въ данномъ случаѣ она должна под-
держиваться еще болѣе тщательно, чѣмъ обыкновенно.

частей до появленія сладострастнаго ощущенія, которое наступаетъ на высотѣ полового возбужденія. Приходится наблюдать это даже у одно- или двухлѣтнихъ дѣтей, которыхъ обыкновенно научаютъ безсовѣстныя няньки, старающіяся успокоить ребенка, когда онъ раскапризничается, тѣмъ, что щекочутъ его половые органы до появленія сладострастнаго ощущенія. Въ другихъ случаяхъ половое раздраженіе вызывается благодаря патологическимъ измѣненіямъ въ половыхъ органахъ, у мальчиковъ, напримѣръ, черезчуръ тѣснымъ отверстіемъ крайней плоти, подъ которой скопляется и, разлагаясь, раздражаетъ головку члена, бѣловатое, густое, отдѣляемое, такъ называемая смазка; у дѣвочекъ тоже обусловливается воспалительнымъ состояніемъ наружныхъ половыхъ частей или катарромъ рукава. Въ обоихъ случаяхъ появляется зудъ, который заставляетъ ребенка трогать, мять и чесать свои половые органы. Такъ какъ это сопровождается ощущеніемъ пріятной щекотки, то позднѣе дѣти стараются вновь испытать его съ помощью тѣхъ же манипуляцій. Часто врачу удается предупредить дурную привычку путемъ оперативнаго вмѣшательства у мальчиковъ или же уничтоженіемъ острицъ, обусловливающихъ катарры рукава у дѣвочекъ, и соотвѣтствующимъ лѣченіемъ воспалительныхъ раздраженій.

Хуже обстоитъ дѣло съ дѣтьми, отягченными наслѣдственностью, при чемъ нерѣдко наблюдается слишкомъ раннее и, слѣдовательно, ненормальное проявленіе половаго чувства. Часто для нихъ не требуется никакого внѣшняго побужденія или повода, чтобы стать мастурбантами. Они страстно предаются своей тайной привычкѣ, притомъ такъ виртуозны въ измышленіи способовъ удовлетворенія ея, что требуется значительная степень наблюдательности, чтобы услѣдить за ними. Въ періодѣ возмужалости, то-есть съ пробужденіемъ полового чувства, мастурбація перестаетъ быть чисто механической; становясь въ связь съ создаваемыми воображеніемъ сладострастными представленіями, она носитъ теперь одновременно и психическій характеръ.

Само собой разумѣется, сильное нервное и психическое потрясеніе при частой мастурбаціи должно вредно отзываться на нервной системѣ, такъ какъ, по физіологическому закону, каждое возбужденіе влечетъ за собой реакцію въ видѣ истощенія. Популярная литература базарной фабрикаціи приписываетъ мастурбаціи самыя мрачныя послѣдствія. Безусловно, подобныя изданія чрезмѣрно сгущаютъ краски, заставляя многихъ, особенно нервныхъ, родителей, да и самихъ дѣтей, приходить въ ужасъ отъ перспективъ, которыя имъ рисуются на основаніи вычитаннаго: спинная сухотка и общее отупѣніе представляются имъ неизбѣжной участью мастурбанта. Эксцессы мастурбаціи дѣйствительно могутъ довести до истощенія всего организма, которое обнаруживается поблѣднѣніемъ лица, безучастностью взгляда, свѣтобоязанью, неохотой къ работѣ нелюдимостью; однако, все это преходящія явленія, которыя исчезаютъ съ прекращеніемъ мастурбаціи. Особенно вредно мастурбація сказывается на психикѣ: предавшійся ей ребенокъ чувствуетъ себя тайнымъ преступникомъ, каждую минуту боится открытія своего проступка, и поэтому находится всегда въ угнетенномъ состояніи. Послѣднее еще усиливается подъ вліяніемъ сознанія недостатка воли, такъ какъ сколько разъ онъ ни дастъ себѣ зарокъ оставить вредную привычку, никакъ ему не удается устоять противъ того, чтобы „еще въ одинъ послѣдній разъ“ не удовлетворить своей страсти. Къ болѣе частымъ послѣдствіямъ мастурбаціи принадлежитъ обнаруживающееся у взрослаго ослабленіе половой функціи, которое выражается у мужчины въ видѣ половой нейрастеніи, у женщины — въ видѣ такъ называемой „холодности“. Глубокія и неизгладимыя измѣненія имѣютъ мѣсто только въ исключительныхъ случаяхъ, притомъ по большей части лишь у слабоумныхъ или эпилептичныхъ дѣтей; но и здѣсь мастурбація есть не причина болѣзни, а лишь спутникъ основного страданія. Если бы мастурбація на самомъ дѣлѣ оказывала то разрушительное дѣйствіе на здоровье, которое часто ей приписывается, то по истинѣ, это было бы ужаснымъ бѣдствіемъ для человѣчества, потому что, надо признать, почти всѣ безъ исключенія мальчики и дѣвочки въ періодѣ возмужалости въ большей или меньшей степени отдаютъ дань мастурбаціи.

Бороться съ мастурбаціей можно почти исключительно мѣрами педагогическими; лишь иногда къ этому должно присоединиться и врачебное вмѣшательство. Если у ребенка обнаружена явная наклонность къ мастурбаціи, то прежде всего его надо показать врачу для выясненія вопроса, нѣтъ ли какихъ-нибудь болѣзненныхъ измѣненій въ половой или нервно-психической сферѣ. Если же существуетъ лишь подозрѣніе на мастурбацію, то въ примѣненіи мѣропріятій къ ея предупрежденію надо соблюдать большую осторожность, хотя въ большинствѣ случаевъ такое подозрѣніе бываетъ не безосновательнымъ; все-таки и здѣсь лучше всего сначала узнать мнѣніе врача: послѣдній сумѣетъ вѣрнѣе оцѣнить всѣ подозрительные признаки. Только когда нѣтъ никакихъ сомнѣній, слѣдуетъ обнаружить передъ ребенкомъ сущность его тайной страсти, постаравшись выяснить, сообразно съ возрастомъ и уровнемъ развитія каждаго, что его дурная привычка расшатываетъ силы и что играть съ половыми органами совершенно непристойно. У старшихъ дѣтей, особенно же въ періодѣ возмужалости, надо апеллировать къ ихъ силѣ воли, которая должна побѣдить низменныя побужденія. Случается, что возникаетъ вопросъ не умѣстно ли, въ виду наступленія половой зрѣлости, начало половыхъ сношеній съ другимъ поломъ; съ такимъ вопросомъ врачу приходится сталкиваться преимущественно, когда рѣчь идетъ о молодыхъ людяхъ, достигшихъ возмужалости. Разумѣется, этотъ вопросъ требуетъ рѣшительно отрицательнаго отвѣта, потому что, вопреки господствовавшимъ прежде взглядамъ, въ настоящее время уже окончательно выяснилось, что половое воздержаніе не связано ни съ малѣйшимъ ущербомъ для здоровья, а, напротивъ, можетъ только содѣйствовать укрѣпленію силы воли.

Не надо постоянно возвращать вниманіе мастурбанта къ половой сферѣ, заводя съ нимъ разговоры объ его дурной привычкѣ; наоборотъ, его мысли необходимо какъ можно больше отвлекать въ другую сторону. Прежде всего надо устранить праздное времяпрепровожденіе. Каждая свободная отъ работы минута должна быть заполнена какимъ-нибудь такимъ занятіемъ, которое не только не давало бы времени предаваться мастурбаціи, но и по существу своему было бы съ ней несовмѣстимо. Прежде всего сюда относятся подвижныя игры и упражненія въ спортѣ*). Умѣстны также и другія интересующія ребенка и доставляющія ему отдыхъ развлеченія.

За дѣтьми, подозрѣвающимися или уличенными въ мастурбаціи, нужно незамѣтнымъ образомъ, но неустанно слѣдить, и такъ какъ они обыкновенно ищутъ уединенія, чтобы тайно удовлетворять своей привычкѣ, то надо стараться не оставлять ихъ однихъ; между прочимъ, не мѣшаетъ, чтобы они, пользуясь клозетомъ, оставляли дверь туда незапертой. Надо, далѣе, пріучить дѣтей спать, держа руки поверхъ одѣяла; это обезпечиваетъ возможность контролировать движенія ребенка, когда онъ лежитъ въ кроваткѣ, и не позволять ему трогать обнаженныя половыя части. Слѣдуетъ запрещать также мальчикамъ держать руки въ карманахъ панталонъ, а дѣвочкамъ сидѣть, положивъ ногу на ногу, внушая имъ, что это неприличныя позы.

Строго надо слѣдить и за знакомствами дѣтей, подозрѣвающихся въ мастурбаціи; та закадычная дружба, которая такъ легко завязывается въ ранніе годы, создается лучше всего въ уединеніи отъ остального міра, и, если друзья или подруги имѣютъ общую склонность къ эротическому образу мыслей, то всегда позволительно думать, что они могутъ дойти въ своихъ секретныхъ разговорахъ и поступкахъ до всяческихъ эксцессовъ.

Дѣтей въ періодѣ возмужалости необходимо устранять отъ всего, что можетъ подѣйствовать на нихъ возбуждающимъ въ половомъ отношеніи образомъ. Сюда относятся предосудительныя картинки и книжки. Мы, разумѣется, не имѣемъ при этомъ въ виду всякое изображеніе нагого тѣла, разъ оно преслѣдуетъ чистыя художественныя, эстетическія цѣли и если ребенокъ съ раннихъ поръ научился отличать неприличное и нехудожественное отъ дѣйстви-

---

*) Нѣкоторые авторы несправедливо приписываютъ велосипедной и верховой ѣздѣ возбуждающее половое чувство дѣйствіе; въ дѣйствительности же, наоборотъ, оба эти рода спорта, какъ и всякій другой видъ движенія на открытомъ воздухѣ, укрѣпляютъ физическія силы и, давая возможность наслаждаться природой, отвлекаютъ умъ отъ всего другого, такъ что могутъ, конечно, только ослабить наклонность къ мастурбаціи.

тельно прекраснаго. Что касается чтенія въ періодѣ возмужалости, то проникнутые лиризмомъ, сантиментальностью и страстностью любовные романы легко могутъ подѣйствовать въ высокой степени раздражающе на крайне возбудимое и охотно направляемое на эротическія представленія воображеніе. А какъ тяжело чрезмѣрное возбужденіе воображенія отзывается на психическомъ равновѣсіи и особенно на здоровой силѣ воли, этого мы уже касались выше. Гораздо хуже еще книги порнографическаго содержанія, до которыхъ очень падка молодежь, вслѣдствіе пробужденія у нея чувственности; благодаря подобной литературѣ воображеніе безусловно направляется на грубо эротическую дорогу; литература эта въ состояніи смутить грязными представленіями даже самую чистую душу. Если ребенка застали за подобнымъ чтеніемъ, то надо разъяснить ему всю унизительность столь нехудожественныхъ и испорченныхъ вкусовъ, а затѣмъ слѣдить за нимъ какъ за мастурбантомъ.

Само собой разумѣется, что къ профилактикѣ мастурбаціи надо отнести и всѣ изложенныя выше гигіеническія требованія, именно, устраненіе изъ пищи всего раздражающаго и возбуждающихъ напитковъ, забота о свободномъ, нигдѣ не производящемъ давленія платьѣ, о достаточномъ движеніи на открытомъ воздухѣ и о разумномъ физическомъ и психическомъ закаливаніи. Надо стараться объ опорожненіи передъ сномъ мочевого пузыря; постель должна быть не слишкомъ мягкой и теплой, и, по пробужденіи, ребенокъ не долженъ оставаться въ ней ни одной лишней минуты.

## 4. Душевное воспитаніе въ періодѣ возмужалости.

Въ предыдущей главѣ мы могли констатировать, что какъ мальчики, такъ и дѣвочки въ періодѣ полового созрѣванія ведутъ нервную жизнь повышеннаго темпа, при чемъ въ душѣ ихъ происходитъ значительный переворотъ, въ которомъ большое участіе принимаетъ вновь развивающееся половое чувство. Неоднократно мы подчеркивали, что въ этомъ періодѣ неправильнымъ уходомъ можно особенно легко причинить вредъ нервной системѣ и психикѣ ребенка. И школа и семья должны озаботиться самой внимательной охраной нервной системы дѣтей, достигшихъ періода возмужалости, и постараться подойти къ происходящей въ это время душевной дифференціаціи, несмотря на иногда причудливыя формы ея проявленія, съ правильной точки зрѣнія, охраняя при этомъ пробуждающееся половое чувство отъ тѣхъ раздраженій, которыя могутъ нарушить нормальный ходъ его развитія.

Въ періодѣ возмужалости надо бы особенно тщательно избѣгать всякаго излишества въ у м с т в е н н о й р а б о т ѣ; и то обстоятельство, что въ учебныхъ планахъ большинства учебныхъ заведеній удѣляется слишкомъ мало вниманія этому гигіеническому требованію, можетъ вызвать только живѣйшее сожалѣніе. Наоборотъ, совершенно вразрѣзъ съ такимъ соображеніемъ, въ періодѣ полового созрѣванія на долю молодежи обоего пола выпадаетъ прохожденіе какъ разъ наиболѣе трудныхъ классовъ средней школы. Соотвѣтственно этому и на домъ въ это время задается особенно помногу, такъ что учащимся, переживающимъ періодъ возмужалости, остается слишкомъ мало времени для занятій и игръ, которыя могли бы служить отдыхомъ. И это въ такомъ возрастѣ, когда ростъ и измѣненія важныхъ органовъ происходитъ ускореннымъ темпомъ, требуя особенно сильной затраты энергіи со стороны всего организма, когда душа и тѣло стремятся къ свободному развитію и лишь съ усиліемъ подчиняются требованію усидчиво заниматься, когда, наконецъ, слишкомъ легко наступаетъ утомленіе, особенно, благодаря замѣчающемуся въ это время обѣднѣнію крови. Какъ въ школѣ, такъ и въ семьѣ, необходимо въ періодъ полового созрѣванія беречь силы подрастающаго юношества и снисходительно судить объ его духовной трудоспособности; часто столь низкій уровень ея умѣстнѣе объяснять невозможностью усвоить требуемое количество знаній, чѣмъ отсутствіемъ доброй воли. Въ особенности только что сказанное приложимо къ дѣвочкамъ, среди которыхъ болѣзненность, какъ это обнаруживается на основаніи очень большого статистическаго матеріала, значительно болѣе высока,

чѣмъ среди мальчиковъ, и не только въ періодѣ полового со-
зрѣванія, но и въ предыдущіе годы. Слишкомъ повышенныя
требованія въ школѣ легко ведутъ, помимо физическихъ
разстройствъ, въ родѣ головныхъ болей и нервной раздра-
жимости, также и къ нарушеніямъ психическаго благопо-
лучія въ формѣ подавленнаго состоянія, нежеланія работать,
разочарованія въ собственныхъ силахъ.

Если и послѣ наступленія такихъ явленій требованія
не сокращаются, то это заканчивается явно выраженными
нервными или душевными заболѣваніями. Извѣстная сни-
сходительность учителя, примѣнительно къ даннымъ обсто-
ятельствамъ, является здѣсь болѣе умѣстною, чѣмъ обычно
проводимое на практикѣ освобожденіе умственно-пере-
утомленныхъ дѣтей отъ тѣхъ учебныхъ предметовъ, кото-
рые кажутся родителямъ неважными или излишними,
какъ, напримѣръ, рисованіе, гимнастика, рукодѣліе, пѣ-
ніе*); эти послѣдніе, съ одной стороны, весьма полезны сами
по себѣ, давая въ то же время необходимый отдыхъ отъ
научныхъ предметовъ въ промежуткѣ между ними, а, съ
другой стороны, освобожденный отъ нихъ ребенокъ чув-
ствуетъ, что его признали больнымъ или, по крайней мѣрѣ,
менѣе трудоспособнымъ, чѣмъ остальныхъ товарищей, а
это, конечно, неблагопріятно сказывается на психикѣ.

Въ ряду функцій интеллекта особенную живость въ
періодѣ возмужалости пріобрѣтаетъ в о о б р а ж е н і е, бла-
годаря наплыву новыхъ ощущеній, представленій и жела-
ній. Школа и семья должны объединиться въ стремленіи
направить его на вѣрный путь. Первая для достиженія
этой цѣли располагаетъ находящимся въ ея распоряженіи
учебнымъ матеріаломъ, который вводитъ ребенка въ кругъ
знаній о жизни народовъ прошлаго и настоящаго времени,
знакомитъ его съ языками чуждыхъ странъ, съ художе-
ственными твореніями классиковъ, открываетъ передъ нимъ
широкое поле общественныхъ вопросовъ. При этомъ школа
находится въ благопріятныхъ условіяхъ, такъ какъ ея обо-
гащающая умъ ребенка дѣятельность протекаетъ въ четы-
рехъ стѣнахъ, которыми она ограждаетъ его отъ раздража-
ющихъ постороннихъ вредныхъ вліяній. Семья имѣетъ, съ

---

*) Впрочемъ, въ обученіи пѣнію въ періодѣ измѣненія голоса дол-
женъ произойти перерывъ изъ физіологическихъ соображеній.

своей стороны, задачей обуздывать, путемъ отрезвляющей, но безобидной критики, проявленія слишкомъ свободной игры воображенія въ словахъ и поступкахъ, разрушать тѣ „грезы на-яву“, о которыхъ говорилось на стр. 144 и оберегать чистоту воображенія ребенка, побуждая его къ спортивнымъ развлеченіямъ и хорошему чтенію.

Происходящій въ періодѣ возмужалости переворотъ всего душевнаго склада въ особенно сильной степени касается чувства. Все хорошее и дурное, что до сихъ поръ дремало въ душѣ ребенка, теперь какъ бы пробуждается и обнаруживается во всей своей силѣ. Сначала все приходитъ въ хаотическій безпорядокъ. Происходитъ броженіе, подготовляющее превращеніе всего духовнаго содержанія въ новыя, зрѣлыя формы. Развиваются вторичные душевные половые признаки, которые рѣзче оттѣняютъ индивидуальность ребенка. На ряду съ все возростающей самостоятельностью мышленія и поступковъ, сохраняются и чисто ребяческіе элементы души; переплетаясь одно съ другимъ, это и обусловливаетъ тѣ своеобразныя черты, которыя такъ характерны для подростковъ обоего пола. Учителя и родители стоятъ передъ трудной задачей отдѣлить плевелы отъ ростковъ, обѣщающихъ принести хорошіе плоды, и терпѣливо, съ любовью, стараться заглушить всѣ дурныя наклонности, содѣйствуя, наоборотъ, развитію хорошихъ задатковъ. Любовь и терпѣніе — важнѣйшія средства воспитанія дѣтей въ періодѣ возмужалости. Такъ, въ этомъ періодѣ надо судить иначе, именно нѣсколько снисходительнѣе, чѣмъ въ предыдущемъ, нейтральномъ возрастѣ, нѣкоторую нелогичность поступковъ, тѣ или иные промахи или глупости; всему этому находится оправданіе въ происходящемъ въ это время процессѣ пышнаго расцвѣта душевныхъ силъ ребенка, при чемъ выступаетъ на первый планъ очень интенсивно протекающая жизнь чувства. Если готовый превратиться въ мужчину мальчикъ громогласно, тономъ глубокаго убѣжденія, высказыветъ какое-нибудь совершенно неправильное воззрѣніе, самоувѣренно заявляя, что онъ никогда въ жизни его не измѣнитъ, не нужно относиться къ этому слишкомъ серіозно; не пройдетъ и нѣсколькихъ дней, какъ онъ самъ отступитъ отъ своего первоначальнаго утвержденія. Точно такъ же можно вполнѣ спокойно остаться въ выжидательномъ положеніи, если дѣвочка въ періодѣ половаго созрѣванія обнаруживаетъ чрезмѣрную склонность къ кому-нибудь или чему-нибудь, не стоющему особаго проявленія чувствъ: пламя страсти быстро потухнетъ, уступая мѣсто болѣе трезвому отношенію. Оба они, и мальчикъ, и дѣвочка, въ подобныхъ случаяхъ совершенно искренни и почувствовали бы себя глубоко задѣтыми, если бы начать ихъ убѣждать съ горячностью или путемъ холодныхъ доказательствъ въ неправильности и смѣхотворности ихъ поведенія. Съ ними происходитъ приблизительно то же, что и съ маленькимъ ребенкомъ, который чувствуетъ себя совершенно непонятымъ, когда ему хотятъ доказать, что въ его игрѣ вовсе нѣтъ никакого кучера или лошади и т. д. Вникая съ любовью въ нѣкоторыя, хотя бы и кажущіяся парадоксальными, идеи, которыя являются у дѣтей переходнаго возраста, мы можемъ вѣрнѣе всего завоевать ихъ довѣріе, и тогда удастся незамѣтно разумнымъ образомъ вліять на нихъ и руководить ими. Наоборотъ, если не давая себѣ отчета, отталкиваютъ ихъ отрицательнымъ и даже насмѣшливымъ отношеніемъ къ нимъ, то одно изъ двухъ: они или ожесточаются, или замыкаются сами въ себя, или же ищутъ себѣ сочувствія гдѣ-нибудь въ завѣдомо нежелательномъ мѣстѣ.

Проявить ли въ соотвѣтствующемъ случаѣ снисходительность, или нѣтъ, это рѣшается по каждому отдѣльному поводу тактомъ воспитателя. Ни въ коемъ случаѣ не слѣдовало бы дѣлать поблажки всякому неправильному или даже прямо нехорошему образу дѣйствій дѣтей, переживающихъ время половаго созрѣванія. Но во всякомъ случаѣ, теперь, въ противоположность предыдущему, нейтральному періоду, наказанія должны имѣть гораздо меньше мѣста; нужно, напротивъ, всѣми силами поддерживать крѣпнущую с а м о с т о я т е л ь н о с т ь дѣтей, еще въ большей степени, чѣмъ ранѣе, пріучая ихъ самихъ правильно регулировать свои слова и поступки. Стремиться къ достиженію этого надо путемъ воздѣйствія на разумъ подростка и внушенія ему сознательныхъ отношеній къ самому себѣ и къ окружающему. Разумѣется, самостоятельность молодыхъ людей переходнаго времени, еще не богатыхъ жизненнымъ опытомъ, не должна быть безгранична: родительскій надзоръ въ отношеніи выбора знакомства, занятій и чтенія не надо прекращать. Но дѣлать это слѣдуетъ очень деликатно, незамѣтнымъ образомъ, такъ какъ только при сознаніи полной самостоятельности своихъ поступковъ у дѣтей можетъ развиться чувство отвѣтственности за нихъ: ребенокъ пріучается къ самовоспитанію. Съ помощью этого послѣдняго, въ свою очередь, скорѣе всего развивается то самообладаніе, которое такъ нужно въ періодѣ возмужалости, характеризующемся свойственнымъ ему господствомъ въ юной душѣ чувства и страсти.

Самовоспитаніе, то-есть стремленіе собственными силами къ тѣлесному, умственному и нравственному совершенству, можетъ встрѣчать во внѣшнихъ обстоятельствахъ какъ рядъ затрудненій, такъ, наоборотъ, и благопріятную для себя почву. Надо предполагать наличность уже очень жизнеспособнаго зерна нравственности въ только еще формирующейся душѣ, чтобы она могла устоять на вѣрномъ пути, если въ безотчетномъ распоряженіи подростка много свободнаго времени и денегъ и если онъ привыкъ къ излишествамъ. Простота въ пищѣ и во всемъ жизненномъ обиходѣ, а въ особенности — интересная, живая работа послужитъ надежной защитой отъ многихъ искушеній. Въ періодѣ возмужалости дѣти никогда не должны оставаться праздными, всегда у нихъ должно быть какое-нибудь умственное или физическое занятіе, которое могло бы наполнить не только время, но и душу. Благодаря физіологическимъ условіямъ разбираемаго періода, именно, благодаря росту всѣхъ силъ организма и потребности въ упражненіи ихъ, въ это время очень легко расположить какъ къ разнымъ физическимъ упражненіямъ и играмъ, такъ и къ умственнымъ развлеченіямъ, къ хорошему чтенію, музыкѣ, рисованію и т. п. Зато было бы совершенно неправильнымъ посѣщеніе дѣтьми въ періодѣ возмужалости театровъ, вечернихъ концертовъ, баловъ и т. п., которые, при повышенной возбудимости нервной системы, оказываютъ слишкомъ рѣзко раздражающее дѣйствіе.

По отношенію къ дѣтямъ переходнаго возраста остается въ силѣ и все то, что мы говорили раньше, имѣя въ

виду отрочество, о могущественномъ вліяніи господствую-
щаго въ школѣ и въ семьѣ духа, о путяхъ закаливанія
силы воли и о формированіи характера. Можно только
подчеркнуть еще разъ, что теперь, съ накопленіемъ боль-
шаго запаса моральныхъ силъ, укрѣпляя и закаляя воле-
выя функціи, надо больше прибѣгать къ способности под-
ростковъ сознательно регулировать собственное поведеніе.
Кромѣ того, такъ какъ душа обладаетъ теперь уже довольно
богатымъ содержаніемъ нравственныхъ понятій и чувствъ,
то въ воспитаніи ребенка можно отвести больше мѣста
соціальнымъ элементамъ.

Какъ мы уже отмѣтили въ началѣ этой главы, под-
ростковъ обоего пола надо оберегать отъ половыхъ раз-
драженій. Но только боязливо отстраняя дѣтей отъ непо-
средственнаго знакомства съ внѣшнимъ міромъ или тща-
тельно одѣвая покровомъ тайны всѣ происходящія въ немъ
явленія размноженія и половой жизни, ничего не удается
достичь. На помощь можетъ притти лишь разумное поло-
вое воспитаніе съ самыхъ раннихъ лѣтъ, которое въ
наше время является нелегкой задачей: весь складъ нашей
общественной жизни ведетъ къ особому, какому-то взвин-
ченному отношенію къ сексуальнымъ вопросамъ. Все, ка-
сающееся половой жизни человѣка, окутано дымкой таин-
ственности и тщательно замалчивается; считается непри-
личнымъ объ этомъ разговаривать. Ребенка держатъ въ
полной неизвѣстности о кругѣ такихъ значительныхъ и
важныхъ явленій, благодаря которымъ появилась на свѣтъ
Божій и растетъ вся его родная семья, — явленій, которымъ
обязанъ своимъ существованіемъ самый родъ человѣческій.
И такое невѣдѣніе съ блаженнымъ удовлетвореніемъ назы-
ваютъ еще невинностью! Въ результатѣ, какъ только до-
статочно изощрится проницательность ребенка, онъ сна-
чала неясно почувствуетъ, а потомъ и очень опредѣленно
узнаетъ, что взрослые скрываютъ отъ него что-то, извѣст-
ное имъ. Естественно, это возбуждаетъ его любопытство,
и ребенокъ начинаетъ добиваться, въ чемъ дѣло. Любо-
пытство еще больше обостряется, — такова ужъ человѣче-
ская психика, — когда на пути къ его удовлетворенію ре-
бенку встрѣчаются всевозможныя трудности, дающія ему
право заподозрить, что скрываемое отъ него представляетъ

изъ себя нѣчто крайне таинственное и запретное. И вотъ, получается одно изъ двухъ: или воображеніемъ строится изъ обрывковъ понятій, которыя ребенку удалось случайно подхватить, какое-нибудь совершенно извращенное представленіе, или же онъ ищетъ объясненій въ такихъ источникахъ, которые не могутъ способствовать чистому пониманію дѣла. Обыкновенно это бываютъ или другія дѣти или взрослые, которые обладаютъ низкимъ умственнымъ уровнемъ и поэтому, счи-ая забавнымъ невѣдѣніе ребенка, развращаютъ его низменнымъ освѣщеніемъ половой жизни и порнографическими разсказами. Если ребенокъ почерпнулъ свои „знанія“ описаннымъ образомъ, то у него возникаетъ желаніе ближе самому познакомиться съ вещами, свѣдѣнія о которыхъ ему дались съ такимъ трудомъ; и немало дѣтей обоего пола дошли до мастурбаціи или даже стали жертвами проституціи только потому, что объясненіе половой жизни они должны были искать у людей, видящихъ въ ней только источникъ сладострастія.

То, что ребенка нейтральнаго возраста стараются удовлетворить различными хитроумными уловками и ложью, когда онъ, напримѣръ, задаетъ вопросъ о происхожденіи своего новаго маленькаго братца или сестрицы, является большой и трудно искоренимой педагогической ошибкой. Какъ и на всякій дѣтскій вопросъ, въ подобныхъ случаяхъ должны даваться совершенно непринужденные и согласные съ истиной отвѣты. Въ зависимости отъ уровня умственнаго развитія ребенка они могутъ быть болѣе или менѣе подробны; собственно говоря, такіе отвѣты не должны бы были представлять родителямъ никакихъ трудностей, когда разговоръ ведется именно съ ребенкомъ нейтральнаго возраста, который еще вполнѣ равнодушенъ ко всему, что касается половой жизни. Современнымъ родителямъ оттого тяжело объяснять своимъ дѣтямъ половую сферу жизни, что сами они не получили въ данномъ смыслѣ надлежащаго воспитанія. Въ дѣтствѣ они слыхали старую сказку про аистовъ; ее передаютъ они и своимъ дѣтямъ, тѣмъ болѣе, что это очень удобно, такъ какъ сказка объ аистахъ пользуется большимъ распространеніемъ и дѣти всюду ее могутъ услышать. Но если теперешнее поколѣніе придетъ къ заключенію о необходимости говорить во всемъ дѣтямъ правду, и, слѣдовательно, поколѣніе, въ настоящее время подрастающее, съ раннихъ лѣтъ усвоитъ все въ искреннемъ и правдивомъ освѣщеніи, то въ будущемъ объясненіе дѣтямъ половой жизни станетъ совершенно простымъ, понятнымъ само собою дѣломъ. Совсѣмъ еще маленькому ребенку достаточно было бы сообщить, что новорожденный былъ слишкомъ малъ и слабъ, такъ что до сихъ поръ, только живя въ тѣлѣ матери, онъ находился въ нужномъ ему теплѣ и безопасности; теперь же онъ сталъ больше и крѣпче, оставилъ тѣло матери и можетъ жить, какъ и другія дѣти. Если ребенокъ достаточно понятливъ, то можно отвѣтить и подробнѣе. Въ качествѣ примѣра и схемы подобнаго объясненія мы приведемъ здѣсь слова, которыми миссъ Сулливанъ, геніальная воспитательница слѣпой и глухонѣмой Елены Келлеръ, отвѣчала на вопросы своей воспитанницы о рожденіи дѣтей. Она говоритъ*): „Я напоминала ей о тѣхъ сѣменахъ, бобахъ и арбузныхъ зернышкахъ, которыя она посѣяла весною въ саду, и говорила, что изъ нихъ выростетъ рожь, бобы, арбузы. Я объясняла, какъ тепло и уютно лежать зернышку въ землѣ, пока изъ него не выростутъ молодые листочки, достаточно сильные для того, чтобы пробиться наружу, къ яркому свѣту и свободному воздуху, гдѣ они дышатъ, растутъ и цвѣтутъ, производя новыя сѣмена, изъ которыхъ выростаютъ еще новыя ростеньица, ихъ дѣти. Затѣмъ я приводила сравненіе сѣмянъ растенія съ яйцами птицъ, которыя грѣютъ и берегутъ ихъ, пока не вылупятся маленькіе птенчики. Я старалась сдѣлать понятнымъ, что все живое является изъ яйца. Птичка выхаживаетъ свои яйца въ тепломъ гнѣздѣ; рыба тоже кладетъ яйца въ уютное и безопасное мѣсто, гдѣ они и лежатъ, пока не превратятся въ маленькихъ рыбокъ. Я объясняла, что яйцо можно считать колыбелью жизни. Далѣе я разсказывала, что другія живыя существа, животныя, какъ корова или собака, а также и люди, никуда не кладутъ яйца, а выхаживаютъ дѣтей внутри собственнаго тѣла“. Подобнымъ образомъ можно отвѣтить каждому ребенку въ доступной его пони-

---

*) „Исторія моей жизни“, Елены Келлеръ. 4-е нѣмецкое изданіе, стр. 244.

манію формѣ на вопросъ, откуда берутся маленькія дѣти. При этомъ они будутъ также безыскусственно смотрѣть на это, какъ и на вылупливаніе изъ яйца цыпленка или какъ на рожденіе котятъ или щенятъ.

Чѣмъ ребенокъ правильнѣе освѣдомленъ относительно половой жизни, а, слѣдовательно, и болѣе невиненъ ко времени перехода изъ нейтральнаго въ отроческій періодъ, тѣмъ легче бываетъ продолжить объясненія дальше. Незамѣтно, напримѣръ, при разсматриваніи цвѣтка, можно выяснить значеніе и взаимоотношеніе тычинокъ и пестика. При этомъ надо дать понять, что мужскіе элементы, пыльца, должны попасть съ тычинокъ на пестикъ, чтобы оплодотворить женскія яички, лежащія въ нижней части пестика. Изъ этой послѣдней созрѣваетъ плодъ, содержащій сѣмена, которыя, попавъ въ землю, прорастаютъ и даютъ начало молодому растенію. Для объясненія процесса оплодотворенія можно говорить и о курахъ: обыкновенное куриное яйцо представляетъ изъ себя плодъ, созрѣвшій въ тѣлѣ курицы, гдѣ, какъ и въ пестикѣ растенія, имѣются яички, которыя должны быть оплодотворены мужскимъ элементомъ, сѣменемъ. Это послѣднее содержится въ половыхъ органахъ пѣтуха, и вводится послѣднимъ съ помощью полового члена въ половые органы курицы, находящіеся глубоко въ ея тѣлѣ. Подобнымъ же образомъ мужское сѣмя оплодотворяетъ женскія яички и у другихъ видовъ животныхъ, а также у млекопитающихъ и человѣка. Плодъ созрѣваетъ въ глубинѣ тѣла матери до того момента, пока не накопитъ силъ для самостоятельнаго существованія внѣ материнскаго тѣла. Тогда онъ оставляетъ послѣднее — ребенокъ рождается.

Примѣрно въ такихъ общихъ чертахъ каждый мальчикъ или дѣвочка не позже начала школьнаго возраста долженъ услышать, непремѣнно изъ устъ самихъ родителей, объясненіе явленій половой жизни. Только этимъ можно избѣгнуть тѣхъ циническихъ представленій о половыхъ сношеніяхъ и о явленіяхъ размноженія, которыя большей частью создаются у неосвѣдомленныхъ и любопытныхъ дѣтей по разсказамъ старшихъ товарищей или прислуги. Какихъ-нибудь общихъ для всѣхъ дѣтей сроковъ, когда можно говорить объ явленіяхъ половой жизни, уста-

новить нельзя. Они опредѣляются какъ всѣми вообще от-
ношеніями, свойственными каждому отдѣльному случаю,
такъ, въ частности, и отношеніями, существующими между
ребенкомъ и родителями. Во всякомъ случаѣ не надо слиш-
комъ медлить, потому что, при господствующемъ въ со-
временномъ обществѣ ложномъ отношеніи къ половому
вопросу, дѣти уже очень рано, часто еще въ до-школьные
годы, начинаютъ шептаться другъ съ другомъ о „великой
тайнѣ“. Только въ рѣдкихъ случаяхъ они остаются въ
невѣдѣніи вплоть до періода возмужалости. Это уже край-
ній срокъ, до котораго можно откладывать объясненія;
вниманіе, благодаря явленіямъ, происходящимъ въ соб-
ственномъ тѣлѣ ребенка, сильно привлекается теперь къ
половымъ органамъ и ихъ функціямъ, такъ что мальчи-
камъ необходимо объяснить значеніе поллюцій, а дѣвоч-
камъ — сущность менструацій. Если въ виду какихъ-ни-
будь особенностей даннаго случая разговоры на эту тему
непосредственно между отцомъ и сыномъ или матерью и
дочерью могутъ повести къ слишкомъ большой неловкости,
то можно довѣрить объясненіе какому-нибудь другому
подходящему лицу, лучше всего врачу-мужчинѣ или же
женщинѣ-врачу. — Надо рѣшительно отказаться отъ под-
держиваемаго въ обществѣ до сихъ поръ laisser aller,
прежняго образа дѣйствій, благодаря которому иногда мо-
лодые люди начинаютъ самостоятельную жизнь совершенно
неподготовленными, а молодыя женщины, даже вступая
въ бракъ, не имѣютъ элементарнѣйшихъ свѣдѣній о своихъ
супружескихъ и материнскихъ обязанностяхъ.

Другой крупной ошибкой, допускаемой обыкновенно
по отношенію къ половому воспитанію дѣтей и кореня-
щемуся также въ ложныхъ взглядахъ современнаго обще-
ства на вопросы половой жизни, является то обстоятель-
ство, что боятся воспитывать мальчиковъ и дѣвочекъ
вмѣстѣ. Такое раздѣленіе половъ не согласуется съ есте-
ственной совмѣстной жизнью въ одной семьѣ братьевъ и
сестеръ, безъ какихъ бы то ни было затрудненій въ поло-
вомъ отношеніи отъ этого. Наоборотъ, какъ тамъ, гдѣ
есть только единственный ребенокъ, такъ и въ много-
дѣтныхъ семьяхъ, но съ одними только мальчиками и дѣ-
вочками, въ развитіи характера дѣтей обнаруживаются

нѣкоторые дефекты, которые въ послѣднемъ случаѣ объясняются отсутствіемъ взаимно дополняющаго вліянія другъ на друга обоихъ половъ съ свойственными каждому изъ нихъ различіями душевнаго строя и интересовъ. У насъ установился обычай до школьнаго времени воспитывать мальчиковъ и дѣвочекъ вмѣстѣ, а потомъ разъединять ихъ. Возникъ этотъ обычай изъ существовавшаго прежде мнѣнія, во-первыхъ, что оба пола должны получать совершенно различное образованіе, а во-вторыхъ, что совмѣстное пребываніе въ школѣ можетъ дѣйствовать возбуждающимъ образомъ на половое чувство подрастающихъ дѣтей. Но за послѣдніе годы взгляды эти мѣняются; дѣвушкамъ открывается широкій путь къ знанію, обезпечивающій имъ возможность стать достойными высокаго призванія женщины въ семьѣ и обществѣ. Вмѣстѣ съ тѣмъ, во многихъ странахъ осуществлена уже попытка с о в м ѣ с тнаго обученія обоихъ половъ (коэдукаціи) отъ самыхъ раннихъ лѣтъ вплоть до высшихъ учебныхъ заведеній. И опытъ учитъ насъ, что больше всего всевозможныя половыя ненормальности возникаютъ именно въ такихъ учебныхъ заведеніяхъ, гдѣ принципъ раздѣленія половъ проводится особенно строго, именно въ интернатахъ; въ этомъ, между прочимъ, заключается самая важная причина, заставляющая, при выборѣ школы для ребенка, отдавать предпочтеніе открытымъ учебнымъ заведеніямъ. Въ воображеніи дѣтей, которыя въ интернатѣ совершенно изолированы отъ общенія съ противоположнымъ поломъ, о послѣднемъ создаются совершенно неправдоподобныя и фантастическія представленія, и затѣмъ, становясь взрослыми, имъ приходится переживать самыя горькія разочарованія въ своей половой жизни. Однако, вполнѣ опредѣленнаго сужденія о цѣлесообразности совмѣстнаго обученія составить себѣ пока еще нельзя; правда, сторонники его съ величайшимъ одушевленіемъ отстаиваютъ, что польза его безусловно доказана, но рядъ другихъ, не менѣе компетентныхъ педагоговъ, держатся противоположнаго мнѣнія.

Какъ бы то ни было, независимо отъ отношенія къ половому воспитанію школы, оно остается одной изъ важнѣйшихъ задачъ родителей. Для того, чтобы подрастающее

поколѣніе было физически и морально достаточно силь-
нымъ, необходимо не ограничивать полового воспитанія
однимъ періодомъ возмужалости; оно должно начинаться
въ нейтральномъ возрастѣ и затѣмъ заботливо продол-
жаться въ отроческіе и юношескіе годы.

# Заключеніе.

Изъ безчисленнаго количества вопросовъ, связанныхъ съ воспитаніемъ, мы могли коснуться лишь нѣкоторыхъ, главнымъ образомъ такихъ, съ которыми приходится сталкиваться въ практической жизни дѣтскому врачу и воспитателю при болѣе или менѣе нормальныхъ условіяхъ. Мы, напримѣръ, только вскользь упомянули о дѣтяхъ съ моральными дефектами, объ умственно-отсталыхъ, слѣпыхъ, глухихъ, парализованныхъ или страдающихъ еще какими-нибудь другими уродствами. Еще меньше подходило къ узкимъ рамкамъ настоящей книжки разсмотрѣніе такихъ отдѣловъ гигіены и педагогики, какъ, напримѣръ, призрѣніе дѣтей, выборъ профессіи и т. д. Мы были бы вполнѣ удовлетворены, если намъ удалось сдѣлать достаточно яснымъ, что воспитаніе ребенка должно вестись на строго физіологической почвѣ, сообразно съ раціональными требованіями гигіены. Распространеніе подобнаго воззрѣнія въ широкихъ родительскихъ кругахъ могло бы установить взаимное пониманіе между родителями, учителями и врачами. Послѣдніе, то-есть учителя и врачи, уже нашли точку соприкосновенія на общей почвѣ гигіены, на которой успѣшно развивается въ настоящее время научная педагогика.

# Нѣкоторыя указанія, имѣющія особое значеніе для воспитанія.

## Б.

Безпокойство груди. младенца—61.
Безучастность—202.

## В.

Волосы, жеваніе ихъ—169.
Выраженіе лица, серіозность его
у грудного младенца—65.
Выраженіе лица сонливое—103.
Вялость соображенія—254.

## Г.

Гнусавость—103.
Грезы на яву—144, 260.
Гримассы—170.

## Д.

Дружба, закадычная—256.
Дыханіе съ открытымъ ртомъ—103.

## Ж.

Живость, чрезмѣрная—196.

## З.

Заиканіе—127, 196.
Запоры, хроническіе—108, 193.
Зрѣлость умственная, ранняя—173.
Зубы, больные—94.
Зѣвота, судорожная—169.

## И.

Испугъ, ночной—168.
Истощенный видъ—254.

## К.

Каблуки, искривленіе ихъ—89.
Косоглазіе, преходящее—99.

## М.

Морганіе—170.
Моча, слишкомъ малое количество
ея у грудного младенца—43.
Моча, чрезмѣрное обиліе ея—169.

## Н.

Недержаніе мочи, ночное—154.
Неохота учиться—192, 199.
Непослушаніе—138.
Неспособность къ умственной ра-
ботѣ—198.
Ногти, кусаніе ихъ—169.
Носовыя кровотеченія—193.

## П.

Память, слабость ея—202.
Пищевареніе, неправильное—169.
Плоть, крайняя, у мальчиковъ,
узость ея—154.
Подергиваніе лиц. мускуловъ—170.
Потѣніе головки—44.
Походка, неправильная—88.
Почеркъ, его неравномѣрность или
своеобразность—197.
Противодѣйствіе, нарочное—196.

## Р.

Работоспособность, пониженіе ея у
школьниковъ—227.
Равнодушіе—138.

Разсѣянность—138.
Рѣчь, поспѣшность ея—196.

**С.**

Свѣтобоязнь—254.
Сердцебіенія—168.
Сонъ, безпокойный—58, 61, 169.
Сонъ, продолжительность его у
   груднаго младенца—42.
Сосаніе пальца—169.
Страхъ, немотивированный—169.
Судороги—61.
Суетливость въ движеніяхъ—170.
Сыпи, зудящія—109.

**Т.**

Тонкость ощущеній—196.
Трезвость сужденія—168.

**У.**

Уединеніе, склонность къ нему—145.
Упрямство—136.
Утомляемость, умственная—202.

**Х.**

Характеръ, неискоренимые недо-
   статки его—165.
Храпѣніе—103.

**Ц.**

Цвѣтъ кожи, желтоватый—109.
Цвѣтъ лица, измѣненіе его—168.

**Ч.**

Чистоплотность, преувеличен.—169.

# Предметный указатель.

## А.

Ангины, см. жабы—221.

## Б.

Балы—262.
Бонны—134.

## В.

Вакаціи, см. каникулы—203.
Велосипедъ, катаніе на немъ—211.
Верховая ѣзда—211.
Взвѣшиванія, систематическія—9.
Вкусовое чувство и обоняніе у груд-
 ного младенца—19.
Внушеніе—152.
Возмужалость—242.
Волосы, уходъ за ними—97.
Воля, формированіе ея въ нейтраль-
 номъ возрастѣ—84.
Воля, въ отроческомъ возрастѣ—237.
Воля, въ періодѣ возмужалости—262.
Воображеніе въ грудн. возрастѣ—24.
Воображеніе въ нейтральномъ воз-
 растѣ—141.
Воображеніе въ періодѣ возмужа-
 лости—259.
Воспитаніе *нравственное* въ грудномъ
 возрастѣ—62.
Воспитаніе нравственное въ ней-
 тральномъ возрастѣ—151.
Воспитаніе нравственное въ отро-
 ческомъ возрастѣ—232.
Воспитаніе нравственное въ періодѣ
 возмужалости—260.
Воспитаніе *умственное* въ грудномъ
 возрастѣ—58.
Воспитаніе умственное въ нейтраль-
 номъ возрастѣ—130.
Воспитаніе умственное въ отроче-
 скомъ возрастѣ—225.
Воспитаніе умственное въ періодѣ
 возмужалости—258.
Воспитаніе *физическое* въ грудномъ
 возрастѣ—29.

Воспитаніе физическое въ нейтраль-
 номъ возрастѣ—87.
Воспитаніе физическое въ отроче-
 скомъ возрастѣ—188.
Воспитаніе физическое въ періодѣ
 возмужалости—248.
Воспитаніе *половое*—263.
Воспитаніе физическое и мораль-
 ное—239.
Воспитаніе *эстетическое* — 178, 237,
 241.
Вскармливаніе грудного младенца,
 естественное—39.
Вскармливаніе искусственное — 49.
Выговоры—180.
Вѣса наростаніе въ грудномъ воз-
 растѣ—10.
Вѣса наростаніе въ нейтральномъ
 возрастѣ—66.
Вѣса наростаніе въ отроческомъ
 возрастѣ—182.
Вѣсъ наростаніе въ періодѣ возму-
 жалости—243.
Вѣтряная оспа—219.

## Г.

Гимнастика—117, 212, 250.
Глаза, гигіена ихъ—30, 98.
Глисты кишечные—124.
Горный воздухъ—124.
Гребля на лодкѣ—211.
Гриппъ—221.

## Д.

Движенія на воздухѣ—92.
Дизентерія—223.
Дифтерія—220.
Дифференцировка половъ, нрав-
 ственная—186.
Дифференцировка половъ умствен-
 ная—188.
Дѣти, рожденныя въ теплое и въ
 холодное время года—38.
Дѣтская комната—36, 94.
Дѣтскіе балы—241.

Дѣтскіе вопросы—134.
     „      сады—151.
Дѣтскій спортъ—120.


**Е.**

Единственный ребенокъ въ семьѣ—
158.


**Ж.**

Жабы (ангины)—221.


**З.**

Заболѣваемость въ разныхъ воз-
растахъ—4.
Загородки (манежики) для малень-
кихъ дѣтей—60.
Закаливаніе физическое — 115, 164,
214.
Закаливаніе психическое—64, 164.
Заушница—222.
Знакомства у дѣтей школьнаго воз-
раста—240, 256.
Зубовъ, прорѣзываніе—67, 183.
     „      смѣна—183.


**И.**

Игры—74, 82.
Игрушки—60, 132.
Измѣненія тѣлесныя въ періодѣ
возмужалости—243.
Интернаты—234.
Инфекціонныя болѣзни—214.


**К.**

Каникулы—203.
Книжки съ картинками—149.
Кожа, уходъ за нею—32, 96.
Коклюшъ—222.
Концерты—241, 262.
Кормиличный вопросъ—46.
Корсетъ—249.
Корь—217.
Краснуха—219.
Купаніе маленькихъ дѣтей—30.
     „      холодное—115.
Куреніе—209.


**Л.**

Лѣтній отдыхъ въ деревнѣ—122.


**М.**

Манеры—155.
Мастурбація (онанизмъ)—252.
Молока обезпложиваніе—52.
     „      суррогаты—56.
Морской берегъ—123.
Мочи недержаніе, ночное—154.
Музыка, обученіе ей—176, 231, 262.
Мыслительная способность въ ней-
тральномъ возрастѣ—147.


**Н.**

Наказанія—130.
Напряженіе, умственное, въ пе-
ріодѣ возмужалости—258.
Насморкъ у груднаго младенца—221.
Недостатки рѣчи, свойственные дѣт-
скому возрасту—126.
Недостатки физическіе и нрав-
ственность—165.
Нервность въ нейтральномъ воз-
растѣ—168.
Нервныя дѣти—173, 195.
Ногти у груднаго младенца—32.
Носъ, уходъ за нимъ—103.
Няни—133.


**О.**

Обувь въ нейтральномъ возрастѣ—
89.
Обученіе, воспитательное, значеніе
его—237.
Обученіе во время игры—150.
     „      начало его—204.
Одежда въ грудномъ возрастѣ—
34.
Одежда въ нейтральномъ возрастѣ—
89.
Одежда въ школьномъ возрастѣ—
210.
Одежда въ періодѣ возмужалости—
249.
Одежда школьная, Лейпцигская—91.
Онанизмъ, см. мастурбація.
Острицы—154, 253.
Осязаніе у груднаго младенца—19.
Отсталость психическая—165.


**П.**

Память въ грудномъ возрастѣ—23
     „      нейтральномъ возрастѣ—
138.
Пансіоны частные—236.
Переутомленіе умственное—233.

Переходный возрастъ у дѣвочекъ—246.

Переходный возрастъ у мальчиковъ—245.

Періодъ вопросовъ—74.

Питаніе въ грудномъ возрастѣ, см. вскармливаніе.

Питаніе въ нейтральномъ возрастѣ—105.

Питаніе въ отроческомъ возрастѣ—208.

Питаніе въ періодѣ возмужалости—248.

Пищеварительные органы въ нейтральномъ возрастѣ—69.

Подвижныя игры на воздухѣ—119, 213.

Подражаніе, стремленіе къ нему—26, 152.

Подростки, см. переходный возрастъ.

Половое стремленіе—247.

Порядокъ, пріученіе къ нему—153.

Послушаніе—29, 160.

Правдивость—161.

Признаки половые вторичные, физическіе—183, 243.

Признаки половые вторичные, душевные—246.

Пупокъ—30.

Путешествія—232.

Пѣніе—177.

Р.

Развитіе, нравственное въ грудномъ возрастѣ—28.

Развитіе, нрав. въ нейтральномъ возрастѣ—77.

Развитіе, нрав. въ отроческомъ возрастѣ—183.

Развитіе, нрав. въ періодѣ возмужалости—246.

Развитіе, умственное, въ грудномъ возрастѣ—22.

Развитіе, умст. въ нейтральномъ возрастѣ—70.

Развитіе, умст. въ отроческомъ возрастѣ—185.

Развитіе, умст. въ періодѣ возмужалости—247.

Развитіе, физическое, въ грудномъ возрастѣ—12.

Развитіе, физ. въ нейтральномъ возрастѣ—66.

Развитіе, физ. въ отроческомъ возрастѣ—182.

Развитіе, физ. въ періодѣ возмужалости—243.

Репетиторство—229.

Рисованіе—149.

Родители и школа—233.

Ростъ тѣла въ грудномъ возрастѣ—12.

Ростъ тѣла въ нейтральномъ возрастѣ—67.

Ростъ тѣла въ отроческомъ возрастѣ—182.

Ростъ тѣла въ періодѣ возмужалости—243.

Ротовая полость у грудного младенца—32.

С.

Самовоспитаніе—262.

Самосознаніе—76.

Самостоятельность—163, 226, 261.

Свинка, см. заушница.

Скарлатина—215.

Совмѣстное воспитаніе—268.

Сонъ—57, 112, 206, 250.

Соска—56.

Спортъ въ періодѣ возмужалости—250.

Стулъ ребенка—112.

Т.

Танцы, обученіе имъ—177.

Театръ—262.

Тифъ—224.

Тѣлесныя наказанія—178.

Тѣлосложеніе въ нейтральномъ возрастѣ—68.

У.

Уроки, частные—229.

Уроковъ задаваніе на домъ—226.

Уроковъ продолжительность—193.

Учебное время, распредѣленіе его—194.

Учебныя заведенія для приходящихъ, см. экстернатъ.

Учебныя заведенія частныя—235.

Уши, уходъ за ними—100, 104.

Х.

Характера формированіе въ отроческомъ возрастѣ—187.

Характера форм. въ періодѣ возмужалости—263.

Ходить, умѣніе—70, 87.

### Ч.

Честолюбіе, преувеличенное—228.
Чистоплотность—154.
Чтеніе—230, 257.
Чувство, пробужденіе жизни его—
  20.
Чувство, охраненіе его въ періодѣ
  возмужалости—290.

### Ш.

Школа и близорукость—189.
  „    и сколіозъ—190.
  „    вредныя вліянія ея—184, 188.
  „    выборъ ея—234.

Школа, начало посѣщенія ея — 204.
  „    поступленіе въ нее—205.
  „    и семья—228, 233.
Школьники малокровные—202,
  „        близорукіе—209.
  „        тугоухіе—201.
Школьное малокровіе—192.

### Э.

Экстернатъ—235.

### Ѣ.

Ѣды процессъ у ребенка—110.

Полецца. Дѣтскія игры . . . . . . . . . . . . . . . . . 1 р. 50 к.
Симоновичъ. Дѣтскій садъ . . . . . . . . . . . . . . . 3 р. — к.
Гердъ. Сборникъ дѣтскихъ игръ . . . . . . . . . . . . 1 р. 50 к.

## с. Указатели и рецензіи по дѣтской литературѣ.

Курнинъ. Что читать дѣтямъ . . . . . . . . . . . . . — р. 60 к.
Корольковъ. Что читать дѣтямъ . . . . . . . . . . . . 1 р. 25 к.
Лебедевъ. Дѣтская литература . . . . . . . . . . . . . — р. — к.
Каталогъ дѣтской литературы. Состав. комиссіей при
      Технич. общ. Вып. I. 30 к. Вып. II. 65 к.
„О дѣтскихъ книгахъ“. Изд. „Трудъ“, подъ редакціей
      Анненской и др. . . . . . . . . . . . . . . . 2 р. — к.
Балталонъ. Воспитательное чтеніе . . . . . . . . . . . — р. 80 к.

## D. Половая жизнь дѣтей.

Маринцева. Какъ все рождается . . . . . . . . . . . . — р. — к.
Канель. Половая жизнь дѣтей . . . . . . . . . . . . . — р. 25 к.
Громанъ. То, о чемъ не говорятъ . . . . . . . . . . . — р. 35 к.
Лишневская. Объясненіе половой жизни . . . . . . . . — р. 30 к.
Моль. Половая жизнь ребенка . . . . . . . . . . . . . 1 р. 50 к.
Рилле. Объясненіе полов. вопроса дѣтямъ . . . . . . . — р. — к.
Шеиердъ. Совѣты отца сыновьямъ; совѣты матери до-
      черямъ . . . . . . . . . . . . . . . . . . . . — р. — к.

На складѣ магазина находится новая книга:

Д-ръ В. К. Хорошко

## Самоубійство дѣтей.

Съ предисловіемъ прив.-д. Г. И. Россолимо. Ц. 75 к.

––––––––––

Цѣна 1 р. 75 к.

Складъ изданія: Москва, Книжный Магазинъ „Образованіе", Кузнецкій мостъ, № 11. Телефонъ 99-06.

www.ingramcontent.com/pod-product-compliance
Lightning Source LLC
Chambersburg PA
CBHW080551090426
42735CB00016B/3206